ここは自信をとり戻す学校

福岡のある登校型通信制高校と
不登校の生徒家族の10年

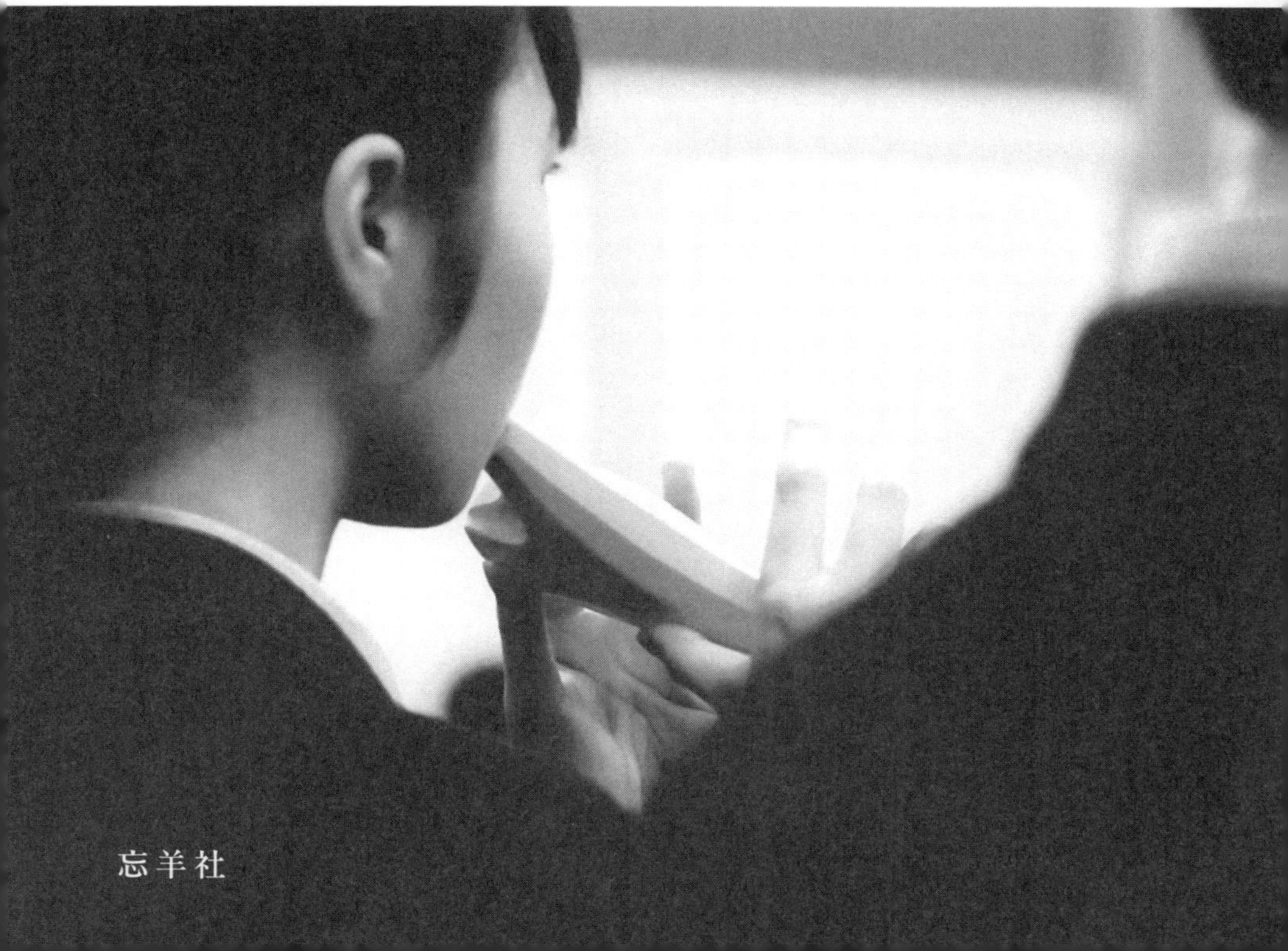

忘羊社

プロローグ　語りは、光　――なぜこの本をつくるのか

「10周年式典で記念品を配ったってしょうがない」

ここに、A5サイズのノートが3冊ある。2022年（令和4）12月から2024年6月までの1年半、ある通信制高校を取材してきたメモだ。話を聞いた保護者は11人、卒業生は3人、教員や関係者は10人。インタビューは毎回3時間前後、計70時間以上に及んだ。この高校に通うほとんどの生徒に不登校の経験があり、教員はさまざまな事情を抱える親子を受け入れてきた。語る様《さま》は十人十色、片時も耳を逸《そ》らすことができず、一人ひとりの語りに引き込まれた。「不登校」という言葉でひとくくりにはできない。「似たような話」など一つもなかった。

この取材は、本書を手がけた編集者とのこんな雑談から始まった。

「天神の近くに、『つくば開成《かいせい》福岡高等学校』という学校がありましてね、通信制高校なんですけど。知っていますか」

知らなかったうえに、「つくばなのに、福岡？」「通信制高校って、働きながら夜に通う学校ですか？」など、トンチンカンな質問ばかりした。通信制高校は、原則として毎日登校する「全日制」とは違って、決められた単位数を自分のペースで取得することで高校卒業資格が得られるという。

「福岡県で一番初めに認可を受けた通信制課程のみの高校なんですよ。茨城県に本校があって、その福岡校として始まった学校です。そこの校長が、福岡県の認可を受けて10周年を迎える記念に、学校のことを取材した本を

作りたいとおっしゃってるんです。学校の名前を入れた湯呑みやら、記念品なんて配ってもしょうがないって」

通信制高校のことや学校のイメージはまだよくわからないが、そういう発想の校長先生は面白そうで会ってみたい。私たちは初めて、その高校に向かった。

卒業生や保護者の語りが希望を灯す

天神から歩いて10分、須崎公園の西側に立つ白いビルの１階と２階がつくば開成福岡高等学校（以下〈つくば〉）の校舎だ。この公園は少し前までレトロな昭和風情《ふぜい》が漂う空間だったが、今は福岡市が再開発中で、あたりの雰囲気は真新しく様変わりしつつある。生徒たちは、この公園で花を世話するボランティアを続けてきた。

スーツにダウンベスト姿の松永健一《けんいち》校長をはじめ、教員の皆さんが玄関で私たちを迎えてくださった。花が生けてあって、明るいエントランス。生徒たちと同じように、玄関で靴を脱いで入る。この出迎えは、初回だけではない。いつ行っても、先生が笑顔で出迎えてくださる。「こんにちは、寒いなか（夏は暑いなか）ありがとうございます」と。すれ違う生徒たちは「こんにちは」と自分から挨拶をしてくれることが多い。何でもないようだが、とても〈つくば〉らしい、安心感のある光景だと私たちは取材を重ねるごとに感じるようになる。

校長室へ通された。ドアはいつも開きっぱなしで、先生や生徒、卒業生が相談をしに訪れるそうだ。文部科学省の調査（２０２２年度〈令和４〉「学校基本調査」）では、小・中・高生の不登校生徒数は過去最高で、全国で約36万人。割合で考えると、中学校では１クラスに２人は「学校に行かない」生徒がいる。学校に行かない子どもたちの居場所は、都市部では年々多様化しているが、地方ではまだ選択肢が少ない。

「多くの親子が自信を失って、孤独なんです。彼らが一人で苦しまないように、自分を信じるきっかけになる本を届けたいんです。うちを卒業した生徒や親御さんたちに、それぞれの道のりを語ってもらいたい。今、語ることができる人たちは長いトンネルから抜け出し、顔を上げて生きています。その声は、今もがいている人たちの光になるんじゃないでしょうか。だから、わが校の関係者に配布するだけじゃなくて、一般の書店にも並ぶ本にしたいんです」

それが、松永校長の思いだった。

校長の「はみ出した人生」を聞く

学校の話を聞く前に、まず、松永校長という人を知りたかった。詳しくはロングインタビュー（272ページ）を読んでいただきたいが、松永校長が教員になったのは今から約40年前、24歳の頃。実は子どもの頃は大の勉強嫌いで、ようやく大学生になったもののバイト三昧《ざんまい》だった。突然、「人生で初めて勉強したいことを見つけた」と大学院を受験するも、筆記試験はまさかの0点。奮起して、大学院に合格して経営分析を学ぶ。やがて、恩師の「食えないから教職免許を取れ」という一言《ひとこと》が転機となり、「なりたくもなかった教員」の免許を取ることにした。教育実習で行った先はいわゆる「ヤンキー」の多い高校だったが、実習を終える頃には生徒から「先生になりぃよ」と口説《くど》かれたのである。校内暴力全盛の時代、出会ってきた「悪僧《わるそう》（博多弁で〝わるさをする人〟）」は数知れず、どの生徒ともまずは一緒に「遊ぶ」ことから始めたそうだ。いろいろな家庭環境の生徒たちがいて、心を開かない生徒は向こうから話すのをひたすら待つ。手探りで生徒への接し方を見出してきた。しかし、「僕が考える教育」と、目の前の現場はかけ離れるばかりと悩んだ若き日の松永校長は、再び大学で行動心理学を修め、定時制高校に勤める。この頃から、「教育って面白い、先生は人の人生の役に立つ仕事だな」と思うようになった。

やりたいのは自由度の高い学校。でもそこに教育者、経営者としての「信」がなければただ迎合する場になってしまう。深い暗闇に沈んでいる親子たちが、自信をとり戻す学校をつくりたい。それが、通信制高校をつくろうとした松永校長の「信」だった。やると決めたら猛然と突き進む。私たちは会うたび、聞くたびに、松永校長の枠にはまらない「はみ出した」生き方や人間味に惹《ひ》かれていった。

「不登校おめでとう」の真意

本をつくるにあたり、取材班にとって鍵となる人は、松永校長がベテランとして頼りにしている中尾恭子《きょうこ》先生だった。〈つくば〉に勤めて16年、いろいろな学年やクラスの担任を受け持ち、国語を教えている。中尾先生に「大丈夫ですよ」と微笑みかけられると、生徒でも同僚でもない私たちですら心からホッとしてしまう不思議な魅力がある。保護者や卒業生への取材中に、「中尾先生の笑顔に救われた」という言葉が何度出てきたことか。

取材対象者を絞り込む打ち合わせをした時のことは忘れがたい。過去の記憶を遡《さかのぼ》って、何十人もの生徒たちの〈つくばに通うまで〉「通ってから」についてのエピソードを松永校長と中尾先生が臨場感たっぷりに語るのだった。10年近く前に卒業した生徒から、昨年卒業した生徒まで顔ぶれはさまざまだが、先生とはこんなにもよく生徒を見ていて、変化の瞬間を細かく覚えているものかと驚いた。一人ひとりの生徒を慈《いつく》しみ、愛おしげに語る。ときには、「〇〇くんのお母さんは、どんと肝《きも》を据《す》えてねえ」と、親の成長までもほめる。先生たちに共通するのは、子どもを信じて待つ姿勢だった。

松永校長と話していると、何度も「信じて待つ」という言葉が出てくる。頭でわかっていても、いつまで待てばいいのか先が見えないから、親も子も苦しい。私にも編集者にも子どもがいる（彼のお子さんは不登校から定時制高校を選んだ）のもあって、身に染《し》みるばかりか、ときに耳を塞《ふさ》ぎたいほどに痛烈な言葉もあった。

「僕はね、子どもたちにも親御さんたちにも、親子関係を通して幸せになってほしい。だからこそ学校任せにしないで、親も腹をくくらないかんと言うんですよ。親も子も、生きるために立ち止まるんやって。わが子は自分

在校生、卒業生、保護者、職員…来訪者が
絶えない校長室のドアはいつも開きっ放し。

の足で立ち上がると信じて待てば、必ず変わります。今はつらくても、立ち止まってよかったと思える日が来るから、僕は胸の中で〝不登校おめでとう〟と思ってる」

松永校長の衝撃的な言葉の真意を、このときはまだ朧《おぼろ》げにしか理解できなかった。しかし、私たちは取材中に何度もこの言葉を思い出すことになる。

当初は不登校に悩む親子や通信制高校の実情についてよく知らなかった私たちだが、保護者たちへの取材を進めるにつれ、インターネットに溢れかえる情報を前にして途方に暮れる姿が切実に映った。そこで、「これさえ知っておくと安心」という情報や、わが子に合う学校を選ぶ基準などについて、〈つくば〉の先生や教育・心理の専門家に取材した内容も本に盛り込み、「ルポであり実用書でもある」本を作ることにした。

「学校っぽい」場所で笑顔をとり戻した

〈つくば〉を訪ねると、生徒たちは明るく楽しそうだ。その姿についホッとする自分に、彼らを「かつて不登校だった生徒たち」という先入観で見ていることに気づかされる。保護者や卒業生に話を聞くと、この学校に入るまでも、卒業した後も、歩む道すじは実に多様だった。〈つくば〉を選んで「学校に通える」ようになることは、「不登校だった生徒」が目指すべき正解でもゴールでもない。学校に通うことはあくまで長い人生における通過点で、「この学校がすべての生徒に合うわけではない」とも松永校長は念を押していた。

保護者や卒業生に、〈つくば〉をなぜ選んだのかと聞くと、「学校っぽいと思ったから」という声は思った以上に多かった。学校っぽさとはなんだろう。確かに、〈つくば〉の校舎はビルの一部ながら、学校然としている。歴史ある全日制高校のように重厚な校舎ではないが、しっかりとした作りで、明るく清潔感がある。少人数制の教室は、ゆったりと落ち着いて過ごせるし、図書室のような自習室やPC室もある。そして、職員室の周りやホールに置かれたベンチでは、いつも先生と生徒が一対一で話をする姿があった。授業内容やレポートについて話したり、他愛のないおしゃべりをしたり。そういう姿も、「学校っぽいなあ」と思わせた。

通信制高校のなかには、レポートを郵送してスクーリング期間だけ登校することで単位を取得できる学校もあるが、〈つくば〉は「登校型」。週あたりの登校日数や、登校する時間帯（午前または午後）を選べるとはいえ、学校に来て授業を受けることが前提だ。ただ、行かなかったからといって、責められることも否定されることもない。「よく来たね」と笑顔でほめてもらえることに、生徒たちは飢えていたのだと取材を通して知った。登校して挨拶をし、授業を受け、休み時間に友だちと話す。その風景はまさに学校生活だ。でも、「無理して高校生っぽくはしゃぐ必要もない」と卒業生は語った。「陽キャ（陽気で活発な人）」らしい振る舞いなどしなくても、落ち着いて学校にいられる。その絶妙な居心地の良さは、学校に行かない子どもたちが手放したくなかった「学校っぽさ」かもしれない。

〈つくば〉には生徒会活動やオカリナを演奏するグループ活動がある。また、「24時間テレビ」のボランティア活動や町の清掃活動など、他の生徒と協力して地域に関わる機会も設けている。合宿や体育祭などのイベントも含め、参加は自由だ。2023年の秋には、地元テレビ局主催の「カラフルフェス」というイベントに、〈つくば〉は「文化祭」の練習として初めて参加した。生徒たちは話し合って、「つくばー」（つくねを串に刺したフード）を自分たちで調理して売ることに決めた。試作には、ハンバーガーのキッチンカーを切り盛りする卒業生の希《のぞみ》さん（仮名）が指導に来てくれた。肉やタレの調味、成形、焼き加減など、生徒たちが試行錯誤を重ねた自信作。当日は、生徒が大きな声でお客さんを呼び、自分たちでデザインしたチラシを配り、接客班と調理班に分かれて汗を流した。その姿は〝青春《アオハル》〟そのもの。妊娠中のお腹を抱えて立ち会う希さんは、必要な時だけ指示を出す。その頼もしい姿に、彼女を指導した松永智揮《ともき》先生は涙ぐんでいた。「みんな悩んだり苦しんだりして、あたりまえの経験ができなかった子ばかり。今日は本当に楽しそうでよかったなあ」と。実は、希さんには驚きの秘話がある。なんとお父さんも「高校を卒業したい」と、仕事をしつつ豊前市から〈つくば〉に通った。2019年度（平成31）の卒業式に父娘一緒に出席したことを、希さんは気恥ずかしそうに、でも誇らしげに語ってくれた。

子も、親も、先生も「つづき」を生きる

保護者の皆さんにお会いすると、まず「私でいいんですか？」と口にされた。戸惑いながらも、取材の場に来てくださることがありがたい。お子さんやご自身の生い立ち、不登校になった経緯、家族のことなどデリケートな事柄について、私たちは根掘り葉掘り聞いたが、「今、悩んでいる親子の背中を押す話ができるなら」「〈つくば〉の先生方に恩を返したい」という思いで一つひとつ答えてくださった。

印象的なのは、保護者も卒業生も、「よく覚えていないんです」としばしば口にしたこと。どん底のようなつらい時期、一見変化のない膠着《こうちゃく》状態に見える状況については、「覚えていない」と言う。記憶に蓋《ふた》をしているの

事前に何度も練習して臨んだ地元放送局主催のイベント。屋台の中では生徒たちが、調理からお金のやりとりまで汗を流した。

か、直視しづらいのか、言葉にならないのか、その全部かもしれない。人が深く傷ついて心も体もエネルギーが枯渇してしまうときは、そういうものなのだろうか。とはいえ、語るにつれて、誰もが生き生きとしてくる感じがした。「あの頃はわからなかったけれど」と、出来事と出来事を結びつけたり、わが子と自分と親の3世代を重ね合わせたりしながら、発見したことを惜しみなく語ってくださった。聞いている私たちの胸が詰まる場面もあった。しかし、取材が終わる頃にはスッキリとした顔で「え、もう終わりですか？ もっと話したい」と言った方は、1人や2人ではない。

松永校長も中尾先生も気を遣って取材に同席しなかったが、心に残った言葉を報告すると、中尾先生は心から嬉しそうに目を潤ませた。松永校長は、「保護者と卒業生の皆さんが快く取材を受けてくださって、感謝の気持ちでいっぱいなんですよ。10年をかけて深い信頼関係を築いてきたからこそ、この本が生まれました。本当にすごいことだと思います」と感極まる様子で言った。

卒業式はあちらこちらで笑顔と涙が溢れていた。モーニング姿の松永校長から卒業証書を受け取るわが子を見て、タオルに顔を埋《うず》める父や母。在校生のオカリナ演奏に送られて、生徒たちは堂々と旅立った。なかには、卒業後も行事の手伝いや検定試験の補助員のアルバイトに来る人や、自らの体験を在校生に語る場に立つ人もいる。進学や就職が決まれば、先生たちの顔が思い浮かぶのだろう、会いに来るそうだ。

これからは全日制の高校に行くことが、必ずしもあたりまえではなくなっていくかもしれない。そちらがメインルートで、「不登校＝道を外れる（ドロップアウト）」という世間の眼差しも、変わりつつあると感じる。卒業生の1人は言った。「私は不登校にならざるを得なかったんじゃなくて、不登校を選んだんです。私はまだ不登校のつづきを生きている」。とても、力強い言葉だった。彼女は〈つくば〉を卒業するとき、「卒業の意味」がわからなかった。でも、その数年後に振り返って初めて「〈つくば〉に通って、高校を卒業してよかった」と思えたという。また、取材で涙ながらに語った母は、「これからは趣味を持とうと思う」とほほえむ。全日制の高校に40年以上勤めて、定年退職後に〈つくば〉で教えるようになった先生は、「進学率や出席日数を偏重する指導には、ずっと後ろめたさがあった。〈つくば〉に来てから、〝僕はこんなふうに教えたかったんだ〟と救われたんです」と打ち明けた。

子どもだけではない。親も、先生も。みんな、「つづきを生きる」連続なのだ。

人生という道の途中で、たまたま〈つくば〉に出合った人たちも、子どもの不登校や子育てに悩む人も、今学校に通っている人も、通っていない人も、ここに語られている言葉がひとすじの光になることを願って、この本を手渡したい。

正井彩香（マサイ文作室）

学校法人つくば開成学園　**つくば開成福岡高等学校**

［所在地］福岡県福岡市中央区天神5丁目3-1
［電　話］092-761-1663
［開　校］2015年（平成27）4月
※「福岡校」開設は2008年（平成18）4月
［学校長］松永健一
［生徒数］294名（2024年9月1日時点）
［職員数］常勤（特任含む）以上の職員23名
非常勤等の職員22名
うち教員免許所有者38名

毎週、決められた日数登校して学習する登校型の通信制高校。多様な登校形態の中から自分に合った型（スタイル）を選び、少人数クラスの中で学習を進める。登校日数のステップアップとともに将来への方向性を考え、自立に必要な力を育成することをスクール・ミッション（学校の使命）としている。福岡県で初めて認可を受けた通信制単独の私立高等学校（狭域通信制高校）。

◎教育目標◎

「全員卒業」、「進路実現」、「人間力の涵養《かんよう》」

◎学習スタイル◎

①ステップ型（集団／個別スタイル。週１日程度登校）
②キャリアデザイン型（週３日登校）
③特進Ⅰ・Ⅱ型（週５日登校）
※①から②や③へのステップアップが可能

◎校　訓◎

「自針」、「熱中」、「徳積」

◎実　績◎

［進学先（2023年度）］国公立大：２名／私立大：71名／短大：５名／専門学校：32名
［検定合格者（　〃　）］298名（情報計検定合格者のべ212名、語学系検定合格者のべ86名）
※主な受賞：日本情報処理検定会長賞１名・委員長賞６名
［コンクール（2021～23年度）］化学グランプリ（銅賞／銀賞）、言語学オリンピック（銅賞）、数学オリンピック（地区優秀賞）等多数

◎その他の特徴◎

- 中学生向けの育成プログラムとして、学校見学会とは別に「つくばの杜《もり》」を実施
- 単位制通信制高校の一般的な知識を学校の教員や生徒・保護者向けに出張して説明する活動を実施
- 医・歯・薬学部への進学を目指す特別進学コースがあり、独自の時間割が組まれる（これまで10名以上の合格者を出している）

個人授業

通信制高校を知っていますか？

講師　松永祥治《しょうじ》先生

不登校の増加でますますニーズが高まる通信制高校。だが、「ほとんど登校しなくていい」「入試がない」「学費が高い」など、イメージが先行して実態がわかりづらくなっているのも確か。そこで、創立10周年を迎えた「つくば開成福岡高等学校」（以下〈つくば〉）の教頭として県下の中学校などを回り、通信制高校の紹介に努めている松永祥治先生に、通信制高校の基礎知識から学校選びのチェックポイントまで、わかりやすく教えてもらった。

入学や卒業だけを目的にしない。「本当はこうしたい」という気持ちを大事に

――今日は、「通信制高校ってどんなところ？」という授業をしていただきたいと思います。実は聞き手である私も目下子育て中で、周りに不登校状態の子を持つご家庭が珍しくありません。特に親御さんの悩みを聞いていると、学校に行けないというのが本当にもうコリゴリというか、毎朝行くの行かないのという段階で疲弊しきっている方が多い。現在、通信制高校はそんなお子さんたちの重要な進路の一つになっているわけですが、いざインターネットで調べてみると、いろんな情報が溢れすぎてわかりづらいのです。みなさん、学校選びの段階ですでに「難民化」しているというか……。親御さんとしてはただでさえ絶望しかかっているので、「年間5日の登校だけで卒業できる」みたいな宣伝文句を見ると、よく吟味もせずに飛びつきたくなるのだと思います。

松永先生（以下㊕） 正確な情報をもとに選ぶのは重要ですね。そもそも不登校の定義って、「年間の欠席日数が30日以上」とされているんです。つまり31日休んだ子も１００日休んだ子も同じ「不登校」になるわけです。ですから、それぞれのご家庭が望まれることも、お子さんの状況によって当然変わってくると思います。

近年、《通信》はそういった不登校の子たちの進路としてとりわけ注目されています。《通信》に通う生徒は年々増加傾向にありますし、学校数も右肩上がり（１９９０年〈平成２〉の84校から２０２３年〈令和５〉には２８９校に増加。２０２３年度〈令和５〉「学校基本調査」による）です。

とはいえ、《通信》の生徒やその親御さん以外の方々にとっては、まだ「聞いたことはあるけど具体的なイメージがわかない」というレベルですね。わが校では年間１００組近い方々が見学に来られるのですが、「《通信》でも将来大丈夫でしょうか？」とか、「登校しなくて良いんでしょう？」という方が多いですね。宣伝文句から来る

イメージが先行し、《通信》の実態が見えにくくなっているのは事実です。

たとえば「登校日数が少ない」という点。仮に「年間5日の登校で卒業できる」と謳《うた》っている場合でも、レポートの提出はもちろんのこと、実は他にもクリアしなければならない要件があるんですね。飛びついてしまいそうになるお気持ちはわかりますが、とにかく後悔しないように。というのも、「入学したら終わり（ゴール）」ではなく、むしろそこから始まるわけですからね。どの生徒だって、入学や卒業だけが目的ではなく、もっと先があるはずです。

子どもたちからよく感じるのは、「他のみんながやってきたことを自分だけできなかった」という思い。どうしても、自分はダメなんだと思ってしまっている子が多いんですね。ところが、子どもたちというのは時間が経てば変わっていきます。現時点では明るい展望が見えにくいだろうけど、今の自分にできるかできないかは考えなくていいから、「本当はこうしたい」という気持ちを大事にしてほしいなと思います。

いきなり親子で合同説明会に行かないほうがいい

——そのためにも、「《通信》って何？」というところから理解していただきたいですよね。かくいう私も、「〜高等学校○×学習センター」とか「〜高等学校○×キャンパス」とか、名称によって何が違うのか、混乱しがちなんです。実際に合同説明会に行った方でも、細かな違いがわからなかったという声は多いようですね。

㊕ 確かにわかりづらいですね。ですから、たくさんの学校が集まる合同説明会などに、最初からいきなり親子で行かないほうがいいと思います。まずは親御さんだけで。たとえば、車を買うにしても、最低限の予備知識を得てから選びますよね。学校を選ぶ上でも、これだけ選択肢が増えた今だからこそ予備知識が必要です。

——私の周りでも、「ここだと好きなゲームや芸術系のことが学べる」と本人が気に入ったという理由で、すぐそ

こに決めてしまうような例が頻発しているんです。ところが、その学校だけでは高校卒業の資格が取れないので、結局他の《通信》とのダブルスクールになって、滅茶苦茶お金がかかることになったり……。

(松)　もちろん最終的な意思決定は本人だと思いますが、保護者の方々にはぜひ、お子さんのために必要な情報と視点を提供するという役割を果たしてほしいですね。そのときの勧め方も良し悪《あ》しがあって、「お母さんが勧めるならそこにしておこう」と流されてしまうお子さんもいます。仮にお子さんが、「高校くらい卒業しとかないとダメやろうし」という理由だけで安易に選ぼうとしているのなら、「そうやね。でも、なんで高校は卒業しとかないとダメって思うの？」と踏み込んで、一緒に考えてほしいんです。

私は時々、お子さんにこういう話をします。「もしお母さんに『どこの学校に行くかくじ引きで決めなさい』と言われたらさすがにイヤだよね？　裏を返せば、どこでも良いわけじゃないということなんだよ」と。3年間を過ごす場所がどこでもいいはずはない。「本当はどうしたいのか？」という視点で考えてみてほしいですね。

とにかく、実際に学校まで見学に行ってほしいと思います。合同説明会というのは、見学に行く学校を絞り込む事前調査の場所というくらいに捉《とら》えてほしいですね。

――大規模な合同説明会に行く前に、どうやって知識を得ればいいのでしょう？

(松)　もしお子さんが現在中学生であれば、福岡市では教室に行けない生徒さんのためのステップルームに「教育相談コーディネーター」という役割の先生がいらっしゃいます。私も、このコーディネーターの先生からの依頼で中学校向けに基礎知識的なお話をすることがあります。

また本校では保護者向けにも、《通信》について学ぶ学習会を毎年開催しています。そこでは通信制の基本的な知識について説明するだけです。

ちなみに合同説明会は年間に何度か開催されています。わが校も含めた県内の十数校でつくる「福岡県通信制高等学校連絡協議会」では毎年6月と9月に開催していますし、民間の会社が主催する合同説明会もあります。ただ、「来るには来たんですが、何をお尋ねしたらいいんでしょうか？」とか、「〈つくば〉の方に聞くのは失礼ですが、どこの学校に行ったら良いんでしょうか？」という方もおられるんですよ（笑）。

単位制の良さは「待ってあげられること」

――「何がわからないのかすらわからない」という状態ですね。

松 そういった方々のためにも、まず一番大きな区分を説明しますね【表1（次ページ）】。

法律で定められた高等学校には表1のような種類があります。「全日制」「定時制」「通信制」の三つがあるのはご存じと思います。この中で一般的にみなさんがイメージするのが❶の「学年制・全日制」だと思います。福岡で言うと、たとえば公立の修猷館《しゅうゆうかん》高校や香椎《かしい》高校、私立の大濠《おおほり》高校、九州高校など大半がここ。❷は「単位制・全日制」です。私立の立花高校がここに当てはまります。❸が「学年制・定時制」。公立の糸島高校や筑紫《ちくし》中央高校、明善《めいぜん》高校にも定時制コースがあります。❹が「単位制・定時制」。公立の博多青松《せいしょう》高校やひびき高校など。❺が「単位制・通信制」です。わが校はこの❺の分類です。不登校の増加で、いま本当にいろんな学校が❺に参入

高卒後、一度就職して挫折。「昔の自分みたいな子たちの役に立てればと教員を志し、働きながら大学に通いました」と語ってくれた松永祥治先生

表1. 高等学校の種類(福岡市の例)

	全日制	定時制	通信制
学年制	❶ 修猷館、香椎 大濠、九州など	❸ 糸島、筑紫中央、明善など ※全日制課程に定時制課程を併設	
単位制	❷ 立花	❹ 博多青松、ひびき 西田川など	❺ 博多青松、つくば開成福岡など

しているのですが、順を追って説明していきますね。

――今日の授業は、まさに❺の整理の話ですよね。

(松) そうですね。まず最初に、表1の一番左にある「学年制」と「単位制」は何が違うのかを説明したいと思います。これは言い換えると「学習のペースの違い」なんです。学年制というのはご存じのとおり1年、2年、3年という学年のペースで進んでいきます。「カリキュラムを元に、学年で決められた科目を学習して単位をすべて修得すると進級できますよ」と。逆に単位が取れない場合は留年です。多くの全日制高校がこの学年制をとっています。

なお、いずれの区分でも高校を卒業するには74単位以上を取らなければなりません。3年間で卒業することを目指した場合だと、平均して1年に約25単位修得することになります。それに加えて通算3年間以上の在籍と、「特別活動」と呼ばれる活動に30時間以上出席する必要があります。

全日制高校の場合ですと、実際には90単位くらい修得して卒業します。しかし、学年制をとっているので1年間に一つでも取れない科目があると次の学年に進級できません。それに対して単位制の高校では単位を落とした場合でも「再履修」といって次の年に持ち越すことができます。学年制だと待ってあげたくてもそれができません。ところが単位制では待てるわけです。

なお、わが校は単位制ですが、実はこの単位制と学年制の良さをミックスさせた「年次制」なんですよ。年度をまたいでも単位は取れますが、生徒たち

表2. 全日制高校と通信制高校の比較

	全日制	通信制
通学スタイル	・週5日登校 ・6〜7時間授業（課外を除く）	規定時間数のスクーリングを受講 受講方法は以下のような形態： ・登校型 ・短期集中型 ・宿泊合宿型
単位取得方法 単位数	・学年制（一部単位制あり） ⇒履修科目が学年で定まっている ⇒留年あり ・学校での学習 ・出席日数を満たす ｝単位修得 ・学習理解度（テスト） ・単位数：30〜35単位（平均）	・単位制 ⇒履修科目を選択して学習 ⇒再履修 ・レポート（添削課題）⇒学習課題 ・スクーリング（面接指導）⇒教科指導 ・学習理解度（テスト） ・単位数：25単位（平均）
学習方法	クラス制	学校単位で以下のように学習形態が異なる ・個人単位 ・クラス制（無学年制、年次制 等）
学科	普通科 専門学科（商業、工業、農業 等） 総合学科（普通科目＋専門科目）	普通科 ※普通科ではあるが、分野に特化したコースを導入している学校がある

表3. 学年制と単位制の比較

学年制	単位制
・系統だった学習 ・単位を落とすと留年 ・集団での学び	・学年は無し （ただし〈つくば〉は年次制） ・単位を落としても再履修が可能 ・個人での学び （ただし〈つくば〉は集団の学びも重視）

をどう伸ばしていくかを考えた結果、「1年次」「2年次」「3年次」というふうにグループ分けして学習を進めているわけです。

――逆に、日本ではなぜこれまで「学年制」が一般的だったんでしょうか。

㊫ 学年制というのは、系統だった学習を集団で進めていく上では、確かに優《すぐ》れているんです。単位制は逆に「個」、つまり一人ひとりが個別に学習していくことが前提になってきたわけですね。なぜそうなってきたかというと、もともと通信制や定時制高校というのは、勤労学生向けにスタートした制度なんです。ところ

表4．単位制通信制高校での単位習得

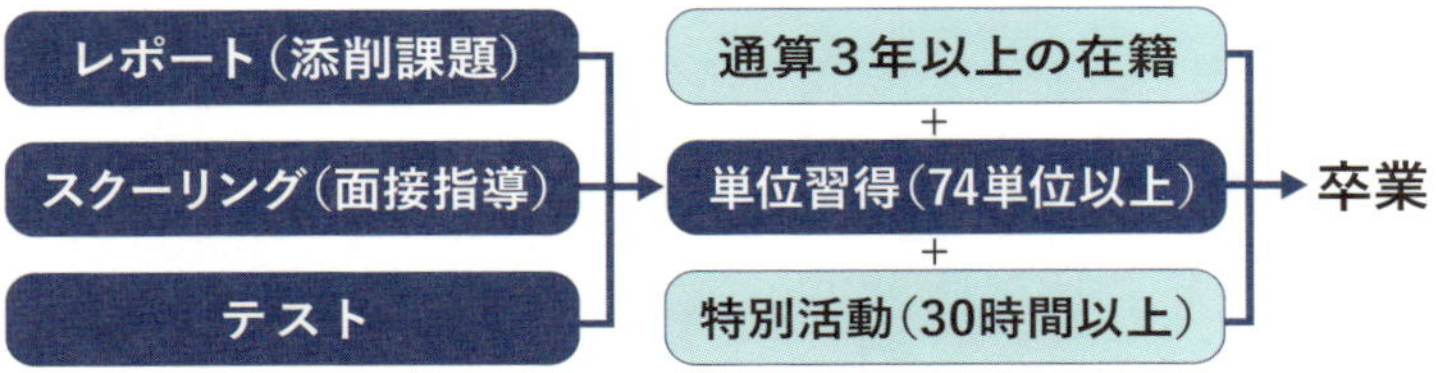

通信制高校卒業の条件は…

①３年以上の在籍 ②修得単位74単位以上 ③特別活動30時間以上

※別の学校に通ったことがあれば、そこでの単位も加算される

が近年は現役の世代、つまり15～18歳くらいの子どもが増えてきて、生徒の層が変わってきているのです。わが校では、そういった世代の生徒たちの将来を考えたときに、この時期に「集団での学び」という場が経験として必要だろうと考えたわけです。もちろん、わが校では今も現役世代以外の生徒を受け入れていますし、「集団」が苦手な生徒でも自分のペースで進める「個別」のスタイルも準備しています。

注意！ 学び方も通い方も名称もさまざま

──私たちがそもそも《通信》という言葉を聞いて想像するのは自宅に送られてきた問題を解いて答案用紙を送り返すと先生が赤ペンで添削してくれる、というイメージなのですが、実際は違うのでしょうか？

(松) 日々の学習は学校側で準備した「レポート」と呼ばれる添削課題（プリント）と、「スクーリング」と呼ばれる面接指導（教科指導）、そしてテストの三つで進めていきます。レポートを提出するという点は昔から一緒ですが、今はインターネットを介してのやりとりができる《通信》も増えています。

なお、スクーリングは卒業までに各科目で決められた時間数以上登校して受講する必要があります。全日制高校と大きく違うのは、このスクーリングの時間数が格段に少ない点です。科目あたりのスクーリングは、

福岡一の繁華街・天神からほど近い〈つくば〉の校舎。「暑いなか、頑張って来たね」。登校した生徒は玄関で先生たちの温かい笑顔に迎えられる。

例えば年間で12時間のものや、科目によっては4時間しかないものもあるので、自分の時間を多くつくりやすいという利点があります。体調面での負担を減らせたり、アルバイトや習い事など、自分のやりたいことに時間を使うことができるわけです。

ちなみに現在は、自宅学習が中心だった昔と違い、「登校する通信制」が増えています。1週間単位で最低何日は登校して勉強しよう、というスタイル。わが校では登校日の数で「週1日登校型」「週3日登校型」、「週5日登校型」と分かれており、週1日から週3日、週5日へとステップアップしていく生徒が多いです。クラスは、この登校の型と年次とで全部分けています。

――《通信》の良さや特徴が、おぼろげながらわかってきました。ところで《通信》が近年、右肩上がりに増えているというお話がありましたね。福岡県にもたくさんあるようですが、どんなタイプの学校がありますか？

㊗ ひと口に《通信》と言っても、実は四つのタイプに分かれます【表5】。

まずは表5の①の「狭域通信制高校」。「狭域」の意味

表5. 通信制高校に通う場合の4タイプ

①狭域通信制	※入学できるのは校舎（本校）が所在する県と隣接する1都道府県の生徒。〈つくば〉もこのタイプで、福岡県が認可。普段の学習・登校も、天神の校舎で行われる。
②広域通信制（学習センター）	※入学できるのは本校が認可を受けた県含め3都道府県以上。本校以外に通う場合、普段のレポート等は「学習センター」で行う。スクーリングは本校に行って短期集中で行われることが多い。
③サポート校+通信制	※大学受験や芸術・留学・eスポーツなどの専門に特化したコースを持つ学校が多い。提携する通信制高校にも所属して高校卒業資格取得を目指すため、ダブルスクールになる。
④高等専修学校+通信制	※中学校卒業後に入学できる専門学校。調理や理美容、医療、服飾など専門科目を学べる。週5日登校。一定の要件を満たせば大学入学資格を取得できる。

は、その学校が所在する県に住む生徒、もしくはその隣の県に住む生徒しか通えない、という意味です。わが校も①で、通えるのは福岡県と佐賀県の生徒です。

次は、②三つ以上の都道府県の子どもが通える「広域通信制高校」。福岡県ですとN高等学校やヒューマンキャンパス高等学校、飛鳥《あすか》未来高等学校など。こうした学校が運営する「学習センター」や「キャンパス」がありまして、いわばサテライト施設。本校の所在地は別の県にあるわけです。学校によっては本校まで行ってスクーリングを受ける必要がありますので注意が必要です。

③が「サポート校」。福岡県ですとトライ式高等学院や高宮学院などがこのタイプです。両者とも教室は福岡県にあるのですが、サポート校だけでは高校の卒業資格を取れないので、そのサポート校が提携している別の《通信》を卒業することになります。

④が高等専修学校です。ここで取れるのは高校の卒業資格ではなく、あくまで高等専修学校の卒業資格です。高等専修学校というのは、中学校を卒業してすぐに通える専門学校と理解してもらうとわかりやすいです。ですから、高

校卒業資格を取るには他の《通信》とのダブルスクールになってきます。
名称は確かに紛らわしいですね。「〜高校福岡学習センター」とか「〜高校福岡キャンパス」という場合は②ですし、「〜高等学院」や「〜学園」というと③に分類されます。ところが、どれも同じように普通の高校っぽく聞こえるんで名称だけでは判別がつきにくい。だからこそ、ここの違いを保護者の方が調べてしっかり内容を理解してほしいですね。

学校見学にもポイントがある

——見学に行った際には、どの分類になるのか聞いてみたほうがいいですね。

㊮ その通りです。次に、スクーリングのやり方で分けてみますね。これは私が名づけた分け方なのですが、「登校型」「少日数型」「ミックス型」の3種類があります。

まずは「登校型」。1週間単位で最低何日は登校してスクーリングを受けるスタイル。昔からの通信制のイメージとは反対のようにも思えますが、近年このスタイルのニーズが増えています。大学などへの進学を目指す生徒が増えているからだと思います。わが校もこのタイプです。

「少日数型」というのは年間数日、短期集中でスクーリングを行います。これは先に挙げた②の広域通信制の「学習センター」などの施設や③のサポート校に多いケースです。その学校の〝本校〟が県外にあったり、提携先の《通信》が県外にあったりする場合、そこまで行って合宿しながら短期集中スクーリングを受けたり、本校や提携先の《通信》から先生が派遣されてきて短期集中でスクーリングを実施する場合もあります。普段の学習・レポートはネット中心になるところが多いですし、音楽や芸術、eスポーツなどに特化したところも多いです。

「ミックス型」は登校型と少日数型を選ぶことができるところ。福岡県の例だとN高等学校などです。

表6. 通信制高校の見学時のポイント

見てほしいポイント	聞いてほしいポイント
・周辺環境、通学途中の生徒の様子（曜日、時間を変えて行ってみる） ・校舎や施設内の環境（トイレなど） ・教室や職員室の様子 ・スクーリングの様子 ・休み時間の生徒の様子 ・実際に使用しているレポートの中身	・どんなタイプの生徒が多いか（自分の子に合うかどうかを判断するため） ・スクーリングに参加できない場合はどうなるか（別の機会に受講する場合、料金はどうなるか等） ・在籍生徒数／職員数／教室数 ・学校としての特色や方針 ・1年でかかる費用／3年トータルでかかる費用 ・高校卒業資格（卒業証書の高校名はどこか）

――「ほとんど登校しなくていい」という《通信》のイメージは、「少日数型」に近そうですね。ただ、県外で合宿するというのは想像していませんでした。

(松) 次に、登校型の中にも、「個人」でスクーリングを行うタイプと「クラス」で行うタイプの2種類があります。

「個人型」は自分独自のカリキュラムを組むんですが、大学みたいに自分が取りたい授業がある教室に行ってスクーリングを受けて帰ってくるスタイルもあれば、一対一で「個人指導」を受けるスタイルもある。「クラス型」はクラスに所属して、クラス毎《ごと》の時間割で進んでいきます。

――お子さんにとっては、登校やスクーリングのスタイルの違いは大きいですね。〈つくば〉が「登校型」での学びを中心に据えているのはなぜですか。

(松) わが校の生徒たちが自信をとり戻すきっかけになるのは、「週1回でも、継続して通えている」という事実なんです。わが校では、たとえ週1日登校でも、「いつ来てもいいよ」というのではなく、決まった曜日と時間帯に登校してもらうようにしているんですね。全日制に普通に通っている子からすれば大したことではないのでしょうが、学校に通うことに大きな不安を抱えた生徒や、登校することに対して自信を失った生徒たちが自信をとり戻すために大切なことだと思っています。なぜなら、

校舎の中では、生徒と教師がすれ違うたびにちょっとした会話が交わされ、それが生徒の安心にもつながっていく。

もう一度自分の可能性を信じることができれば、また何かに挑戦する気持ちにつながっていくと思うからです。いずれにしても「百聞は一見にしかず」で、学校を訪ねてほしいですね。

そのときに、ぜひお子さんと見てほしいポイントというのがあるんです。まずは学校の周りの環境、通学途中の生徒の様子。立地によっては曜日や時間帯を変えて見学してみるのも大切です。

もちろん学内の様子も必須です。教室、トイレ、休み時間の先生と生徒の距離感、スクーリングの様子など。

また《通信》の見学の際にぜひ聞いてほしいポイントが、実際のレポートの内容や、どんなタイプの生徒が多いかという点。在校生・先生の人数、教室の数も聞いてほしいですね。在校生の数に対して先生の数が見合っていなければ、当然ケアが薄くなりますから。また③のサポート校の場合はどこの高校の卒業資格を取得できるのか、あるいは短期集中型のスクーリングに行けなかった場合どうなるのかという質問もしていただきたいですね。もし行けなかったとき、また転学を考えなければならない場合もあるからです。

表7. 年間の学費（〈つくば〉の例）
※就学支援金を差し引く前の金額（2024年〈令和6〉4月1日現在）

	特進Ⅰ型·Ⅱ型	キャリアデザイン型	ステップ型 集団スタイル	ステップ型 個別スタイル
登校日数	週5日	週3日	週1日	週1日
授業料 （12,000円/1単位）	300,000円 （25単位）	300,000円 （〃）	300,000円 （〃）	300,000円 （〃）
施設設備費	90,000円	90,000円	90,000円	90,000円
教育充実費	210,000円	210,000円	210,000円	210,000円
特別指導費	300,000円	180,000円	—	144,000円
合計	900,000円	780,000円	600,000円	744,000円
諸経費預り金	登校型や入学時期によって異なる			

・入学時に入学金50,000円が必要
・教科書代は無償
・下記の検定の3級まで無料で受検可（当校が準会場と認定された場合）
　⇨情報処理技能・文書デザイン・日本語ワープロ・実用英語技能・日本語・漢字

やっぱり気になる、学費モンダイ

松　また、親御さんにとっては学費が大きな問題です。面談の際は、「1年間（または3年間）でかかる学費はいくらですか？」とお尋ねになるといいですね。《通信》は1年分の学費をまとめて払う学校が多いです。大学や専門学校の学費と同じですね。わが校の学費を掲載していますので参考にしてください【表7】。

――正直、学費は切実な問題ですね。私の周りでも、「《通信》は高いから諦《あきら》めた」という親御さんがたくさんいます。

松　確かに公立と比べると決して安くはありません。《通信》だと基本は1単位あたりいくらですが、いろんなタイプの通信制高校が増えたこともあってわかりにくいですよね。わが校の場合はシンプルですが、通うコースによって「特別指導費」というのが加わります。

――《通信》の場合でも就学支援金や奨学金はもらえるのでしょうか？

松　誤解しておられる方が多いのですが、《通信》でも「就学支援金」や「奨学金」は支給されます。あと、「高校生等

表8. 通信制高校でも受けられる学費の支援

就学支援金	高校生等奨学給付金	その他
・授業料に対して支給（授業料を上限額とする） ・支給額は世帯の年収によって異なる ・給付型（返済不要） ・上限は1単位あたり12,030円（世帯年収が約590万円未満） ・通算74単位、年間30単位まで支給	・授業料以外の教育費（教科書代など）に対して支給 ・生活保護世帯や住民税非課税世帯が対象 ・給付型（返済不要） ・生活保護世帯：52,600円／非課税世帯：52,100円（いずれも年額）	・**奨学金**▶授業料の補填（就学支援金で不足する分）のために支給される ・**学び直し支援**▶高校を中退した生徒などが通信制高校で学び直す場合の支援 ・**都道府県独自の支援**▶就学支援金に上乗せして実質無償化する支援（都道府県による）

奨学給付金」という制度もあります。都道府県によってはさらに上乗せによって実質無償となる助成金もあるんです【表8】。

——今、伺ったようなお話を、たとえば中学校のコーディネーターの先生がわかりやすく説明できるかというと……。

㊥ 中学校の先生でも、詳しい知識をお持ちの方はいらっしゃるかもしれませんが、どこか《通信》は複雑でわかりにくいと思っておられる方も、なかにはいらっしゃると思います。そのためにも、ぜひわが校が主催する学習会を利用していただきたいです。生徒と学校のミスマッチを減らせるはずです。

子どもの成長を信じてほしい

——ひと通り《通信》のことを伺ってきましたが、たくさんある学校選びに迷われているご家庭も多いと思います。アドバイスをいただければ。

㊥ 繰り返しますが、親御さんはお子さんの現時点の力だけで判断しなくていいと思います。もちろん子どもたちのなかにはただ、「みんなと同じように普通に学校に行けるだけでいい」という子もいます。これも、裏を返せば「今のままで良いと思っていない」ということでしょうし、「友人たちに胸を張れる自分でありたい」ということ。そんな本心があるのに、もし現時点の力だけで判断してしまったらどうなるでしょう？ 夢や

中学生向けの体験入学。有志の卒業生も協力し、〈つくば〉での体験を直接聞かせてくれる。

目標と今の姿に開きがあったとしても、「もうちょっと欲張っていいんじゃない？」と言ってあげてほしい。今できる挑戦から始めるだけでいいと思います。そして最終的な目標に挑戦するための可能性を残しておいてほしい。未来のためにそこで何を得るのか。ですからご家庭では、「あなた、どうするつもり？」と問い詰めるような聞き方ではなく、「本当はどうしたい？」というふうに尋ねてもらえたらと思います。

――これまで面談された中には、〈つくば〉に合わないタイプの方もいましたか？ その場合には他を勧められるのでしょうか？

(松) そうですね……たとえば芸能活動を目指すお子さんとか。でも、そんな希望を持つ子であっても、まずは「具体的にどんなことをしたいか教えてくれる？」と尋ねます。例を出してくれたら、「それはうちの学校に通いながらでもできることじゃない？」とか「それは難しいかな～」と具体的に答えます。大切なのはその子の成長を考えた上で、わが校が役に立てるかどうかだと思っています。

――中学生が〈つくば〉の授業やレポートを体験できる「つくばの杜《もり》」がありますが、どういった理由で始まったのでしょうか？

(松) 普段のわが校の姿を見てもらいたいからです。ホームページの情報や、たった一度の見学だけではなく。〈つくば〉は、通信制課程のみの学校のなかでは教室の数や教員の数も比較的多いので〈11教室＋パソコン室＋視聴覚室＋図書・自習室／２０２４年度〈令和６〉８月時点の教員数45名〉、こういうことができるんですね。

一般的には、体験入学は土曜日に開催されることが多いですよね。土曜日だからこそ在校生が体験入学の手伝いをしてくれるといった利点もあるでしょうが、イベント的に、「楽しかった～」という雰囲気だけで終わるのは良くない。つまり実際の授業を、決まった曜日・時間に受けてもらうことで、入学後に経験する日常を体験してもらえれば自信につながるかもしれない。今年度ですと6月から11月の初めくらいまで実施してきました。１回だけの参加でも大丈夫です。「この学校は違うかな～」という結論でも全然問題ありません。以前、中学校のステップルームに通っていた子が「自分は学校に行けるんだ」と自信をとり戻し、全日制高校に行ったというケースもありますよ。

逆に、継続して通ってもらうと修了検定というのがあります。それに合格した場合には、今度は入学に向けて良い準備をしてもらえるように「合格者プログラム」というコースも用意しています。

「つくばの杜」参加者の声

Q1.「つくばの杜」にもっと早く参加すれば良かった

「はい」と答えた方 **77%**

中学生 73%
保護者 81%

Q2. 参加しようと思ったきっかけは何ですか?

	中学生	保護者
1位	学校の雰囲気を確かめる為	学校に慣れて雰囲気を感じて欲しかった
2位	チャレンジしてみたいと思ったから	本人の意思
3位	先生方に勧められて	中学の復習ができるから

Q3. 参加してみて良かったことは何ですか?

	中学生	保護者
1位	学校の雰囲気を知ることができた	やる気が出て楽しそうに話してくれる
2位	授業がわかりやすくて自信がついた	学校の雰囲気が知れて自信になったようだ
3位	登校に慣れて、中学へ行けるようになった	入学してからの様子がイメージできたようだ

Q4. 継続参加(育成プログラム)しようと思ったのはなぜですか?

	中学生	保護者
1位	楽しかったのと苦でなかったから	本人の意思、希望
2位	慣れておきたかったから	本人の自信につなげるため
3位	もっと勉強したいと思ったから	親子の会話が増えた

【参考資料1】「つくばの杜」の募集パンフレットより。参加した生徒の中には自信をとり戻して全日制高校に進んだ子もいたという。

——年度の途中で、高校生が転入や編入で来ら

【参考資料2】〈つくば〉の応募資格と募集型（コース）

●応募資格

転入学	他の高校に在学中の方・休学中の生徒
編入学	高校に入学したが、すでにやめた生徒
新入学	現在中学3年生＝新卒生 高校に入学したことのない生徒＝既卒生

●募集型

	登校日数
特進Ⅰ型・特進Ⅱ型	週5日程度
キャリアデザイン型	週3日程度
ステップ型・集団スタイル	週1日登校
ステップ型・個別スタイル	

れる方も多いですか？

㊤ そうですね。年間30～40名ぐらいの転入・編入があります。その際の試験は、基本的には作文と面接。ただし週5日のコースを希望する生徒さんには学科試験をする場合もあります。

――入学条件としては、中学校を卒業しているのが前提ですよね？

㊤ そうですね。ちなみに中学時代にフリースクールにしか通えなかったお子さんでも、条件を満たしていれば中学校の出席日数にカウントされますし、卒業という意味では問題ありません。わが校の入学条件としては、中学での出席日数を問うことはありません。むしろ、「ここで変わりたい」、「挑戦したい」という意欲が大事ですね。

また、親御さんがお子さんを支えていけるかどうかという点も大切です。校長の受け売りですが、生徒と保護者と学校は「三輪車の関係」なんです。つまり前輪は生徒で、保護者と学校は後輪ですね。生徒が進みたい方向に向かって保護者と学校が協調できれば三輪車はうまく進みますが、逆に保護者と学校がバラバラだと、三輪車はその場でグルグルと回っているしかない。そのためにも、保護者と学校が協力する必要があるわけです。もちろん、すんなりと行くケースばかりではないんですが。

「まずは親御さんが元気でいてください」

――〈つくば〉では、発達障害のお子さんにはどう対応しておられますか？

㊛ 親御さんからはよく、「発達障害があっても大丈夫ですか？」という質問を受けますが、大切なことは、その子がやろうとしていることや気持ちを支えられる体制がとられているかどうか。ですから、逆に「どんな心配があるか教えてください」とお尋ねするんです。入ったはいいけどできないことが多かったら、苦しいのは本人ですから。もちろん、常時そのお子さんだけのために個人対応することはできませんので、それだけはご了承くださいとお伝えしています。

――小学校くらいまでは支援学級から通級したり、支援度に分かれて手厚いケアを受けたりできますが、中学になると急に支援学級の門戸が狭くなって、「特別支援校を見据えて進路を考えておいてください」と言われてしまう。親御さんとしてはその括《くく》りはちょっと違うと思っているのに、周りからどんどん浮いてしまって孤立していく。小学校まではスクールカウンセラーともコミュニケーションが取れていたのに、中学になるとお母さんも疲れてきて、話すことを諦めてくる。合同説明会に来たときにはすでにフラフラになっていて、安易な選択をしてしまうことも多いようなのです。

㊛ 特にお母さんは、お子さんが「なかなか前進できない姿」をずっと目《ま》の当たりにしてこられたわけですね。ですから、「まずはお母さんが元気でいてください」、「気分転換できてますか？」と、よくお話しします。お子さんが学校に行けなくなってご自身を責めておられる方も多い。当然、心も穏やかでなくなりますから、いろんな悪影響、悪循環につながりますよね。親御さんが元気であれば、お子さんが救われることもあると思います。

ちなみにわが校では前期、後期で最低一度ずつ面談の時間を取っていまして、時間も長いほうだと思います。

創立10周年を迎えた〈つくば〉では、新たに体育祭がスタート。卒業生からは「いいな」、「すごいね」の声が寄せられた。

わが校の校長が昔、全日制高校に勤めていた頃、生徒の親が学校に呼び出された挙げ句、子どもの「足りないところ」ばかり注意されて、親子そろって肩を落として帰っていく光景を見たとき、「そりゃ、あんまりだろう」と思ったそうです。足りていない部分もあるだろうけど、よくできたところだってあるはず。家では何もしないように見えても、学校では別の顔を見せて頑張っている場合もあるわけです。学校がそれを伝えてあげないと。その上で、じゃあ次の1年はどういう風にしようか、っていう話をすればいい。そんなことをいろいろ話していたら、必然的に長くなるはずなんです。

また、親御さんからお子さんに面と向かって聞きにくいことがあったり、逆に生徒から親御さんに直接伝えにくいことがある場合は私たちが仲立ちすることもあります。普段からのコミュニケーションを大切にしているんです。

――この1年以上、〈つくば〉を取材してきたのですが、確かに親御さんと先生の距離が近いように思います。あとは、「進学に強い」とか「真面目《まじめ》な子が多い」というイ

メージを持たれているように思いますが。

㊙ 私たちとしては、やるべきことを続けてきただけなのですが、結果的にそういう評価につながってきたと思います。

進学については、生徒たちが自分で目標を立て、それに向かって努力する力を身につけることを大切にしています。そのために継続した授業を通して学習を積み重ね、生徒たち自身が「努力できる自分」へと成長した一つの結果が進路だと思っています。

真面目な子が多いという点についてですが、不登校の子たちって、自分に正直だったとも言えると思います。自分の中に生じたモヤモヤを見ないふりができなかったのかなぁ、と。ゆっくりでもいいから、集団の中で学びながら自信をつけていくという点については、わが校は役に立てると思います。

以前、ある生徒に「〈つくば〉ってどんな学校と思う?」と尋ねたら、その子は「通信制だけど通信制じゃない学校」と言いました。「ちょうどいい、真ん中ぐらいの学校」と言った子もいます。つまり全日制と通信制の間という意味でしょうね。

わが校の生徒たちはすごいんですよ。体験入学の中学生たちと在校生とで、毎年、座談会のようなことをしているのですが、平気で過去の自分のことを話すんです。初対面なのに、つらかった頃の自分を隠すわけでもなく。すごい！って思うんです。あの子たちがいつか、「どこの高校に行ってたの?」って聞かれたとき、「つくば開成福岡高校！」と胸を張って言える学校であり続けたい、って思います。

【参考資料3】〈つくば〉の通学スタイル

キャリアデザイン型（週3日登校スタイル）

・つくば開成福岡で一番基本的なスタイル。登校日は学年（年次）によって異なり少人数で授業を受ける。
・1年次の前期までは午前と午後のクラスに分かれている。
・レポート（添削課題）を使いながら授業を受ける。予習をしっかりして授業を受ける習慣を身につける。
・検定取得に向けた授業や進路学習の一環で実施する系統別学習や社会体験学習も実施。

特進型（週5日登校スタイル）

・進学を目指す、積極的に学習したい生徒向けのスタイル。毎日（週5日）登校して少人数クラスで授業を受ける。
・1、2年次の英語の授業では実用英語技能検定の受験を意識し、級別に授業編成。2年次からは進路希望にあわせて文系・理系に分かれて学習。系統別学習や社会体験学習も実施。

特進Ⅰ型（午前からの登校）

基本は4限目（13：40）まで共通の授業。その後ＳＨＲ《ショートホームルーム》を経て5限目以降に理系科目など専攻の授業を実施。

特進Ⅱ型（午後からの登校）

12：50 から授業が始まる。2年次まで在籍が可能な型で3年次には特進Ⅰ型での登校を目指す。

ステップ型（週1日～登校スタイル）

・今は学校に行くのが不安だが、行けるようになりたいという生徒がゆっくり学校に慣れていくためのスタイル。週3日や週5日へのステップアップが可能。

個別スタイル

クラスではなく、個別で学習。ネット教材も使用しながら、自分のペースで基礎学力を身につけていく。

集団スタイル

基本的には1年次のみ開設されているクラス。学校から指定された日時（週1日程度）に登校。

【参考資料4】〈つくば〉の時間割の例

時間割は登校型やクラスによってさまざま。時間割の作成には、先生がいつも頭を悩ませている。

1年生 キャリアデザイン型(午後登校クラス[※2])の例

（網掛け）週毎に変わる[※3]

	月	火	水	木	金
5限目(14:10)	公共		数学Ⅰ		職業研究
6限目(15:10)	PC 演習		英語CⅠ		情報Ⅰ
7限目(16:10)	HT[※1]		HT		ホームルーム
掃除・ショートホームルーム					

※1　「ほっとタイム」の略。つくば開成福岡独自の生徒サポートプログラム

※2　1年生キャリアデザイン型は各クラス毎に時間割が設定されている

※3　キャリアデザイン型の時間割は週単位で一部受講科目が変わる

2年生 特進Ⅰ型の例

（網掛け）週毎に変わる[※4]　（斜線）選択科目

	月	火	水	木	金
1限目(9:10)	SNS 講演	論理国語	論理国語	論理国語	プログラミング
2限目(10:10)	デザイン制作	英語	英語	英語	プログラミング
3限目(11:10)	PC演習	化学	化学	化学	HT
昼休み					
掃除・ショートホームルーム					
4限目(12:50)	アート専攻	生物基礎	生物基礎	生物基礎	
5限目(14:10)		数学Ⅱ	数学Ⅱ	数学Ⅱ	

※4　特進Ⅰ型の時間割は週単位で一部受講科目が変わる

卒業式

ようやく手にした卒業証書。辛いこともあったけど友人や先生、そして家族に支えられてここまで来ました。「やればできる」という自信もつきました。それぞれの想いを自分の言葉で伝える姿を誇らしく思いました。

10月　11月　12月　1月　2月　3月

体験入学

中学三年の生徒・保護者を対象としたもので、当校の在校生や校舎、そして雰囲気を自分の目で確認・体感する体験授業と説明会です。

調理実習

皆で協力して楽しく調理しました。美味しい料理を前に笑顔があふれていました。早速、家に帰って腕をふるった生徒もいたようです。

研修旅行

沖縄の自然を満喫!仲間同士の絆も深まり、忘れられない思い出となりました。地域の方から戦時下のお話をうかがい、事前学習した沖縄の産業や風土、歴史についても深く学びました。

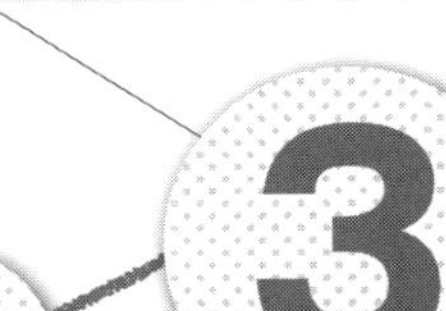

【参考資料4】〈つくば〉の1年の大まかな流れ（同校のパンフレットから）

schedule

発見も感動もいっぱい！つくばの高校生

普段のスクーリングや試験などのほかに、職場体験やふれあい合宿などの行事も盛りだくさん。
勉強もがんばって、イベントもとことん楽しむ！そんな充実した毎日が、つくば開成福岡高等学校にはあります。

入学式

桜が満開の4月、新入生を迎えました。最初は少し緊張した面持ちだった生徒も個性豊かな先生の話に笑みがこぼれていました。気持ちを新たにスタートです。

いよいよ授業が始まるなぁ。ちょっとドキドキする！

校外模試

進路実現に向け、試験本番と同じ心持ちで今の自分の力をぶつけます。できなかった箇所はやり直しで強化する！次に必ず繋ぎます。

つくばの杜

「あっ！こうやるんだ！」さまざまな理由で中学校に登校できていない中学3年生に、中学の勉強を基礎から復習するクラスです。勉強がおもしろくなりますよ！

4月　5月　6月　7月　8月　9月

ふれあい合宿

年に一度の恒例行事！１泊２日で宿泊合宿をおこないます。クラスメイトと一緒に運動や野外炊飯を実施し、思い出の１ページ作り！寝食をともにし、絆を深めました。

進路説明会

卒業後の進路を見据えた取り組みとして、各学年の時々に必要な情報を伝え、自分の進路を自分で決めていく自覚と意識を高めるためにおこないます。

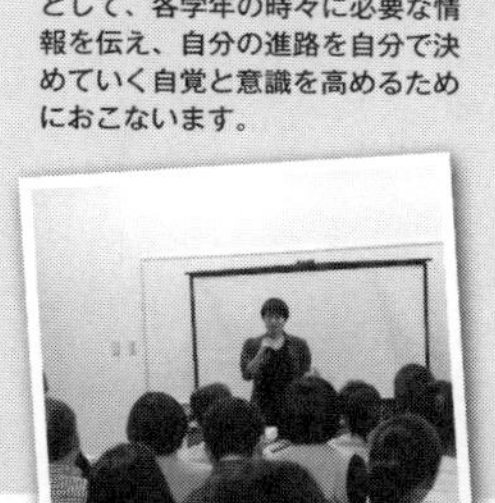

24時間TVチャリティー

お揃いの黄色のＴシャツで募金やイベント活動に参加します。一般の人々とコミュニケーションを取りながら、終わった後はひと回りもふた回りも大きく成長します。

わからないを
聞いてみた①

不登校の親子がすれ違いがちなポイントって何でしょう？

松永邦裕《くにひろ》さん
福岡大学教育・臨床心理学科教授
公認心理師・臨床心理士

「〝待つ〟ことって受け身の状態。積極的な気持ちがないとつらいんです」

「親は、わが子が不登校になったという事実を最初は受け入れられない。子どもにいろいろ言ってもかえって心を閉ざしてしまうし、親だって神様や仏様にはなれません。本人がつらいのはもちろんだけど、親もつらいですよね」

こう語ってくれたのは福岡大学人文学部教育・臨床心理学科教授の松永邦裕《くにひろ》さん。松永さんは教鞭《きょうべん》をとるかたわら大学の臨床心理センターで不登校や発達障害の子をもつ親御さんを含め、いろんな相談者のカウンセリングに従事している。

また臨床心理センターの中には、学校に行きたくても行けない、あるいは集団になじめない小学4年生～中学3年生までの子たちが通ってくる支援教室「ゆとりあ」が設置されており、通級すれば小中学校の出席日数にもカウントされる。子どもたちはここでコラージュなどの創作やレクリエーション、園芸などの活動を通じて情緒を安定させたり、ときには小規模な集団活動を通じて社会性を育んだりして、少しずつ自信をとり戻していく。子どもたちの相手をするのは公認心理師や臨床心理士を目指す大学院生たち。2006年（平成18）に学生の実習施設として開設し、これまで送り出した子どもたちは80人以上。松永さんはここの教室長も務めている。

「不登校の子たちって、まずは待ってあげないといけない。だけど親のほうは心配や不安が先立ってしまうから待てないんです。せめて、いつまで続くのかがわかれば待てるんですけどね。

ところが、待つというのはすごく受け身の状態。わが子のために何でもしてあげたいと思っている親にとっては、待つというのはとてもしんどいことですね。だからこそ、もっと子どもに対してポジティブな気持ちがないと待てないものなんですよ。つまりただボーッと放置するのではなく、『この子は必ず良くなる』と信じているような状態ですね。

ただ、〝信じる〟のと〝期待する〟というのがまた紙一重で難しい（笑）。期待すると、親御さん側で考えたゴールが設定されてしまうから。もっと言えば、信じるためには、わが子のことをちゃんと理解するというのが大事かもしれませんね」

松永邦裕さん　福岡大学人文学部教育・臨床心理学科教授。障がい学生支援センター長、「ゆとりあ」教室長を兼務。1987年〜2003年まで福岡市の公立中学校教諭、03〜06年まで福岡市教育委員会教育相談課の指導主事を務めた後、研究者の道に。公認心理師、臨床心理士の資格を持ち、福岡市内のクリニックで発達障害を持つ子の親向けのペアレント・トレーニングにも従事。福岡市いじめ防止対策連絡協議会会長。

〝のび太〟の時期に分かれ目がある。

そう言うと、松永さんは子どもの発達過程についてわかりやすく教えてくれた。

「子どもの発達というのは10歳前後、つまり思春期（青年期）の入口のところで大きな分かれ目があります。10歳というのは『ドラえもん』の〝のび太〟の年齢。のび太が仲間と一緒にいろんなことを体験して、協力しながらいろんな事態を乗り越えていくんだけど、親も含めて大人たちは子どもたちに何が起きているか知らないわけですね。それまでは、その日に起きたことを何でも親に報告していたのに、10歳ぐらいになるといちいち話さな

松永さんが教室長を務める学校適応支援教室「ゆとりあ」

くなる。その代わり仲間の間で共有するという発達段階になるわけです。

思春期や青年期というのは子どもから大人に変化していく時期ですね。体はご飯を食べることで大きくなっていくけど、同時に『新しい体』にフィットする『新しい心』をつくりなおす必要がある。

親の側からすると、それまで子どもとして可愛がったり叱ったりするだけで良かったのが、中学生にもなると『ところでお前は将来についてどう考えてるんだ？』という話をし始めます。でも、子どもにしてみれば、考えたってすぐに答えが出てくるわけじゃない。そんなとき、テストの点が悪かったり容姿を気にしたりして、『俺はなんてダメなやつなんだ！』と友だちにこぼすと、友だちも同じようなことで悩んでいる。『何だ、俺だけじゃなかったんだ！』と気づくのは、本人にとっては単なるなぐさめ以上の意味を持つんです。

そんな悩みが気にならない子もいますが、中には何日も考え込んでしまって、朝になるとお腹が痛くなって学校に行けなくなるという子もいる。授業だって進んでいますから、勉強のほうもどんどんみんなから取り残されていきます。すると親は、『昼からでも学校に連れていっちゃろうか？』などと言って声をかけます。内心は親も焦《あせ》っているわけですね。

親御さんの中には、『うちの子はずっと家にいて、勉強も運動も何もしていないのに疲れたとか、きついとかばかり言うんです』とおっしゃる方もいます。子どもたちは学校に行けば解決できるということは頭ではわかっているけど、それができなくて悶々《もんもん》として、一人で自分のダメさや将来の不安を抱え込み、答えの出ない課題に取り組んで疲れ果てているわけです。ゲームに没頭しているようでも、心から楽しんでいるわけではないんです」

親はダメな部分ばかり見てしまう

松永さんは、大学での研究や「ゆとりあ」教室長の職務にとどまらず、発達障害を中心に児童の精神科クリニックでもカウンセリングを行なっている。

「主に発達障害の子を持つ親御さん向けのペアレント・トレーニングを担当しています。と言っても半分はお母さん方の悩み相談なんです。

トレーニングの一番の柱は、お子さんのことをほめましょうということ。お子さんを叱ってばかりで疲れていますし、わが子の将来を案じるばかり、ついダメな部分ばかり目についてしまうんですよね。

学校の先生でも同じです。仮に10人でトイレ掃除をしていて、3人がサボったとします。すると先生は、サボっている生徒にはすぐ注意するんですが、ちゃんと掃除をしてくれた7人をほめることを忘れがちです。7人からしてみれば、サボったほうにばかり先生の関心が向いているという現実だけが残ります。『ほめられるからやる』のと、『怒られるのが嫌だからやる』のとでは、子どもにとってどちらが頑張ろうと思えるか、わかりますよね？

ペアレント・トレーニングでは、親御さんにこんな宿題を出すんです。家でお子さんを観察しながら、〝してほしい行動〟をとったときにメモしてもらう。また〝してほしくない行動〟をとったときにもメモしてもらいます。靴下脱ぎっぱなしとか、宿題をしないとか。最後に、〝許しがたい行動〟というのもあります。たとえば人にケガさせるといった、人として許されないことです。子どもの行動をこの3項目に分けて2週間、観察をしてもらいます。

結論を言うと、親御さんは〝してほしくない行動〟ばかり見ている方が多いんですよ。〝してほしい行動〟のほうは、できてあたりまえと思っている。ですので、〝してほしい行動〟を取ったときはほめてください、と。

逆に、〝してほしくない行動〟のときは無視（その行動に関心を示さない）してもらいます。もちろん〝許しがたい行動〟の場合は阻止。その間、メモをとるために親御さ

ペアレント・トレーニングの一例

子どもを観察して…

①“してほしい行動”をとったとき ☞ **ほめる**

②“してほしくない行動”をとったとき ☞ **無視する**

③“許しがたい行動”をとったとき ☞ **阻止する**

んはじっと待ちながら子どもの行動を観察することになるわけです。

お母さんは日常の家事で慌ただしい。でも、ここで『待つ』ところに意味があるわけです。不登校の子たちも、本人自体が焦っているので、親御さんからせっつかれると余計に気持ちの整理ができないんですよ。

不登校のお子さんというのは、一度学校や社会に上がったアドバルーンが破れてしまって、いったん元の地上の基地に戻ってきたような状態。地上の基地は家庭と思ってください。破れたアドバルーンは一旦、基地に戻って修理しなければまた空高く飛ぶことはできません。いったいアドバルーンのどこに穴が空いているのか、穴の大きさはどのくらいなのか、それはどのように修理したらいいのか。修理するには時間が必要なんです。ところが、もしそこで親御さんが『早く直してすぐに飛びなさい』と急《せ》かしてしまうと、落ち着いて修理ができず、どんどん遅れてしまいます。そこで私は親御さんに対して、『もしお子さんの修理をサポートしたいと思われるのなら、アドバルーンのどこに、どんな穴が空いているのかをカウンセリングで一緒に探すことから始めませんか？』と提案するんです。

心理学ではこれを『退行』と言います。発達をあと戻りすることで、自分をつくり直してまた飛び立とうとしているんです。妹や弟ができたとき、上の子がおねしょしたり指しゃぶりをしたりして赤ちゃん返りをするのと同じです。そのとき親は叱ったりせず、子どもの気持ちを理解し、時には甘えさせることも必要なのです」

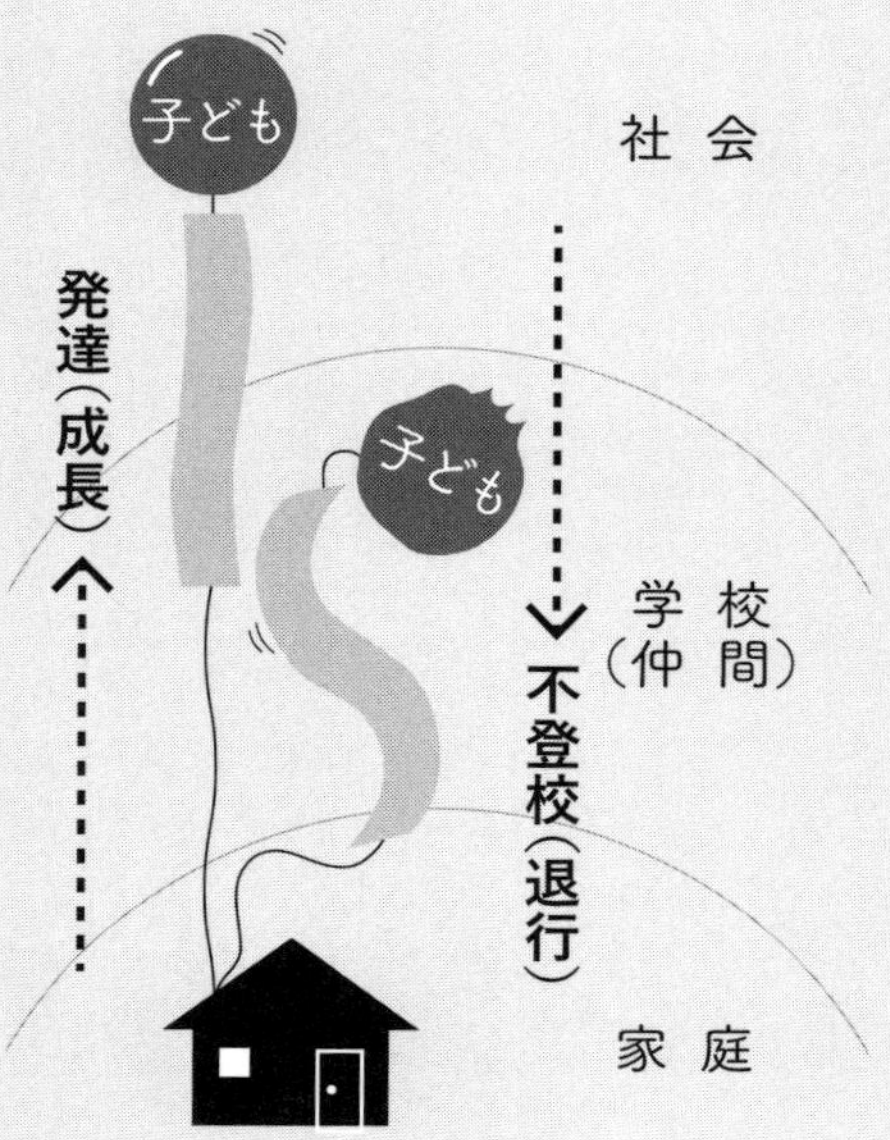

「お母さんたちが孤立せんように」

今、ペアレント・トレーニングの需要は高まっているという。

「トレーニングに来られたお母さんに対して思うのは、まず『よく来られましたね』というねぎらいの気持ち。わざわざ時間をつくって、子どもではなく自分自身のやり方を変えようと思っている。それだけで素晴らしいことです。カウセリングに行ってみようと一歩踏み出した時点で、もう変化が始まっているのです。

お話を聞いて少しでもお母さんに気持ちの余裕が生まれることで、家に帰ってお子さんと良い関わりを持てるようになる。私たちがお子さんたちと会える時間なんて1週間のうちせいぜい50分。お母さんはもっとたくさんの時間を家庭で子どもと過ごしているわけですからね。

不登校の間のお母さんたちは授業参観や学校行事にも行きづらくなって、他の人たちと会って話す機会も少なくなるんです。とにかくお母さんたちが孤立せんようにと願っています」

カウンセリングを受けられる施設が身近にない場合はどこを頼れば良いのだろう？ いきなり見知らぬ精神科を訪ねるのは気が重いという親は多いはずだ。

「距離的・心理的に行きやすいのであれば、まずはかかりつけの小児科でも良い。ただ、小児科にもいろんな先生がいます。たとえば起立性調節障害の問題だけに目が向いて、精神科医のように不登校の原因や背景などの心の問題には注目してくれなかったり。自分のところだけではケアできない場合は大学病院の小児科など大きな病院を紹介されるケースもありますね。大学病院の小児科には心理士がいますし、アプローチの幅が広いんです。

ちなみに起立性調節障害というのは最近世間の注目を集めている自律神経の病気です。朝、自律神経の交感神経のスイッチが入らず、起きられなくて不登校になる子もいれば、心配ごとがあって寝られない子もいる。その場合は、薬で自律神経の働きを調整してもその子自身の問題の根っこは変わらないわけですね。起立性調節障害だけで子どもの不登校を説明できないことも多いんです。

不登校っていろんな要因や背景がある。昔は『登校拒否』と言いましたよね。今では、学校に行かない、または行けないという現象だけを指す不登校という呼び方に変わりました。不登校も多様化の時代ですね」

「結局は子どもが生き生きしているかどうか」

現在、不登校の子どもたちは小・中・高あわせ全国で35万人以上。高校生に限れば、通信制高校に通う生徒は約12人に1人の割合（2022年度〈令和4〉「学校基本調査」による）だという。

「これだけ多様性や個性が重視される時代に、絶対学校に行かせようとするのはミスマッチ。かつての日本のような一斉授業のやり方というのは、外国人が見ると良い意味でもカルチャーショックだそうですが、もしそれを今の日本でやりたいのなら、15人くらいの小さな学級でないと先生だってやっていけないはずですよ。国も焦っていまして、2017年（平成29）からは教育機会確保法も施行され、積極的にフリースクールなどの選択肢を認めていこうとしていますね。そうすると、学校っていったい何なんだという問いに戻ってきます。

結局は子どもが生き生きしているかどうかが一番。もちろん全日制の学校で生き生きとした子もいますし、『ゆとりあ』でも生き生きとしている子はいます。学校選びに迷っている親御さんはとにかくその学校に行って、実際にその場所の空気を感じてほしいですね。親御さんだけじゃなく、子ども自身が、ここだったら行けそうだと思えるかどうかだと思います」

とはいえ、中学校の教師たちですら通信制を含めた多様な選択肢があることをよく知らないという現状がある。

「最近のことですが、ある先生の発言にビックリしました。中学3年生の不登校の進路相談で、『通信制なんかでいいんですか？』という言い方をされるわけです。先生も、もっと勉強しないと」

荒れる中学校での教員時代

実は松永さんが研究者になったのは遅く41歳のとき。それ以前は公立の中学校で技術家庭科の教師をしていた。

「昔は全校集会で怒鳴り上げるような中学教師でした。でも、厳しい指導ばかりしているうちに生徒とはどんどん関係が悪くなるばかりで、行き詰まってしまって。それで、もっといろんな視点を持ちたいと思って臨床心理学を学んでみようと思ったわけですね。

勉強を始めたのは20代の終わりごろ。教員には長期研究制度というのがあって、学校に籍を置きながら大学や教

体験入学の日のひとコマ。在校生が先生とともに中学生のお世話係を務める。

育センターで勉強できる仕組みがあるんですよ。2年間勉強してまた中学校に戻りましたが、夜は大学院でまた勉強。最終的には福岡大学の博士課程も含め計7年大学院に通いました。別に大学の教員になりたいわけではなかったんですが、面白くなってしまってズルズルと（笑）」

松永さんが中学教師として働き始めたのは今から約40年前。中学・高校で校内暴力の嵐が吹き荒れていた時代だった。

「福岡市の中学校で計16年勤めました。働き始めた頃は日本中の中学校が荒れていた時代。学校側も荒れる生徒を力で押さえ込んだ。そもそもは夢と希望を持って教員になったわけですから、自分でもイヤな気分でした。でも2、3ヵ月後にはそんな教師と全く同じになってしまって。恐ろしいですね。1年目はそんな調子で、生徒とも全くうまく行きませんでした」

不登校の女子生徒との出会い

ところが教員になって10年が経過した頃、異動した先の学校でこんな出来事があったという。

「いきなり3年の担任になったんですが、事前に校長が挨拶に来られたんです。まだ一人も生徒の顔を知らないのに何でわざわざ？と思ったら、案の定、その学校も荒れていたわけです。

結局は1年間、懸命に向き合っているうちにだんだん生徒や保護者と打ち解けることができたのですが、そのとき、遊び心も大事だということに気づきました。

その年の卒業式の話ですが、子どもたちが〝特攻服〟を着て来るというので、これを阻止せないかんと学校側も殺気立っていました。私は、対立するばかりでおもしろくないなぁと思って眺めていました。そこで、3年の先生たちでチームをつくり、卒業式の前に子どもたちの前で合唱したんです。すると意外にも『カッコ良かった！』

と言って喜んでくれたんですよ」

悪いこともするけど、どこか純情さを宿したままエネルギーのやり場を探してさまよう子どもたち。一方でこんな生徒がいた。

「実はその年、私のクラスに不登校の女の子がいたんです。荒れた環境の中でも全く手がかからない、大人しい子でした。ところがヤンチャな生徒たちの対応に追われるうち、5月ごろから全く学校に来なくなったんです。お母さんに電話してみたり、受験生だからプリントだけでも渡しておこうとお宅に伺ったりするんですが、会ってくれないわけです。

そんな日が続き、12月に入ると高校受験のための三者懇談会が始まって、ある日ご両親が学校を訪ねてこられました。『昨日、突然娘が高校に行きたいって言ったんです。今からでも行ける高校があるでしょうか？』とおっしゃるんですね。私は行けそうな高校に電話しまくりまして、私立の全日制に何とか専願で合格しました。

その子は卒業式だけは出席したんですが、式のあとで私に手紙をくれたんです。『先生のことが嫌いだから学校に行かなかったわけじゃない』というようなことが書いてありました。

そして、その子が高校生になってやがて1年が過ぎようとしていたある日の夕方のこと。その日はバレンタインデーだったのですが、高校で仲良くなった友だちを連れて、中学校にチョコを届けに来てくれたんです。しかも『これは通学用』とか言って、当時流行《はや》っていたルーズソックスを履いて。何か元気な高校生になっていたので、こっちもうれしくなりました。中学時代は何十回もお宅を訪ねたのに一度も会えないままだったから、当時は無力感に襲われていました。でもあの出来事があって、無意味に思えた家庭訪問にも意味があったんだと思えたんです」

教師とカウンセラーは両立しない

教師でありながら、プロの臨床心理士となった松永さん。いわば「二刀流」のエキスパートとなったわけだが、生徒との関わり方にも役立ったのだろうか？

「確かに最初は『カウンセリング・マインドを持った教師』としてうまくやれるんじゃないかと考えていました。でも、勉強すればするほど、教師とカウンセラーは違うものだと気づきました。教師って、良いことをしたときにはほめるけど、悪いことをしたときはやっぱりちゃんと叱らないといけないんです。
一方、カウンセリングというのはたとえその子が親父をぶん殴りたいと言ったとしても、『親父をぶん殴りたくなったこの子の気持ちって何だろう？』と考えるのが仕事。……なんてわかったようなことを言ってますが、わが子のことになるとみなさんと同じなんですよ」

そう言うと、松永さんは自らのお子さんの話を聞かせてくれた。

「うちの娘は繊細で過敏すぎるところがあり、小学校のときは年間20～30日ほど欠席していました。塾にも通わせていたんですが、行くと熱を出してしまうんです。
結局公立中学に進んだのですが、動物が好きで獣医になりたいと言うので、高校は本人の希望する私立の特進コースを受けて無事合格。気の合う友だちもできて楽しそうでした。ところが高1の冬から体の節々が痛いと言い始めたんです。ご飯も喉を通らなくなって一気に痩《や》せてしまいました。最初は摂食障害も疑いましたが、最終的には膠原《こうげん》病の一種の難病だということがわかり、特進の8時間授業に耐えるのはさすがに無理だと悟りました」

「ゆとりあ」の縁でつくば開成福岡高校に転校

愛娘を突然襲った病魔。転校先を探す中で松永さんの脳裏に浮かんだのがつくば開成福岡高校（以下〈つくば〉）だった。

「実は、『ゆとりあ』を巣立った子たちが〈つくば〉でお世話になっていたんです。他の学校があることも知っていましたが、中学教師だった私の目から見て、数ある通信制高校の中でも、〈つくば〉は良い意味で一番学校らしいなあと以前から思っていたんです。見学にも行きましたが、娘も気に入ったので高1の終わりごろに転校しました。クラスメイトにも恵まれました。
ところが卒業後、服薬していたステロイドの副作用で股関節の骨が壊死《えし》してしまい、極めて特殊な手術をすることになりました。結局、4年間にもわたって入退院を繰り返したんですが、長い距離を歩くのは難しく、外出する際には車椅子を必要とする時もありました。それでも、〈つくば〉時代の友だちは娘を遊びに誘ってくれるんです。優しい子ばかりで、車椅子でも普通に入れる店を探して予約してくれたり。

何せ私たちのほうが先に死んじゃうと思いますので、妻とはよく今後の話をします。最近は娘も交えて。大学生や社会人として元気に活躍しているよその子を羨《うらや》ましく思うこともありますが、逆に、娘が病気でなければ家族でこんなに話すことはなかったと思います。

妻は、私より子どものことを冷静に見ています。私は普段、心の専門家としてよその親御さんたちに偉そうなことを言ってますが、焦ってばかりで家では全然だめ(笑)」

「わが子と向き合うことでたくさん学んだ」

〈つくば〉という学び舎《や》で、わが子は良き友に恵まれた。だが、出会いに救われたのはわが子だけではなかった。

「娘が〈つくば〉に通い始めた頃、私が娘の将来について不安をもらすと、ある親御さんから『自分のDNAを信じろ』って励まされたことがあるんです。そっか、自分の遺伝子を受け継いだ子なんだから信じてあげないとって素直に思えたというか。すごく力になりました。私がカウンセリングで出会ってきた親御さんたちも、子どもと向き合うことで、『この子からたくさんのことを学んだ』とおっしゃる方が多いんです。

待つことは確かに難しい。特に親御さんは、お子さんの将来を思えばこそ心配が先に立って不安になるわけです。

ただ、今の日本って一度就職したら終身雇用で人生が約束される社会でもない。就職した後だって、自分のキャリアを常に更新していかなければなりませんよね。わが子が大学を出て就職したら子育ては終わるのかもしれないけれど、子どもの人生はそこからスタートするわけです。子どもたちにしてみれば、まだ人生の入口にも立っていないというのが実感でしょう。それを思えば中学校に行けないぐらいはちっぽけなこと。

今の全日制高校の一部は、もう勉強勉強で、将来のために必要な仲間づくりやソーシャル・スキルを学べる場所ではなくなりつつあります。1年や2年ぐらい休んでも、立ち止まって考えたり、その後の人生をつくっていくための時間をもつことは、それはそれで意味のあることではないでしょうか」

聞かせてください、あの頃のこと

～親たちの物語～

2021年度（令和3）の卒業式。親も子も教師も、みな万感の思いでこの日を迎える。

聞かせてください、あの頃のこと①

紗季《さき》さん（仮名・2014年度〈平成26〉卒業）のお母さん

「たまたま、って大事《だいじ》ですね」

小さい頃から〝しっかりしたお姉ちゃん〟。
不登校なんて何の関係もないと思ってた。
待つことは本当に難しくて
お母さん、だいぶジタバタしちゃったけど、
ずっと「この子は大丈夫」って。
大人になる道は一つじゃなかった、
まさか親子で心の不思議を
語り合える日が来るなんて。

「夏課外」で糸が切れた

――幼い頃の紗季《さき》さんは幼少期どんなお子さんでしたか？

いわゆる「長女キャラ」のしっかりした子でした。二つ下の弟がいて、少し手がかかった彼の方にみんなの目が行きがちで。「お姉ちゃん役を押し付けないように」と思っていましたけど、「お姉ちゃんでしょ」っていう言葉を使わなかっただけで、態度では求めていたかもしれません。「これやっといて」とか「片付けといて」とか。そういう役回りをきっちりしてくれて、小学生になっても周りから頼りにされて、スーッと引っかかりなく成長していくタイプだと思っていました。

――中学校ではテニス部だったとか。

はい、勉強も部活もしっかりやって。でも今思うと、不登校の根っこを辿《たど》るとここかなとも思うんですよね。支配的なタイプの顧問の指導に心をすり減らしていたと、後から知って。部活って続けるのも苦しいけど、やめるのも大変みたいでした。周りから仲間外れにされる子もいましたから。高校受験の内申点も気にして、やるしかなかったんだろうと思います。目指していた公立高校は惜しくも届かず、私立高校の特進コースに進学しました。

――特進コースでの紗季さんはどんな様子でしたか？

7時から19時頃まで、通常授業以外の「課外授業」がびっしり。国公立大学に進学させようと躍起《やっき》になって、勉強の進度も速いしガシガシ追い立てる感じで。しかも、娘が入学した年は定員40名のところに80人が入学したんです。中学で成績優秀だった子たちが密集した教室は、ただでさえ息が詰まったんじゃないかなと。1学期まではなんとかついていったけど、夏休みも毎日「夏課外」授業で、休みはお盆前後の10日間くらい。前期の途中から「動悸《どうき》がする」って朝起きられなくなって、これは来たかな、と。中学から続けてきた頑張りの糸が切れたんでしょうけれど、最初は「まさかこの子が」という思いが強かったんです。

約束を求めてしまった京都旅

——学校を休みがちになった紗季さんに、どう働きかけたんでしょう。

最初は布団から引っ張り出して、「行きなさい」って。「1週間休んだら勉強についていけない」っていう恐怖心が娘にも私にもあったんです。一日も早く復帰させないとって、初めは焦《あせ》りました。着替えさせて、ご飯も食べたくないなら買えばいいって学校近くのコンビニまで車で送りました。でも、どうしても降りられなかったり、学校に入らず帰ってきたり。毎朝、「なんで行かないの」って焦りと腹立ちをぶつけて、お互いに殺気立つんですよ。「今ならまだ戻れるから」って追い立ててもダメ。そんなやりとりが1ヵ月くらい続いたかなあ。途中で、気分転換に「京都行こうか」って1泊旅行に出かけました。大河ドラマか何かの影響で、坂本龍馬とか幕末に興味を持ったみたい。中学の修学旅行では周りに合わせて、行けなかったところがあったんですって。

——気分転換は功を奏しました?

それが……。「福岡に帰ったら(学校に)行くよね」「頑張れるよね」って、何回も娘に確認しちゃって。ダメだって自分に言い聞かせたつもりなのに、口を止めることができなかった。

——お母様も不安で、約束がほしくなっちゃいますよね。

娘はうんざりした調子で「行くよ、行くけん」って。旅行から帰ったとき、休み明け、学期の変わり目も頑張ろうとしたんですが、10日くらい行って、また行けなくなる。

——学校に行っていないときは、どう時間を過ごしてたんですか。

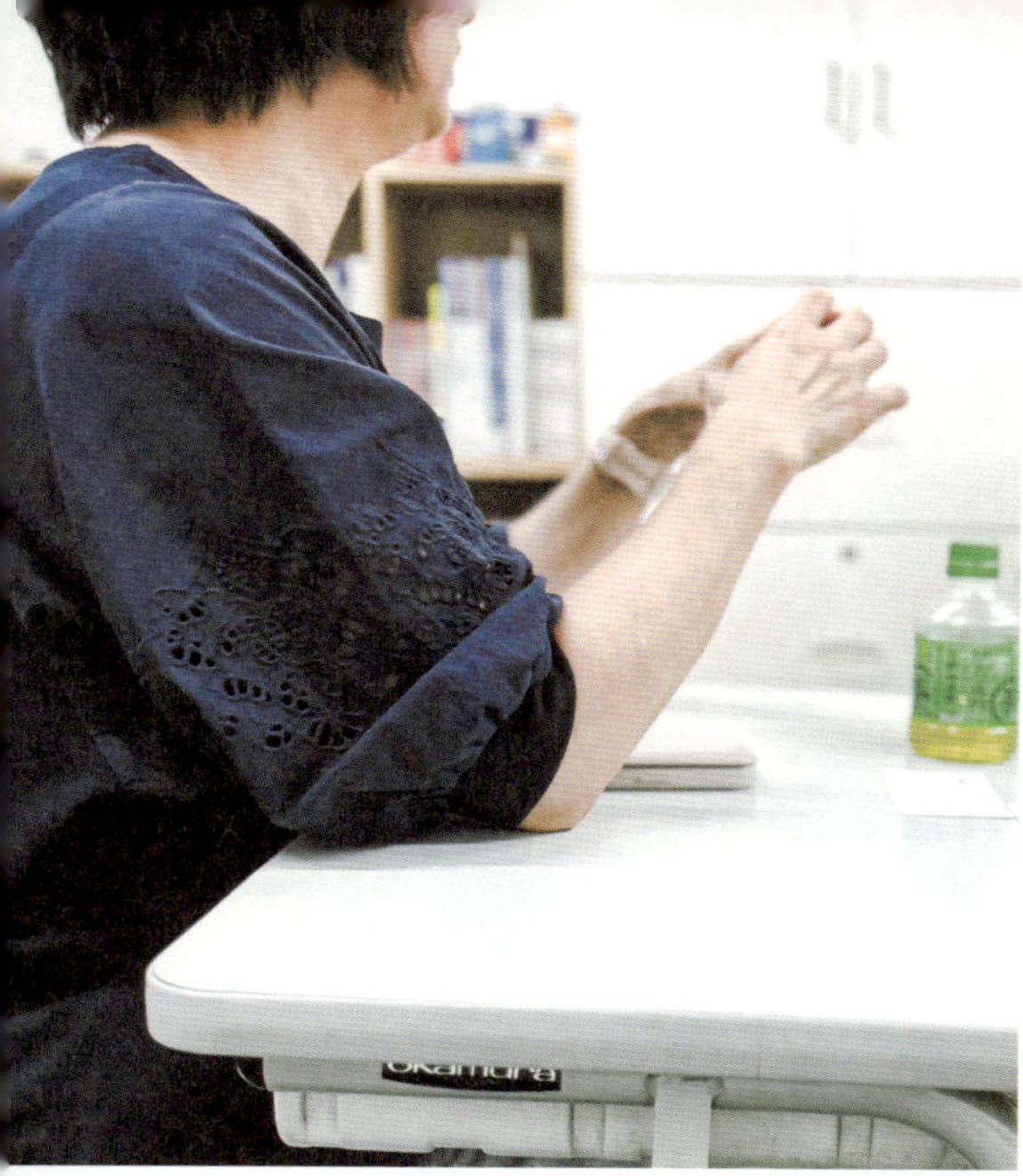

同級生が学校にいる時間帯は外に出ないんですけど、夕方からせっせと連れ出して、カフェで一緒にぼーっとしたり、映画を見に行ったり。娘は昔から「これ」っていう好きなものがなさそうなのが、歯痒《はがゆ》かったんです。『バック・トゥ・ザ・フューチャー』『スター・ウォーズ』『ローマの休日』とか、昔の映画のDVDを私がレンタルショップで借りてきて、「なんか引っかからんかな」と祈る気持ちで見せていました。初めのうちは、洗濯物畳みやご飯作りなど頼んだ家事はしてくれました。「悪いな」という遠慮もあったんでしょうね。

――家族以外の人と接することがないと、心配しますね。

高校にほとんど行けてなかったからクラスには友だちがいなくて、昔からの友だちにも不登校だと言えなかった。スマートフォンも持たせてなかったし。担任は親身に考えてくれず、スクールカウンセラーと話すことを勧められました。でも、娘は学校関係者を敵視していたし、自分の弱いところを人に見せたくないタイプなので、「自分でもわからないのに、誰かに話すなんて無理！」と。「カウンセリングはお母さんが受けてもいいんですよ」と言われて、私が何度か相談に行ったかな。カウンセラーの資格を持っている友人に聞いてもらうこともありました。

アイス1個から「バリケード事件」に

――お父さんはどういうスタンスだったんですか？

夫は静かに見守ってましたね。最初は「なんでわかってくれんと？妻にも娘にも寄り添う気がない」とむしゃくしゃしてたんです。でも今思えば、私と一緒に「これからどうするんだ」って激昂《げきこう》するよりもよかったかな。口を出したいこともあったろうけど、「不登校は将来不利だぞ」とか言わなかったんです。後になって「お父さんとは話しよったよ」って聞いて。実は前後して、娘だけでなく息子も学校に通えなくなって、2人とも昼夜逆転生活だったんです。夜中は一緒にゲームしてるところに、夫が帰ってくる。その頃私は21時に寝ることに決めて、子どもたちが夜中にどうしてようが、知ろうとすまいと。だから、母のいないリビングで子どもたちはのびのび過ごして、夫も「何しようと？」みたいな何気ない会話をしていたんでしょうね。当時知っていたら「いいとこどりして！」とかイラっとしたかも。

――家にいるとき、紗季さんの表情はどんな感じでしたか？

引きこもるわけでもなくリビングや部屋を行き来して、明るい表情で機嫌もよかったんです。でも、ちょっとしたことがきっかけで感情を爆発させることもあったかな。たとえば、娘のアイスクリームを夫が食べちゃった時、激怒したんです。「また買ってくるけん、いいやない」となだめても逆効果。夫が慌ててコンビニに買いに行ったけど、私が咎《とが》めたような言い方したせいか、こじれるばかり。そこから2週間、部屋の扉の内側にバリケードを築いて出てこなくなって。

――ええ！アイスクリームが原因でまさかの展開に。

弟とも一度激しいけんかをしたことがありました。弟が腹立ち紛れに投げた水筒が頭にあたって、娘が泣いて私に電話してきました。本人たちの中でおさまらない何かがぶつかったんでしょうね。

2年生の秋、カンボジアの農村を旅して

――その後、2年生に進級できたんでしょうか？

1年生の終わりに、副校長先生が会いにきてくれたんです。娘も「2年生から戻ろうかなあ」って。学期や学年の節目になると頑張るんですよね。特進コースは勉強がついていけないので、普通コースに戻ることにしました。幸いまだ勉強についていけたし、友だちもできた様子でした。普通コースなら、朝や夕方の課外授業もないし。

――お母様もホッとしました？

何とか1学期は通えました。そして2学期の初めに、娘をカンボジアへ行かせたんです。私がクリスチャンで、娘も幼いときから教会に通っていた縁で、農村の子どもたちと交流するために連れて行ってくださった。折り紙を教えたり、踊りを披露したり、ボランティア活動が楽しかったみたいです。

――不登校からカンボジア旅！振れ幅が大きいですね。

帰ってきたら「なんで学校行かないかんと？」って言いました。そう来たか、と。勉強だけでなく礼儀にも厳しい校風だったので、「押さえつけられるのは嫌だ」って。農村で「毎日必死に生きる」という暮らしを経験したことで、高校での生活に虚《むな》しさを感じるようになったのかもしれません。

――また、単位が心配になってきませんか。

70日以上休むと単位が足りなくなるので、留年の瀬戸際でした。中学校時代にPTAで一緒だった人たちにも娘の状況を相談して。苦楽を共にした仲間なので絆が深いというか、なんでも話せたんです。そのなかの1人に「うちの子は通信制高校に行ってるよ」って誘われたんです。そこから、市内の通信制高校をいくつか調べて。

――自力で情報を集めるのは大変だったでしょう？

娘が不登校になるなんて想像してなかったので、それまで通信制高校の情報が全く耳に入ってなかったんですよね。インターネットで不登校についての相談窓口を調べるうちに、不登校の子と親を支援するNPO法人が主

〈つくば〉では毎年2月に研修旅行を実施している。写真は沖縄県を訪れた年に訪れた「おきなわワールド」。ブーゲンビリアの花が咲き乱れていた。

催する家族向けのイベントに興味を持ちました。

――初めてだと、ちょっと勇気がいりそうです。

NPO代表の方や参加者はどんな人だろうって、ドキドキしながら参加しました。代表のお話を聞いた後に、参加者が輪になって、「うちはこうで……」と話す時間があったんです。同じ悩みを持つ親たちがたくさんいると知って心強かったし、子どもの不登校を経験した人の話を聞くと「社会に出て、人を好きになって、家庭も持てるんだ」って希望を持ちました。

――一番苦しいのは本人とはいえ、母も孤独ですよね。

不安だらけでした。母がジタバタと悩む姿を見せることも、子どもたちを傷つけるのかもしれないと葛藤して。夫も1回「父の会」に参加したけれど「よくわからん」と言うし、自分の親にも「甘やかすな」と責められるのがわかってたので言えなかった。ほんとに孤独。代表のお話で一番強烈だったのは、「不登校と子育ての因果関係を探るな。理由を突き詰めると子か親の命が危ぶまれるから」という言葉でした。

卒業ブーツと「何もしない」宣言

——転学先を選ぶときに、何か決め手はありましたか？

数校分の資料を取り寄せていたんですが、つくば開成福岡高校（以下〈つくば〉）に面接に行ったとき、先生や職員の皆さんの接し方が温かくて。娘はついてこなかったので、家に帰ってから娘に「ここに行ってみる？」と聞いたら「そこでいいよ」と。さすがに高校を卒業しないわけにはいかない、とは思っていたようで、高校2年の秋に〈つくば〉に転学しました。

——〈つくば〉では、登校のペースを週1・3・5日から選べますよね。

最初から張り切って「週5で行く！」と言うので定期も買ったんですが、1ヵ月で行かなくなっちゃいました。いきなりアクセル全開で、ガス欠を起こしたんです。でも、「行きなさい」というのはやめました。いろいろな人に話を聞いてもらって、「私は私のことをしよう」って割り切った方が親子とも気が楽だと思うようになったんです。

——「私は私のことを」と切り替えられたのは、すごい。

子どもが家にいるから掃除もできない、昼ご飯も作らなきゃって。「子どもたちのせいで、私は何もできない」と考えるからしんどいんだと気づいたんです。母と子の関係が悪くなるのが一番まずいから、ここだけは死守しようと決めて、娘の話はとにかく批判せずに聞こうと努めました。

——〈つくば〉の先生からは、どんな言葉かけがあったんでしょう。

行かない日々が続いても、担任の中尾先生は適度な距離で見守って、絶妙なタイミングと濃さで関わってくださいました。「これだけは受けないと」っていうテストがある時は、電話をいただいたり自宅まで来てくださったり。いよいよこの課題をやらないと卒業できないとなったとき、先生がいつものニコニコした笑顔で来てくださいました。本人は部屋から出てこないですよとお伝えしたけれど、「紗季さんとお話ししたいから、ドアの外から声かけていいですか」とおっしゃったんです。

——そのとき、お母さんはそばで見守られたんですか。

いいえ、その場を離れました。先生と娘の間のことなので会話は聞かないようにしようと。ベッドから出たのか、ドアのそばまでは来たのか、先生の声は聞こえたのか、根掘り葉掘り聞きませんでした。どうしても学校に行かなければならない日が近づいてきたとき、「今だ!」と思って、「なんでも買ったげる!」って、これまで一度も使わなかった伝家の宝刀を抜きました。すると、娘は「ブーツがほしい」って。

——ブーツ!? なぜでしょうね。

私も不思議でした。スクールカウンセラーをやっている友人に話したら、「外に出ていくためのものを選んだのね」って。なるほど、そういう解釈があるのかと。ああ、よくできた話だなあと思いました。

——そのブーツを履いてどこに?

学校に最後のテストを受けに行きました。全体の卒業式には参加しないという娘のために、先生方が個別の卒業式をしてくださいました。しかも、たまたまその日、中学校時代の校長先生が学校におられたんですよ。定年退職された後、〈つくば〉にお勤めになっていたんです。娘はこの元校長先生が好きで、雛《ひな》から育てた文鳥の名前も先生の名前を一字いただいて「はるちゃん」と名付けたくらい。「元気かね」って声をかけてもらってうれしそうでした。

——兎《と》にも角《かく》にも、卒業しましたね!

やっぱりホッとしました。でも、「卒業はしたけど、何もしないからね」と宣言したんです。ただ家にいる人になるって。私は、「そうなの? わかった、わかった」って言いました。

カナダへ、もう一つの成人式

——宣言どおり、本当に何もしなかった?

5月くらいに「バイトでもしようかな」って、近所のパスタ屋さんで働き始めたんです。持ち前のお姉ちゃん気質を発揮して、頼りにされたみたいです。ある程度まとまったお金が貯まった夏頃に、「免許とっていい?」「自分のお金ならどうぞ」ってやりとりがあって、「大学行かんけん、ワーホリ(ワーキングホリデー)に行かせて」って言ったんですよ。

——ワーホリ! 急展開に驚きませんでしたか。

びっくりしたけど、思い当たる節《ふし》もあって。自分がいる「ここ」とは違う世界があることをカンボジアで知ったし、「海外青年協力隊もいいな」とも言っていたので。実は2年の時、知人に娘のことをたまたま話したら「家にいるなら英語教えちゃろうか」って。ご主人がカナダ人で教師として経験豊富な女性で、親子で英会話を教わっていたんです。あの頃、家族以外で唯一接している人だった彼女を通じて、カナダに親近感が湧いたのかもしれません。積み立てていた学資保険を使って行けばと言いました。

——外に出たい! っていうエネルギーが溜《た》まったのかも。

お金を稼いだことも自信にもなったんでしょうね。手続きとかはノータッチ。カナダでも住みやすい都市ビクトリアを選んで、半年は語学研修を受け、残り半年は日本食レストランで仕事をするって、翌年4月16日から1年の予定で発ちました。

——冷静に送り出すことはできました?

「マジ? 行くの? ……行っておいで」って。何かあったときのために居場所が特定できるように、スマホのＩＤ

コロナ下の入学式。花冷えのする
朝の道を初登校する生徒たち。

とパスワードだけ教えてもらいました。「しょっちゅう見たりはしないから」って。この3年間ほぼ家にじっとしてた人ですから、つい怖いことも考えては打ち消していました。彼女が選んでいくわけだから、「邪魔しちゃいけない、骨は拾ってやる！」という気持ちを強く持つようにしました。本当に嫌な時は「NO」と言える人だし、突発的な事故でもない限り大丈夫だろうと信じて。だから、最終的にはそこまで心配しなかったんじゃないかな。

——滞在先ではどんな様子でしたか？

ＬＩＮＥのテレビ通話でよく話しましたが、語学研修ではいろいろな人たちと出会ったようです。国籍も年齢もさまざまで、学生もいれば会社を辞めた人もいて。「世の中には、人生をスムーズに生きてきた人ばかりじゃない、いろいろな人がいるんだ」と思えたんじゃないかな。

——思い切って、カナダへ行ってよかったですね。

彼女がワーホリに行ったもう一つの理由として、成人式を回避したかったんじゃないかと思います。みんなが大学行って、成人式どうする？ってはしゃいでる時に、家にいるのもイベントに出るのも、自分が許せなかったんだと思う。「行かなきゃいけない場所」から解放されたかったんだろうなと。

——ワーホリを成し遂げたことも、立派な成人式じゃないでしょうか。

そうかもしれない。海外で一人暮らしや一人旅を経験して、自信がついたと思います。空港に家族3人で迎えに行ったら、ニコニコしながら手を振って出てきてホッとしましたね。でも実は、ここに至るまでもう一つ大変な事件があって。

——えっ、事件ですか。

カナダへ行く前に、弟と大喧嘩をしたんですよ。和解しないまま娘はカナダに行っちゃった。今度はアイスモナカが引き金だったんですよ。娘曰《いわ》く、「私が楽しみにしてるの知ってて食べたうえ、投げ返した」ことが許せなかったらしく、弟の枕をズタズタに引き裂いたんです。

——それは、激しいですね。

半年間目も合わさず、口もきかず。娘はずっと弟のことを可愛がっていたし、不登校の間も一緒にゲームしてたのに、仲直りのタイミングを逸したんでしょう。娘がカナダにいるとき、息子がたまたま「ギター欲しい」って言い出したんですよ。家に娘のギターがあったけど、怒ったまま出発したので息子も言いづらそうで。ある日、私がＬＩＮＥで話しているときに「ほら、今頼んでみな」って、カメラを息子に向けたんです。弟が「ギター売ってくれん？」っておずおず言ったら、娘は自分の顔は画面から隠して「５千円でいい」って返事したんです。２～３万円したギターでしたけど、「そんな値段でいいと？　紗季ちゃんありがとう！」って大喜びして、何事もなかったみたいに元に戻りました。

まさかの心理学と社交ダンス

——帰国してからの紗季さんはどんな様子でした？

帰ってきて１、２ヵ月経った頃かな、「やっぱり大学行って心理学をやりたい」と。「ええ！　ワーホリにお金使ったやん」って。しかも、臨床心理士を目指したいっていうから、最低でも6年かかるんですよ。弟の学費もあるし、大慌てで算段して何とかゴーサインを出しました。

——なぜ心理学だったんでしょうね。

娘自身はカウンセリングを受けたことはないんですが、カウンセラーである私の友人を身近な大人として見て興味を持ったのかも。自分の不登校の経験を自分なりに理解したいんじゃないかな、と。

——受験勉強はどうやって？

コロナ禍が落ち着いた2022年度（令和4）2月から、宮古島・沖縄への研修旅行が復活。

大学の学費は出しても予備校の学費は出せないよって。だから前と同じお店でバイトしながら、月定額制のウェブ学習サービスで高校の勉強をやり直しました。〈つくば〉の中尾先生も訪ねて、勉強の仕方や進路を相談していたみたいで。在学中はあんまり行ってなかったのに、頼りにしてたんですね。なんとか1年で合格できました。

――意思が強い！大学生活は楽しんでいましたか？

意外にも社交ダンスサークルに入ったんです。昔から人前に出るのも人に見られるのも好きじゃなかった子が「人に注目される競技」を始めるなんて、驚いたし、心が成長したんだなあと。

――新しい世界に飛び込む姿、頼もしいですね。

サークルも研究計画も、目標が定まるとわーっと頑張れる人なので。今は、公認心理師と臨床心理士の資格取得に向けて頑張っています。心理学の勉強をしたおかげで、自分の繊細な性格やこれまでの生き方を客観的に分析できるんですね。人間関係も、前よりは深まっているみたいです。

道は開けるから、絶望感にとらわれすぎない

――親子にとっての長いトンネルを振り返って、今どう感じますか。

最近、子どもたちに、「あの頃、どうして欲しかった？」と聞いたら、二人とも「放っといてほしい、なんも言わんでいいし、せんでいい」って。でも、親として放ってはおけなかったんですよ。勉強や部活をガツガツやるだけが「王道」じゃないって、当時は知らなかったから。「通信制高校」という選択肢も含めて、大人になるルートはいろいろあることを知っていれば、あそこまできつくなかったかもしれない。

――「放っておく」と「見守る」の線引きって難しいですね。

わが子の閉ざされた心が発芽するまで「待つ」「遠目で見守る」ことの難しさを痛感しました。不登校の子を持

つ先輩の話を聞いても、「お宅はいい出会いに恵まれていらっしゃるけど、うちはないよ」っていう暗い気持ちでしたね。

――苦しいときは、「出会っている」ことに気づかないのかも。

そうなんですよね。実は、「たまたま」ってすごく大事です。通信制高校の仕組みや〈つくば〉を知ったのも、担任が中尾先生だったのも「たまたま」なんだけど、この偶然の出会いがければ、私も娘もここまで辿りつけなかった。渦中にいるときは無我夢中で気づかなくても、かけがえのない出会いを既にいただいていたことに、後から気づくこともあります。

――どうしたら気づけるようになるんでしょう。

世界で一番深い泥沼、暗黒の中にいる気がしても、自ら絶望感にとらわれすぎないことかな。どうしたって子どものことで頭がいっぱいになるけど、頭にスペースをつくって、自分のことをするといいですよ。生活リズムは子どもに流されず、やりたい趣味や仕事を持つこと。私は、町内民生委員として不登校に悩むお母さんの話を聞くボランティア活動をしました。これもたまたま、ご自身が40年以上前に不登校だったという委員さんに声をかけられたんです。

――すごいタイミングですね。

「どうしていいかわからない」と泣くお母さんたちと支え合う感じもしました。今では、その経験も活かして障害があるお子さんの支援の場で仕事をしています。娘から心理学の考え方を教わることもあるんですよ。

――今は娘さんの心配をされることは、あまりないですか。

親としては、娘がどうやって生計を立てていくのかは心配です。それから、いつか誰かと一緒に暮らしていこうと決心がついて、「親の気持ちをわかってくれたらいいな」なんて。でも、誰でも死ぬときは一人だしとも思ってみたり。今ふと思い出したけど、うちの子たちは幼少期に週１日だけ集団保育の場に通っていたので、ほぼ家にいたんですよ。あれだけ苦しかった不登校のときも、「子どもたちは家にいるもんだ」っていう懐かしい感覚に安心する気持ちもどこかにあって、親ってつくづく不思議なものですね。

＊２１６ページに娘の紗季《さき》さんのインタビューを掲載しています。

いま、悩んでいる親子へ何か伝えるとしたら？

・本人の心が発芽するまで待つ
・子どものことで頭をいっぱいにしなくていい
・私は私のことをしよう、楽しみを忘れないで
・一番近くにいる大人が安全基地

聞かせてください、あの頃のこと②

正人《まさと》さん（仮名・2018年度〈平成30〉卒業）のお母さん

「ものさしは人それぞれ、自分に言い聞かせました」

もうお弁当を作ることもなくなったし、
家のなかがしんと静かになっちゃった。
自分とどこか似ている生徒たちを教えたいって、
新しい道を歩き始めたあなたを応援しています。
「私が寂しい思いさせてしまったのかも」と
あなたが独り立ちしてもまだ悔やんでしまう。
親ってやっぱりそういうものなんでしょうね。

自分の世界を邪魔されたくない子だった

――正人《まさと》さんが幼い頃、特に覚えていることはありますか。

3歳くらいの頃に「お母さんと買い物に行こう」って声をかけたら、「行ってきていいよ」って留守番しようとしたんです。心配だから一緒に来てほしいって説得しても家にいるって言うので、ダッシュで買い物に行った記憶があります。私がいない間はブロックや折り紙で遊んでいました。つくることに夢中だったんですよね。当時は「まだ幼いのに一人でいるのが好きだな」と思ったけど、成長してから気づいたんです。「今自分がやりたいこと」を周りから邪魔されたり、リズムを乱されたりするのが好きじゃないみたい。成長してからもその傾向がありましたね、部屋で好きな映画を見ているときに声をかけると、すごく鬱陶《うっとう》しそうだった。

――絵やデザインが得意だと聞きました。

絵を描くことは幼い頃から好きでしたね。小学生くらいだったか、「モン・サン＝ミッシェルに行ってみたいなあ」と私が何の気なしに言ったら描いてくれたんです。すごく立体的でリアルで、凝《こ》り性《しょう》だなとびっくりしました。現実的にはフランスへ旅行に行けない私に対する優しさも感じて、うれしかったです。

――大人をよく見ているお子さんだったんですね。

はい、大人の振る舞いや周りの状況をよく見ていましたね、3歳上の兄が小学校の後半に反抗期が来て私とバチバチやっていたので、「自分はお母さんに心配かけたくない」と考えている様子でした。自分が周りに合わせておけば、家族の状況がうまく回ると思っていたのかも。どちらかといえば気持ちを内にこめるタイプで、感情や思いをあまり表しませんでした。本人の性格もあるけれど、親がそうさせてしまった部分もありました。中学生になった正人に言われたんです。「お母さんは矛盾してるよね。Aがいいって言いながらBもいいって言ってくる」って。冷静な観察力のある人だと思って以来、あれこれ口出ししないようにしました。

「同じものさしで測らないでいい」という言葉に救われて

——学校を休みがちになったのは、小学校の高学年から？

小学校の5～6年生の頃でしたね。私は子どもたちが学校に行く前に出勤することが多かったんです。電話がかかってきて、「今日頭痛いから休んでいい？」「……いいよ」っていうやりとりを、長男とも正人ともよくしました。正人は少し体が弱かったので、無理をさせたくなかったんです。「行きなさい」と言うべきだったかもしれないし、兄弟ともどもクセになったところもあったでしょうね。中学校に入って、さらに休む日が増えて、中学3年生になって全く行かなくなりました。

——中学校では、正人さんはどんな様子でした？

実は、土日だけはバスケ部の練習に参加していたんです。理解のある先生が「部活だけでも来てくれたらいいから」って。友だちにもたくさん恵まれたんですよね。「普段の授業には来ないのに」とか陰口を言う子も周りにいなくて。「うちの子が、〝正人が来てくれてうれしかった〟って言ってたよ」と友だちのお母さん方が励ましてくださるのがありがたかった。実際に、部活の様子を見にいったらすごく楽しそうにしてたんですよね。「この子は家から出たくないわけじゃないんだ」と感じました。担任の先生が夜に何度も来てくださって、「お母さんがスクールカウンセラーにご自身の悩みを話されませんか」と提案してくださったんです。

——スクールカウンセラーからはどんな声かけがありましたか？

「朝起きて夜は寝て、ちゃんと食べてるし、家で勉強もしてます」と言ったら、「全く問題ない、いいじゃない」

って。それから、「人はそれぞれ違うけど、学校では全員を同じものさしで測ります。正人くんをその同じものさしで測らないでいいんですよ」と言われて、救われました。

――「学校に行きなさい」「今日はなんで行かないの」とは言わなかった？

初めの頃は言いましたね。「このままだと嫌なことから逃げる人になっちゃうんじゃないか」って先のことばかり見て焦《あせ》っちゃったんです。「一緒に行こう」と迎えにきてくれる友だちや先生もいて、みんな理解してくれているのに、「なんで」と親も子も自問自答していました。学校には行きたかったんだろうと思います。制服に着替えて、お弁当を持って玄関までは行くけれど立ち上がれない。友だちには会いたいけど、何て言われるんだろうと、一歩が踏み出せない。「なんで」と聞かれるのを嫌がる子でしたけど、つい「何が嫌なの」と問い詰めたこともありました。家では普通に話すし、ご飯も家族と一緒に食べるので。

背中を押してほしいときだけ話してくる

――つくば開成福岡高校（以下〈つくば〉）に行きたいと思ったきっかけは？

かかりつけの内科の先生が「こんないい学校があるよ」と教えてくださって、正人と見学に行ったんです。「週1回学校に来てくれたらいいんです」と説明をいただいて、最初はハードルを上げない方がいいし、臨機応変な対応をしてもらえそうだなあと。「ここなら来られそう」という場所が見つかっただけでも、私は随分ほっとしました。本人の決め手はわからないけど、他は見に行こうとしなかったので、何かしっくりきたんでしょうね。

――まずは週1回、通い始めた正人さんをどう見守りましたか？

淡々と学校に行って帰ってくる感じでした。正人にとって1週間はとても長く感じられたでしょうね。週1回行ってくれたら何とかなる！と期待しつつ見守っていました。私にとっては、「行ってらっしゃい」と「おかえり」が言えるだけで十分。学校へ行く用意をする姿を普通に見られることが喜びでしたけど、それもあえて口には出しませんでした。

――2年生に進級して、登校する日を増やしたそうですね。

最初の1年間を通えたことが、正人にとっても私にとっても大きな自信になりました。進級するときに、校長先生が「登校日を週3日に増やしたら？」と言ってくださったのと同時に、「初めて生徒会が発足するからやってみないか」と声をかけてくださったんです。

――生徒会！正人さんはどんな反応でしたか。

「やってみたい気がする」って言ったんです。「校長先生に呼ばれたのは、多分その話だと思う」と。新しい自分になれるかも、やってみようかな、みたいな気持ちだったんでしょうね。それまで学校のことを何も話さないから、言いたくなったら話しかけてくるだろうと、あれこれ聞かないように堪《こら》えていました。前に「何も話さんね」「なんで言わなきゃいけないの」っていうやりとりをしてしまったので。正人に言われて思い出したんです。昔、私も母に「何も言わん、つまんない子ね」って言われて嫌だったなあって。ほんとうだ、親にいちいち話す必要ないよねと思うようになりました。

――生徒会は3年生が中心でしょう？

そうです。2年生は正人だけだったんですけど、先輩たちと集まって話すうちに楽しくなってきたみたいです。

〈つくば〉では年次や登校型ごとにクラスが分けられ、少人数でスクーリングが進められる。

〈つくば〉の生徒さんたちって、何かしら事情や挫折を抱えている人が多いせいか、お互いをそっと受け入れあう優しさがあるんです。友だちにもなりやすいというか。初めての生徒会をみんなで盛り上げるうちに、3年生になったら生徒会会長になるイメージも湧いてきたみたい。

――その頃には、学校のことをお母さんに話すようになりました?

いいえ、具体的なことはほとんど話さないです。背中を押してほしいときだけ、話しかけてくるんですよね。たとえば、通販で服を買うときに「どっちの色がいいと思う?」とか、日々の何でもないこと。生徒会も学校も楽しそうだなというのは伝わってきていたので、話したいことがあれば自分から声をかけてくるだろうと、私も思えるようになりました。

3年生の夏、「大学に行って先生になりたい」

――進路については何か希望があったんでしょうか。

3年生の夏に突然、「大学に行っていいかなあ、先生になりたい」って正人が言ったんです。校長先生から「お母さん、お話があります」って呼ばれて。黒板に受験までのスケジュールを書いて説明してくださいました。英語は英検の勉強でカバーできる、推薦入試はこんな方式が合う、合格できなかったら浪人せずに留年してここ（つくば）で受験勉強をしたらいい、予備校の学費って高いんですよ……って。そこまで言ってくださったんです。校長先生は正人とも話をしてくださったんでしょうね。普段から生徒たちにざっくばらんに声をかけてくださっていたようなので。ただ、私は寝耳に水というか頭がついていかなくて、もう一度学校に出向いて受験までの段取りを説明してもらったんです。校長先生自ら親も子も引っ張ってくださるのがありがたいなと身に染《し》みました。

――正人さんは「やると決めたら馬力がすごい」と先生から伺いました。

そうなんです、私は無理だろうと思っていたんですが、推薦入試で合格しました。コロナ禍で大学の授業がリモートになったんですけど、もともと家で自学ができるタイプの人だし、不登校の経験が活かされた面もあります。とはいえ、ここまで猛然と机に向かう姿は初めて見ました。「これをやりたい」と決めたら曲げない性格で、私に負担や心配をかけまいと奨学金の給付も受けました。

――目標がはっきり見えてきたんでしょうか。

おそらく、〈つくば〉に通《かよ》ったことで自信を持てるようになって、やりたいことや未来が見えてきたんでしょうね。学校に行かなくなった子や、行き場がない子、本当はもっと勉強したかったけどできなかった子たちを何とかしたいと。恩返しみたいな気持ちもあったのかもしれません。

息子に「こうあってほしい」と思わなくなった

――お母様にとっては、突然巣立ちが来たという感じでしょうか。

〈つくば〉に入ってからは本人の様子も私の気持ちもどんどん変わっていって、あっという間に卒業を迎えた気

毎年春に実施される「ふれあい合宿」。野外バーベキューやレクリエーションを通じて親睦を深める。

がします。長男に次いで正人も家を出て、私は犬と2人暮らしになって。眠る前に、私は正人の気持ちをわかっていただろうか、と思い返すことが増えました。彼は幼い頃から「大丈夫」と言うことが多かったけど、SOSに気づいてやれたらもっと早く解決できたかもしれない。私自身いろいろな問題を抱えていた時期に、小学生だった彼に寂しい思いをさせたんじゃないか。息子が独立したのに、「やっぱり私は失敗したのかな」という思いにどこかとらわれたままです。

――ずっと、一人で頑張ってこられたんですね。

父親がいないことを息子の不登校の理由にしたくないと私は思っていたし、正人もそれを理由にされたくないと思っているようでした。人は、選ばなかった「もう一つの人生」を生きられないけど、父親がいたらと思うことは今もあります。ただ、私は正人の小中学校のお母さん方やスクールカウンセラーの先生など、周りの方々の優しさに恵まれました。助けていただいて今があると感謝しています。あの頃の友だちとは、息子も私もずっとおつきあいが続いています。

――〈つくば〉の校長先生は「立ち止まれてよかった」と。

親も子もそうですよね。長い人生から見れば、10代で立ち止まる時間なんてほんの少しだし、「焦らずにゆっくりでいい」と、今なら悩んでいた自分に言ってやれます。中学の頃、スクールカウンセラーに言われた言葉を思い返して、「この子を測るものさしは、他の子とはちがうんだ」と自分に言い聞かせてきました。でも、〈つくば〉で正人の居場所がやっと見つかって、生きていてくれればそれでいいと思える時が来たんです。いつの間にか、息子に対して「こうあってほしい」と思わなくなりました。彼の人生だから、親の不安も「よかれ」と先回りしたくなる気持ちも手放して、本人に任せようと。

――通信制高校を選ぶことを「まわり道」だと感じたことは？

世間には偏った見方がまだまだあるかもしれないけれど、全日制高校と比べて、通信制高校に通うことを「ドロップアウト」とか「まわり道」とか、私は思わなかったですね。〈つくば〉に通《かよ》ってるよと、あえて周りに言っていたくらい。卒業式では、正人も他の生徒さんも明るい顔をして、達成感と自信がみなぎっていました。ああ、みんなにとってこの学校がすごくよかったんだなと、込み上げるものがありました。

——正人さんが教師になって、今思われることは。

本人がどう思っているかわかりませんが、私は「ここがゴールと思わなくていい」と伝えています。「もっとこうなりたい」と夢を広げたくなったら、また立ち止まって自分で次の扉を開けるでしょう。これから私は私の人生を生きて、人のために何かしなくちゃと思っているところです。

いま、悩んでいる親子へ何か伝えるとしたら？

- せっかく立ち止まったんだから、ゆっくりでいい
- 子どもの「わからない」を問い詰めないで
- まずやってみれば、先は開けるもの

生徒会役員の生徒を中心に、須崎公園の花壇の手入れに長年取り組んでいる。

聞かせてください、あの頃のこと③

晴《せい》哉《や》さん（仮名・2015年度〈平成27〉卒業）のお母さん

「のんびり母さんは、あなたの優しさに助けられてきました」

ずっと、気づいてあげられてなかった。
音や場所のことで困ってたんよね。
介護や仕事のことで毎日精一杯で、
あなたの気がかりなことが後回しだった。
なのに、お母さんを助けてくれてありがとう。
いきものが大好き、
その気持ちを信じ続ける私たちに
いろんな人が手を差し伸べてくださったね。

水筒にタニシ、家の階段からヘビ

――「アリの晴哉《せいや》くん」と呼ばれていたそうですが、どんなお子さんでした？

田んぼや原っぱがいっぱいの田舎で育ったせいか、2～3歳の頃からいきものが大好きな子だったんです。地面にベターッと寝そべってアリやダンゴムシを見ていました。オタマジャクシを30分以上夢中で触り続けて、手触りで観察していたようです。まだ字が読めない頃から、虫の図鑑を「読んで」とせがみました。図鑑に書かれていることを、自分の感覚で確かめたかったんでしょうね。一人っ子ですけど、いとこや友だちとワイワイ遊んで育ちました。

――いきものならなんでも好きだったんですか？

虫も水生生物もヘビも好きでした。小学生になったら、学校帰りにいろいろ捕まえてきましたね。水筒にタニシを入れて、ポケットにはハサミムシ。私の実家がお寺で、母や明治生まれの祖母とも同居していたんです。家にカマキリやバッタがいても、母も「寒いから入れとき」ってなものでした。ただ、友だちと一緒にザリガニやミミズをバケツいっぱい獲ってくるのは困りましたねえ。蓋《ふた》が開いていると廊下に這《は》い出してくるんですよ。母が「こりゃあ、歩けんばい」って。

――え！ ミミズが廊下に。お母さんも一緒に大捕物《おおとりもの》されたんですか？

しょうがないから、虫捕りも飼育も付き合っていました。家の2階に上がろうとしたら、蛇に出くわしたこともあります。猛暑の中でも虫を2～3時間探したし、羽アリの女王を見つけるまでは家に帰らんと言い張ることもありましたねえ。

――暑い日も寒い日も一緒に野に出られて、頭が下がります。

母や祖母の通院の付き添いが日々ありましたから、疲れてはいました。でも、晴哉がいきものの扱いに長《た》けていくことや、いきもののことを楽しそうに話すことに、私も喜びを感じていました。週末は夫が代わってくれましたよ。人通りが少ない地域だから暗くなると心配でしたけど、高学年になれば一人で虫やヘビを探しに行くようになりました。この頃は、いきものが好きな子だとは感じていましたけど、「特殊なこだわり」だとはとらえていなかったんです。

音と空間認知が苦手だと気づけなかった

――晴哉さんの特性が気になるきっかけがあったんでしょうか。

いきものが好きなおかげで友だちもたくさんいて、「虫のことなら晴哉くん」と信頼されていたし、夢中になれるものがあるのはいいことだと思ってきました。それよりも、遊園地に行っても楽しそうじゃなくてずっと砂場で遊んでいたり、廊下で食器棚によくぶつかったりすることの方が気になりました。だんだん、賑やかな環境が苦手らしいとわかってきたんですね。大音量で音が流れるスーパーの魚売り場とか。

――音に対して敏感で、空間の認知が苦手な傾向がありました?

振り返るとそうなんですが、当時は本人のSOSサインに気づいてやれませんでした。高学年になって、「聞こえんちゃんね、僕」と初めて言ったんです。授業の終わりにチャイムが鳴ったら、音の残響のせいで、宿題の連絡が聞き取れなかったようです。運動会でもスピーカーやホイッスルの音が近くですると、周りの音が聞き取れないんです。

――今でこそ、「感覚過敏」という言葉も少し知られるようになりましたが……。

幼い頃から、原っぱの虫や水のいきものが大好きだったという晴哉さん。

その頃は全く知りませんでした。6年生の頃は、学校から帰ると疲れ果ててずっと寝ていました。当時、晴哉は下校班になじめなかったんですね。班内のトラブルがきっかけで、担任との関係がうまくいかなくなって。担任がピリピリしていたのも余計に疲れたんでしょう。6年生の3学期から学校に行かなくなりました。

——心配されたでしょうね。卒業式は出席できました？

小学校の卒業式になんとか出られて、中学校の入学式にも行けました。でも入学当初から困りごとが発覚したんです。まず、理科室に移動するとき、どこにどう行ったらいいのかわからなかった。図書室の本を返却するのも苦手でした。授業にはあんまり出られなかったけど、前からよく遊んでいた同級生の友だちが誘ってくれた生物部で、鳥の巣箱を設置するのは楽しかったようです。

——その後、中学校にはどのように通ったのでしょう。

まずはステップ学級（登校してもクラスに入れない生徒のための通級制のクラス）に通いました。5月には市が運営する学外の適応指導教室に移って、1年ほど通いましたね。毎日通える居場所でしたし出席扱いになりましたが、先生方との相性も引っかかりを感じて、ここは難しいかなという気もしていました。

——担任とはどんなお話をされましたか。

1年生の担任が、「通信制高校の進学も見据えて、早めに見学しては」と勧めてくださり、晴哉と一緒につくば開成福岡高校（以下〈つくば〉）を含めて3校ほど見学に行きました。見学時に〈つくば〉の白石先生と初めて顔を合わせましたが、優しい先生でしたね。2年生に進級すると、担任から、「今年はゆっくりして力を蓄えてください」と言われて、毎週プリントをもらいにいくときと、月1回のスクールカウンセラーと話すときだけ親子で中学校に行きました。

クリニックで今までの謎が解けた！

——このままでいいんだろうか、みたいな焦《あせ》りは？

音や場所に対して困ることがある、ということはわかったものの、どこにどう相談に行っていいのかわからなくて悶々《もんもん》としていました。転機は3年生に進級したとき。ベテランのスクールカウンセラーに変わって、すぐ病院を紹介してくださったんです。

——どんな病院だったんでしょうか。

子どもの心や発達を診断してくださるクリニックです。とにかく私もモヤモヤをスッキリしたかったので、「行きます」と即答したんですよね。待合室に子どもの音への過敏さや空間認知についての記事が掲示されていて、「ここならなんとかなるんじゃないか」っていう安心感がありました。

——先生はどのようにおっしゃいました？

気さくな先生で、話しやすかったですね。発達の特性を診断するテストをして、音や空間に対して混乱があったことに対して「そうかそうか、こげんやったろ？」って本人に一つひとつ確認してくださいました。結果的に、「晴哉くんにカウンセリングはいらんよ」と。

——晴哉さんは、先生から直接説明を受けたんですね。

はい、自分の発達特性について直接先生から聞くことで理解が深まったみたいです。音とか空間のストレスで疲れた神経を休めてしっかり眠れるようにする治療方針も説明を受けて、薬を処方してもらいました。自分のことは自分で知っておいた方がいいんだなと。私も、これまでの「なんでだろう？」っていうわが子の謎が次々にクリアになった手応えがありました。

――たとえば、どんなことですか？

幼稚園のときに月1回くらい40度の熱を出したり、吐いたりして点滴を受けていたんです。実は、私が幼少期に「周期性嘔吐《おうと》症（自家中毒《じか》症）」という疾患に悩まされ、晴哉も心身が繊細な傾向があるのかもと考えていました。空間認識が苦手なのも、私の母に似て方向音痴なのかと思いましたが、そんな簡単に考えてはいけないことでした。自分の周りにある音や場所の移動に伴うストレスで、神経が疲れ切っていたんですよね。やっとわかったという安堵感と、私がわかってやれてなかったという情けなさから、先生にわーっとしゃべった記憶があります。先生は「晴哉くんもお母さんも、大変やったねえ」って声をかけてくださいました。

介護とお寺のことで、息子の気がかりが後回しに

――通学に関して、先生から指導はありましたか？

支援クラスへの通級を勧められたので、診断書をいただいて近隣の中学校の支援級に通うことが決まりました。支援級の先生が、「晴哉くんのことを理解したいから、私もクリニックに同行していいですか」とおっしゃって。先生がついて来られるなんて、やっぱり大ごとだったんだと思いました。先生と支援級の先生が指導方針を確認してくださったんですが、打てば響くような会話についていけなくて。私は親なのに何もわかってなかった。

――ショックを受けられたでしょうね。

私の目が届いてなくて、長い間つらい思いをさせました。晴哉が小学6年生の頃、明治生まれの祖母が入院していたうえ、母も脳梗塞《こうそく》の影響で認知症の兆候が出てきたんですね。その後、夫も過労から心のバランスを崩してしまって。つい、晴哉のことを後回しにしてしまったんです。

——お一人で抱えられて……。

お寺の法事や日々のことは住職の兄や妹と一緒にしていましたが、母の介護は同居している私が中心でした。じわじわと、母の認知症の症状が進んでいったんですよね。私がお寺で接客中に、「ばあちゃんが、お母さんを探しとうよ」って晴哉が知らせてくれることもありました。不安げな母の手を、ずっと握ってくれていて。

——晴哉さん、優しいですね。

そうなんです。あの子の優しさに、私は助けられてばかりでした。晩ご飯をつくるのが遅くなっても文句一つ言わなかった。私のことも、私の母のことも、いつも見守ってくれていました。

理科の森部先生と巡り会って

——高校進学について先生と相談されたのでしょうか。

支援級の先生が、「晴哉くんは虫のことで生きていきたいと言っていますから、まずは中学最後の1年間でアリの観察や研究を一緒にまとめましょう」と言ってくださったんです。私が午後に迎えに行ったら、校庭でアリの観察をしていて、終わるまでずっと待っていました。そして1年がかりで、先生とアリの研究レポートをまとめたんですね。この経験が、高校進学を目指すことにもつながりました。

——進学先は通信制高校に絞りました?

発達特性に関する理解やケアを求めていたので全日制の高校は難しく、〈つくば〉をもう一度見学しました。ざわざわした教室は苦手なので、静かな教室に入れていただいて。最初の見学でお会いした白石先生が、理科担当の森部先生を連れて来てくださいました。6年生のときに担任との関係がギクシャクしたので、先生と話すことに緊張していたようです。でも森部先生が、「私は植物が専門だけど、君はアリに興味があるのかな。私も勉強し

てみるから、一緒にやっていけたらいいね」と晴哉に話してくださったんです。「やり方を探そう」と言ってくださって、すごく心強いと思いましたね。〈つくば〉のオープンキャンパスでは、同じ適応指導教室に通っていた先輩が説明をしてくれたのもあって「ここなら行けるかな」と晴哉も納得したようでした。

――自宅から遠いですよね。通学の不安は？

それが一番の心配でした。一人で電車通学するのは難しいし、車で送迎するのも片道1時間近くかかりますから。なんとか、週1日登校ならと思って通うことに決めました。送迎したついでに学校に顔を出すと、先生が晴哉の学校での様子を私に話してくださって。先生が生徒に廊下でちょこちょこと声をかけておられる様子も見かけて、距離が近いと感じました。

――通い始めて、どんな様子でしたか。

週1回通うことが目標で、季節の変わり目は体調を崩すこともありましたけど、1年目は週1日登校を休まず行きました。理科の授業で森部先生が「室見川の観察会」をしてくださったんですね。室見川に棲息《せいそく》する昆虫や魚類、野鳥のほか、植物にふれ、その生態について詳しく講義を聞いたようです。晴哉はとても楽しかったと。人一倍興味を持って活動に参加する様子を見て、森部先生が「一緒に植物の観察会に行きませんか」と声をかけてくださったんです。貸切バスに乗って、宝満《ほうまん》山や西公園に行くんですよ。晴哉は知らな

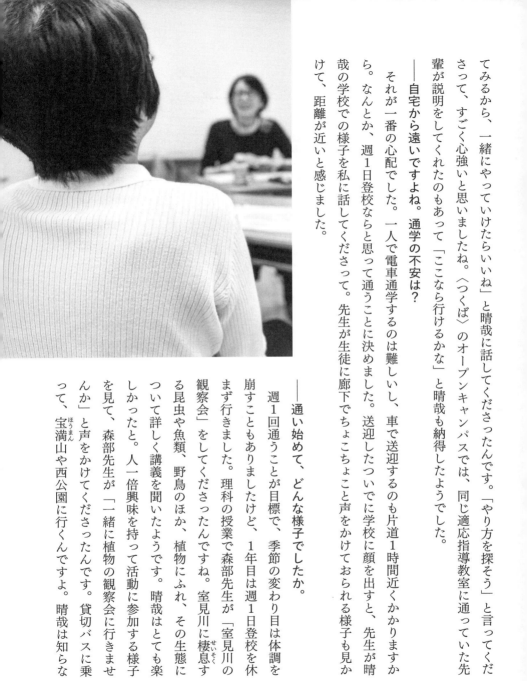

い人とバスに乗るのは無理そうだったので、当日の朝に「やっぱり行けそうにない」と先生に電話したら、「まだバスは発車しませんから、ここでダメと諦《あきら》めないで。まずは私に会いにきてください」と優しく諭《さと》してくださったんですね。「観察会の人たちには、今日は教え子が参加すると伝えているから安心して」と声を掛け、晴哉に寄り添ってくださったので、何とかバスに乗ることができました。私も、何かあったときのために付き添いました。

――バスに乗る不安より、好奇心の方が勝ったのかもしれませんね。

そうなんです。参加者は大学で生物を研究する先生から、会社勤めをリタイアした植物愛好家まで、いろいろな顔ぶれで。年輩の方に慣れているのもあって、可愛がっていただきました。生態系のことを教わって、晴哉も私も知らないことばかりで楽しかったです。2年生までは親子で参加して、3年生になる頃には一人で。春夏秋冬それぞれにいきものを観察しに、遠くは佐賀県の呼子《よぶこ》まで行きましたね。担任の小野原先生も、森部先生との観察会の参加をあと押ししてくださいました。

――アリの観察や研究は続けたんでしょうか？

森部先生に個人的に指導いただくようになりました。「アリのことで話があるから明日も来て」とか声をかけてくださって、気づけば週3回くらい学校に通うようになったんですね。きっと、通えるように配慮してくださったんでしょうね。やがて、コツコツ観察をまとめたものを日本学生科学賞に応募して、「努力賞」をいただいたんです。新聞社での表彰式に森部先生が付き添ってくださって。先生に出会えたからこそ、テーマを決めて実験に取り組む方法や、誰が見てもわかるまとめ方などが身につきました。進学後もレポート作成には自信を持つことができました。昔から好きだったいきものを通じて自信を持つことができたんです。ありがたいですよね。

――先生との出会いが転機になりましたね。

そうですね。小学6年生から「先生」に苦手意識がありましたが、〈つくば〉の先生方は晴哉を応援してくださったので、安心感があったようです。また、カウンセリングの先生も生活から進学のことまで相談に乗ってくださいました。音疲れ対策として、心理療法の「臨床動作法」を教えていただいて、2年生から大学3年生まで、九州大学臨床センターに通いました。

苦手なことは友だちと支え合い、行動範囲が広がった

——友だちとの関係はどうでしたか?

みんなそれぞれに得手《えて》・不得手があって、お互いを受け入れて思いやるというか。自然に助け合う関係が生まれていたようです。「○○くんが行くなら自分も行く」とお互いを頼りにして、自然教室などの学校行事にも参加していました。それから絵を描くのが好きな人たちと仲良くなったので、絵を描きに学校に行くことも増えましたね。

——苦手なことを理解して、支え合っていたんですね。

通学も助けられました。2年生になって、通学路が同じ友だちが一緒に通ってくれたんです。晴哉が音や空間認知が苦手だと知って、「この車両なら音が静か」「乗り換えの順路はこう」と導いてくれて。彼は飛行機にこだわりがある人だったんですけど、好きなものの話を聞き合う楽しさにも目覚めたようなんですね。最後の1年間は、私が送らなくても学校に行けました。

——通学や移動に自信がついたんでしょうね。

3年生になる頃には、電車に乗って天神に出かけて街中《まちなか》も歩けるようになったので、友だちと映画を観たり、爬虫類《はちゅう》のフェスに行ったり。お互いに興

「これこれ! 晴哉の表彰状」。お母さんが、今も校舎の掲示板に飾られていると言って教えてくれた。

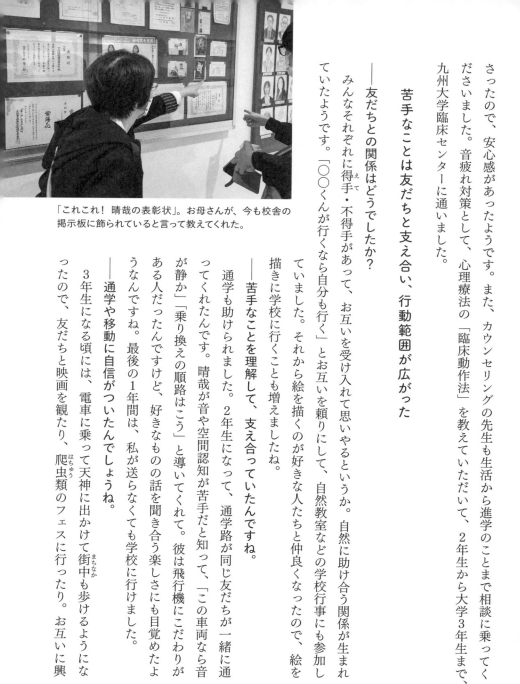

味のあるイベントに付き合う経験を通じて、みんな少しずつ行動範囲が広がっていったみたい。

――〈つくば〉以外の世界と接する経験もありましたか。

九州大学に養老孟司《ようろうたけし》先生の講演を親子で聞きに行ったことがあります。また、別の高校で同じくアリを研究している先輩に引き合わせていただいたり、福岡市内の総合大学で開かれる淡水魚の研究発表に同行したり。いろいろな人や場に触れる機会を森部先生が設けてくださったんです。専門的な内容でしたけど、晴哉には刺激がいっぱいでした。ただ、スケールの大きな空間は圧倒されて座り込んでしまうので、私が同伴して見守りました。

いきものへの思いを手がかりに

――晴哉さんは大学進学を希望されたのでしょうか。

大学でいきもののことを学びたいと憧れていたようです。とはいえ、中学校での基礎的な学習ができていなかったので、理数系の学部を目指すのは厳しくて。担任の小野原先生、進学指導の中尾先生と志望校についてじっくりと話し合いました。文系でも社会環境学科なら目指せるかもしれないという結論になりました。先生方は晴哉の大学生活への不安が減るように、ご自身の体験やアドバイスを伝えてくださって。その励ましが大学進学後も本人の支えになっていました。

――受験までに、志望校を見学されましたか？

2年生のとき、オープンキャンパスに参加する前に下見に行ったんです。キャンパスの規模や教室とトイレの位置関係などを把握して、混乱せずに過ごせそうかを確認しました。ビオトープ研究会にも興味を持っていましたね。ここなら通えるかもと、推薦入試に挑戦することにしました。また、学校の授業の一環として受ける「PC検定試験」で身につけたスキルは大学生活でも活用できるんですよね。こうした学びや活動の積み重ねも本人の自信となったんでしょう、自分の力を発揮して無事合格しました。

――大学生活はどんなスタートを切りましたか？

入学式の会場でブラスバンドの歓迎演奏が始まったので、そっと場を離れました。最初の授業も、大きな教室にたくさんの学生が集まったので入れなかったようで。実は〈つくば〉のカウンセリングの先生から、入学式や大学生活で困りごとがあるなら、早めに相談するようにアドバイスをいただいていたんです。さっそくカウンセリンググルームで相談したら、新しい授業があるたびにカウンセラーが先生へ事情を説明してくださいました。

――大学でも、カウンセラーと先生の連携など対応が手厚かったんですね。

大学生にもなって親がついていくわけにもいかず、相談できる専門家がいてくださることもありがたく思いました。前期が終わる頃には、来期はどんな支援が必要か確認してくださいました。〈つくば〉の卒業生が学内にいたので、音が聞き取れない時は教えてもらったそうです。スマートフォンでガイダンス情報を文字で確認できることも、晴哉にとっては有用でした。

――大学ではアリの研究ができました？

アリのことも個人的には研究していたようですけど、ゼミではホタルを研究するグループに属していました。より広い「環境」という視点でものを考えるようになったようです。熊本まで観察に行って深夜に帰ってくることもありましたが、電車移動も友だちが助けてくれました。いきものを愛する人たちって、みんな優しいんですよね。ビオトープ研究会では最終的に会長を任されました。とはいえ、あっちもこっちも器用にはできないので、ゼミの研究活動を全うして卒業を第一にしていました。

――大学卒業後の進路はどう考えていたんでしょう。

同級生の就職活動に刺激されて、スーツを着て環境調査の企業を訪問したこともありましたが、「大阪とか大都会は無理」と諦《あきら》めました。そんな頃に、小学校の頃に同じ登校班だった友だちのお母さんが、「環境関係の職場で働いてみたら？」と紹介してくれたんです。そこはいきものを通した環境教育や生物多様性の保全を目的とした団体で、晴哉は今とてもやりがいを持って働いています。博物館や大学と連携しながら、植物・虫・鳥・水中生物など多種多様ないきものの調査をしたり、子どもに教えたり。休日も時間があれば鳥の声や翼の観察に出かけて、地図を読む練習もしています。

不安ではあったけど「大変」とはいえない

――お母様は明るい方だと感じますが、心の持ち方に工夫がありますか？

晴哉の音疲れや空間認知のことがよくわからない頃は不安でしたけど、子育てと介護をしながらお寺の仕事をしていると毎日が精一杯で、暗くなってる場合じゃなかったというか。小学校や中学校で保護者の集いに参加するとみんな異なる悩みを持っているし、うちは一人っ子なんだから「大変」なんて言いにくいなあと思っていました。図鑑や本を読み込み、興味のあるいきものを探して、飼育する息子の姿は楽しそうでした。少しずつ自信をつけながら成長していったので、私は落ち込まずにすんだのでしょうね。

――こうしておけば良かったと、今振り返って思うことは。

子どもって、何がどうきついかうまく伝えられないものですよね。親の目から見て「わからん」と思うことがあれば、早めに専門家のアドバイスを求めるべきでした。比較対象になる兄弟姉妹がいないのもあって、気づくのが遅れた面もあります。〈つくば〉の説明会で知り合ったお母さんに今までの経緯を話したら、「のんびり母さんねー！」ってサバサバと言われて、私って本当にそうだったなあと。後に、このお母さんの息子さんと晴哉は、助け合える友だちになりました。

――あっけらかんと話せる人が周りにいるとありがたいですね。

インターネットで調べてばかりだと、余計に不安で孤独になったかもしれません。私は幸い、小学校や中学校の保護者の会で自分の不安を話せて、「ありのままでいいよ」という言葉に救われました。カウンセラーや医師、先生との出会いにも恵まれて。母のかかりつけ医に、「息子が学校に行けてなくて」とぼやいたら、「ザラにあることやから心配しないで大丈夫」とサラリと言われたんですよね。そうかいな、って。周りの方々のおかげで、気持ちが軽くなりました。

――晴哉さんの将来をどう感じておられますか。

学校という守られた場所から社会に出ると、もう親の心配も届かないなと。私自身もですが、皆それぞれに特性はありますよね。晴哉も自分の特性と折り合いをつけつつ、いきものを通じていろいろな人に出会って、助け合ってここまでこられました。これからも、いきものへの思いを大切に生きていってくれると思います。

いま、悩んでいる親子へ何か伝えるとしたら？

・「あれ？」と思ったら、早めに専門家に相談
・子どもが自分の特性を知っておくことは大事
・わが子の「好き」という思いを信じる

聞かせてください、あの頃のこと④

悠馬《ゆうま》さん（仮名・2022年度〈令和4〉卒業）のお母さん

「わが家は、マリアナ海溝よりも深い絶望から生還しました」

あなたが立った日のことを、
一生忘れないと思う。
親子で暗黒の海の底に沈んで
もう抜け出せないと絶望したけど、
人は変わるとあなたが光を見せてくれた。
自信をとり戻して、自分の人生を生きる喜びを、
お母さんも味わうことができたよ。
ありがとう。

転校で地域差に悩み「福岡にさえ来なければ」

――お母様は関西弁まじりでお話しになりますね、ご出身はどちらですか？

私、大阪出身なんです。結婚するまで実家を出たことがなくて、大阪に骨を埋《うず》めるものと思っていました。夫の転勤で初めて大阪を出て、福岡に引越しました。長男の悠馬《ゆうま》は小学3年生で転校したんですが、市内で一、二を争うマンモス校で、北海道や沖縄、海外はフランスからも転校生が来る小学校でびっくりしました。

――福岡はどんな印象でした？

いろいろな地域から移り住んできた人たちがいて、文化も価値観も多様なご家庭が集まっている感じでした。困ったのは、保護者の方々とお話しするときの距離感がなかなか摑めなかったこと。あれこれとお話しして「すっかり仲良くなった」と思って、次に会った時に気軽に挨拶すると、よそよそしい感じがするんです。「関西ノリ」はあかんのやなと、寂しく思うこともありました。

――お子さんは新しい学校で、どんな様子だったんでしょう。

悠馬は「目立ちたいけど隠れたい」っていう性格で、なかなか自分が出せないもどかしさがありました。さらに、勉強の面でも戸惑ったんです。大阪にいる頃、悠馬は中学受験を前提に進学塾に通って、学校より進度の速い学習をしていました。悠馬は手応えを感じたようで、自分から波に乗っていく様子に、私も受験を応援していました。ただ、関西と福岡では中学受験の学習の質やスピードにギャップがあって。

――関西と福岡では中学受験の事情が違うかもしれませんね。

そうなんですよ。悠馬が関西で目を輝かせていたような刺激的な授業をしてくれるような塾に、なかなか巡り

会えなくて。それに、進学先も関西ほど選択肢が多くありません。5年生の途中で、悠馬が「福岡には僕の行きたい学校がない」と言ったんです。彼の中で答えが出ていたんでしょうね。家族で話し合って、「中学受験はやめよう」と結論を出したものの、せっかく学力が上がってきたのにもったいないという未練が私の中にくすぶっていました。その頃は気持ちのやり場がなくて、「福岡に来なければ中学受験にもチャレンジできたのに」と私が悔しく思っていることを、悠馬にも感じさせてしまったと思います。

修学旅行から帰った日の「しんどい」がサインだった

——中学受験をしないと決めて、塾通いもやめたのでしょうか。

いえ、公立中学進学コースに切り替えて塾には通い続けました。6年生の秋、修学旅行から帰ってきた日に、悠馬が「しんどーい、しんどーい」って言ったんです。あのとき、休ませてやればよかったのに。長期出張中だった夫の言葉を借りて、「お父さんは行きなさいって言うてるよ」と塾に行かせてしまったんです。その頃から、少しずつ悠馬の様子がおかしくなりました。

——どんなふうに？

「頭が痛い、お腹が痛い」という理由で、学校に行けないと言うようになりました。でも、私は最初が肝心やと思って、悠馬とランドセルを車に乗せて、保健室に引っ張って行ったんです。今なら、「そんなことにこだわらんでええよ」と自分に言えるのに。当時は息子が学校に行けないことを、受け入れられなかったんでしょうね。

——あと少しで小学校卒業のタイミングですよね。

それもショックでした。学校に行ける日よりも行けない日の方がじわじわと増えて。体を自分で支えるのが難しく、寝たきりになってしまいました。自力で起き上がること、歩くことはもちろん、しゃべることすらままならず、末端に力が入らなかったんです。字を書くこともお箸《はし》を持つこともできず、どんどんやせ細っていきました。食卓のイスに座らせて何とか食べさせようとしても、途中で意識を失うこともありました。

——ええ！どうしてそんなことに。

小児科も大学病院も両手で数えきれないほど受診しました。どこで精密検査を受けても、「異常なし」。でも、異常がないからって、健康なわけではないでしょう？どこからも見放された気がしました。そんななかで、私は大柄な悠馬をおんぶして中学校に通いました。大人の男性でも背負うのが難しいところを、自らコツを編み出して。周りからは「車イスを使った方がお母さんも楽でしょう」と言われたんですが、車イスを使ったら一生抜けられないんじゃないかという恐怖心があったんですね。

兄の不調と妹のいじめで二重苦に

——悠馬さんとお母様の状況を思うと胸が痛みます。

実は、もう一つ苦しいことがあって。1年生だった妹の紗奈《さな》（仮名）は、学校を絶対休みたくない子だったのに、急に学校に行かないと言い出しました。福岡に移り住んだ時は幼稚園の年中でしたが、転園して「初めてできた親友」と紗奈が思っていた女の子から、言葉によるいじめと身体的な暴力を受けていたんです。登校すると39℃の熱を出したり、「この子ほんまに生きてるんやろか」と思うような酷い顔色になったり。

——紗奈さん、つらかったでしょうね。

大人の見ていないところで、いじめがエスカレートしていました。ただ、いじめた子にも家庭内の事情があって、複雑なケースでした。どうにかして解決したいと躍起《やっき》になっていたのですが、紗奈の言葉にハッとしたんです。「○○ちゃん（親友）からそんなことされて、腹立たへんの？」と紗奈に聞くと、「お母さん、腹が立つってどういうこと？　なんで大好きな○○ちゃんが紗奈にそんなことをするのかわからへんけど、悲しくなる……」と、初めて大粒の涙をポロポロとこぼしたんです。あんなに苦しい目にあっているのに、友だちを責めるのではなく、悲しんでいたんですよね。思わず、自分が恥ずかしくなりました。

——お母様も追い詰められていたんですね。

息子を見ても娘を見ても、つらかったです。2人をおぶって学校に連れて行く日々に、「なんでうちだけこんな目に遭《あ》うんやろ」と、どんどん孤立していく気持ちでした。日本海溝《かいこう》どころか、マリアナ海溝のような深い暗黒の海底に沈んでいく感じ。朝起きてカーテンを開けたらまぶしい光が入って、よその家の洗濯物が幸せの象徴のように見えるので、閉め切ったまま。楽しそうに登校する子どもたちの声が聞こえたら、耳を塞《ふさ》ぎたかった。「うちには日常がない。わが家はほんまにこの世に存在してるんやろか」って叫びたくなるほど絶望していました。

耳を疑う担任の言葉に心を閉ざした

——お父様はどう考えておられたんですか。

私はもともとマイナス思考になりやすい性格ですが、夫は私とは対照的で、どんなことがあっても「大丈夫、大丈夫」って言ってくれたんですね。私が心身ともに限界を迎えていたときも、夫は長期出張が多くて側《そば》にはいなかったけれど、私の話を聞いて支えてくれました。「周りからなんと言われようとも、自分が〝うつ〟になる必要はない。自分を責めなくていい」と。

——学校の担任は悠馬さんにどんな声かけを？

6年生のクラス担任は若い男性で、表向きには「悠馬くんのことが心配」と言うんですが、とにかく学校に来させようとする。「休まれると自分の評価が下がる」っていう本音が見え隠れしていました。学校に行けない理由を決めつけるような物言いに、私たちの心が剣山でガリガリと削られるような思いでした。

——面談や家庭訪問の申し入れはあったんですか？

何度か家庭訪問をしたいという打診があって、「会える状況ではありません」と丁重にお断りするんですが、「お母様のお顔を見るだけでも」とゴリ押しされるんですね。私も心身ともボロボロで誰にも会いたくない状況でしたけど、想像が及ばないんでしょうね。「家庭訪問した」という既成事実が何としてもほしいんだなと。

——結局、担任はご自宅を訪ねました？

玄関先まで来られました。「具合が悪くて寝室で寝てますから」と事情を説明したんですけど、「ドアの隙間からだけでも顔出してもらえないですか」と食い下がられて。何とか起こして、悠馬は気分が悪いのをこらえて廊下を這《は》うようにして来たんです。そうしたら、担任はなんて言ったと思います？

——聞くのが怖ろしいです。

「めちゃくちゃ部屋着やん」って言ったんです。「先生がせっかく会いに来たのに失礼やな」と言わんばかりの一言《ひとこと》でした。怒りのあまり声が震えました。「ですから！　悠馬はしんどくて寝てますって言いましたよね？」と。あまりにも話にならない。担任の言葉に深く傷ついた悠馬は、「絶対に学校には行かない、先生にも会いたくない」と大人に対して完全に心を閉ざしてしまいました。

——先生を選ぶことはできないだけに、きついですね。

この後、大学病院に入院したときも、担任からお見舞いに行きたいと言われましたが、主治医は「僕が断ります」とドクターストップをかけてくれました。担任も何かしたいと懸命に考えてのことだろうと今なら思えるんでですけど、当時は救いようのない気持ちでした。

認めてもらうことで「生きる力」をとり戻した

――何か治療の手立てはなかったのでしょうか。

この頃、悠馬は大学病院に入院したり、心療内科でカウンセリングを受けたりしましたが、はっきりとした診断がつきませんでした。次は精神科にと外来の主治医から言われましたが、抗うつ剤の影響が心配だったので、通院をやめました。この頃、大学病院の外来担当医に対して不信感もあったんです。女性のドクターでしたが、通院時に夫が同席していない時は私に高圧的な態度で「母（私）へのダメ出し」をされるんですね。これがまたきつくて。もう大学病院には頼りたくないと思い、起立性調節障害の治療を専門にする大阪のクリニックに辿《たど》り着きました。6年生の年末に診ていただいて、「起立性調節障害」と診断がつきました。「悠馬くんもお母さんも、よう頑張ったなあ」って先生が声をかけてくださったんです。その言葉に涙がぶわーっと込み上げて、大泣きしました。「検査異常なし＝健康」ではないことを、ずっと誰かに認めてほしかったんです。その時、悠馬だけでなく私も診察券を出されて初めて、「私はうつ病やったんや」と知りました。

――**親子ともようやく理解者に巡り会えたんですね。**

「悠馬くんの体は、健やかな状態に向かいつつあるから、あとは〝日にち薬〟ですよ。今までのような通院は卒業していいよ。ただ、まだ不安になることもあるかもしれないから、別の大学病院に紹介状を書くね」と言っていただきました。この先生にかかるまでに私が本を読んだり、勉強会に参加したりして取り入れた栄養療法が、少しずつ功を奏していたようです。あとは食事や生活の習慣を整えて、歩けるようにリハビリしていけばいいと、親子ともに希望が見えてきました。

――中学に入ってからはどんな様子でしたか。

ずっと私がおぶっていくのも難しくなって、車イスを使うようになりました。学校の雰囲気は一言で言うと「昭和」。校則が厳しくて、体罰に近いようなこともありましたし、何か問題が起きれば生徒に連帯責任を問う雰囲気でした。悠馬は友だちが叱責されている姿を見るだけでも苦しくなるタイプで、クラスではなく保健室に登校しました。でも、それが良い出会いにつながったんですよ！

――どんな方と出会われたんでしょう？

不登校傾向にある生徒を対象にしたクラス「こころの教室」を受け持ってくださる先生です。美術の先生とスクールカウンセラーを兼ねている方だったんですが、一度退職して戻ってこられたベテランなんですね。生徒一人ひとりを見てくださる。「悪いところを探すのではなく、いいところを見つけていきましょう。悠馬くんはこんなことをしてみたらどう？」と提案してくださって、「やっとこっちを見てくれる先生に出会えた」と親子ともども救われた気持ちでした。

――悠馬さんにはどんな変化がありましたか。

もう1人、社会の先生が貴重な空き時間を使って授業をしてくださったんです。個人レッスンが合っていたようで、前から好きだった社会に一層夢中になりました。通知表はずっと「評価なし」でしたが、ようやく社会だけは最高評価をいただいて、本人の自信になりました。

「3月25日、あんたは絶対立つんや」

――リハビリはどんな感じで進みました？

週2回ペースで、福岡の病院へリハビリに通ううちに、少しずつ足の曲げ伸ばしや筋力が改善してきました。理学療法士や作業療法士の方々が、「また歩けるようになるよ」と親身に励ましてくださいました。リハビリに通っている患者さん方も皆さん年上の方ばかりで、「悠馬くん、今日も来たんだね」とかわいがってくださって。居心地が良かったんですよね。きっと大丈夫と明るい気持ちでいたんですが、1年生の終わり頃に主治医から耳を疑う話がありました。

――どんなことを言われたんですか。

「昨今は車イスを使う人もできる仕事がたくさんあります。今から、悠馬くんのために探した方がいいですよ」と、まるで「一生車イス」のような宣告を受けたんです。この先生は、今の悠馬の何を見てはるんやろうかと絶句しました。

――お母様、よくそこで耐えましたね。

腹わたが煮えくりかえる思いでしたけど、心に火がつきました。「悠馬のことは何があっても、お母さんが世界中を敵に回してでも、もう一度自分の足で絶対立たせてみせる!!」と心に誓いました。そして、本人と話し合いました。「今、リハビリも頑張ってるし、栄養もしっかり摂って体の中からも変わってきてる。悠馬は必ず歩けるようになるから、具体的な目標を立てよう」と言ったんです。

――具体的な目標というと?

福岡に移り住んでから、長期休暇は大阪に帰省していたんです。「来年3月25日に自分の足で新幹線に乗って大阪へ帰るんやで」と根拠もないままに言いました。悠馬だけでなく、私にも目標が必要だったんです。毎日声に出してお互いの耳に言い聞かせて、自分を洗脳するように。目標があれば、母も子も頑張れるって。

――3月が来て、どうなったんでしょうか。

忘れもしません。3月24日、私の目の前で、キッチンのカウンターにつかまって悠馬は立ったんです！　自分一人の力で。生まれたての子鹿のように震えながら立ち上がる姿は、1歳で初めて立った時の数億倍うれしかったです。今でも、その光景はスローモーションのように思い出せます。目標にしていた3月25日の前日でした。

――すごい！　悠馬さんにどう声をかけられましたか。

「よう頑張った！」と駆け寄って抱きしめました。一時期は「もう生きていても仕方がない、私はここで終わるんか」という気持ちになったこともあったし、神様なんてとも思いました。でも、この時は息子からの、神様からの最高のプレゼントをもらったと感激しました。翌日、大阪に新幹線で帰省し、福岡に戻ってからリハビリの病院へ報告に行ったんです。車イスなしで受付を通ってリハビリ室に入った瞬間、その場がどよめきました。「立ってるやん！」ってみんなが口々に驚いて、先生が先生を呼びに走ってくださって、拍手が波のように広がりました。悠馬も私もその光景を忘れません。今まで感じてきたマイナスの感情も、プラスの感情もすべてひっくるめて受け入れることができました。今まで出会ったすべての人たちに対して感謝してもしきれない、私たち親子にとって大きな自信になりました。主治医は遠くから見ているだけでしたけど、やはりドクターは希望を与える存在であってほしいと思います。

作文コンクール「10年後の私」で自信

――そのあと、悠馬さんは順調に快方に向かわれました？

車イス生活を半年間で脱して、2年生からは少しずつ自分の足で学校に行けるようになりました。社会や国語は本来のクラスに通級しながら「こころの教室」に通いました。この教室の先生に高校進学も相談に乗っていただいて、つくば開成福岡高校（以下〈つくば〉）をご紹介いただいたんです。中学生が〈つくば〉の「日常」を体験

2017年度（平成29）に始まった、中学3年生向けの体験授業「つくばの杜」。希望者は「文書デザイン検定」にチャレンジする。

できる「つくばの杜《もり》」に参加して、自分の目で見て感じた方がいいと。

——2年生の頃から〈つくば〉を意識されたのでしょうか。

そうですね、〈つくば〉の教頭先生が広報として中学校に来てくださって、受験の情報やアドバイスをいただきました。3年生のときに、〈つくば〉が主催する中学生向けの「作文コンクール」に応募しないかと誘われまして。悠馬は作文に苦手意識があったのですが、「10年後の私」というテーマで400字詰め原稿用紙1枚の課題に臨みました。なんと、その作文が最優秀賞をいただいたんです。てっきり、先生方が目をかけてくださったのかと思いきや、審査委員は新聞社の記者や中学校の国語研究会の役員などで、「満場一致」というご報告を受けて親子で喜びました。

——タイトルが「自信」というのがいいですね！

自分で決めたタイトルです。これまで、なかなか自信を持てなかった悠馬が、「これからの人生、どんな困難に直面しても、それを乗り越えられる自信が僕にはある」って言い切ったんですね。いつの間にこんなことが言えるくらいに成長してたんやろうって、私はまた泣いてしまいました。

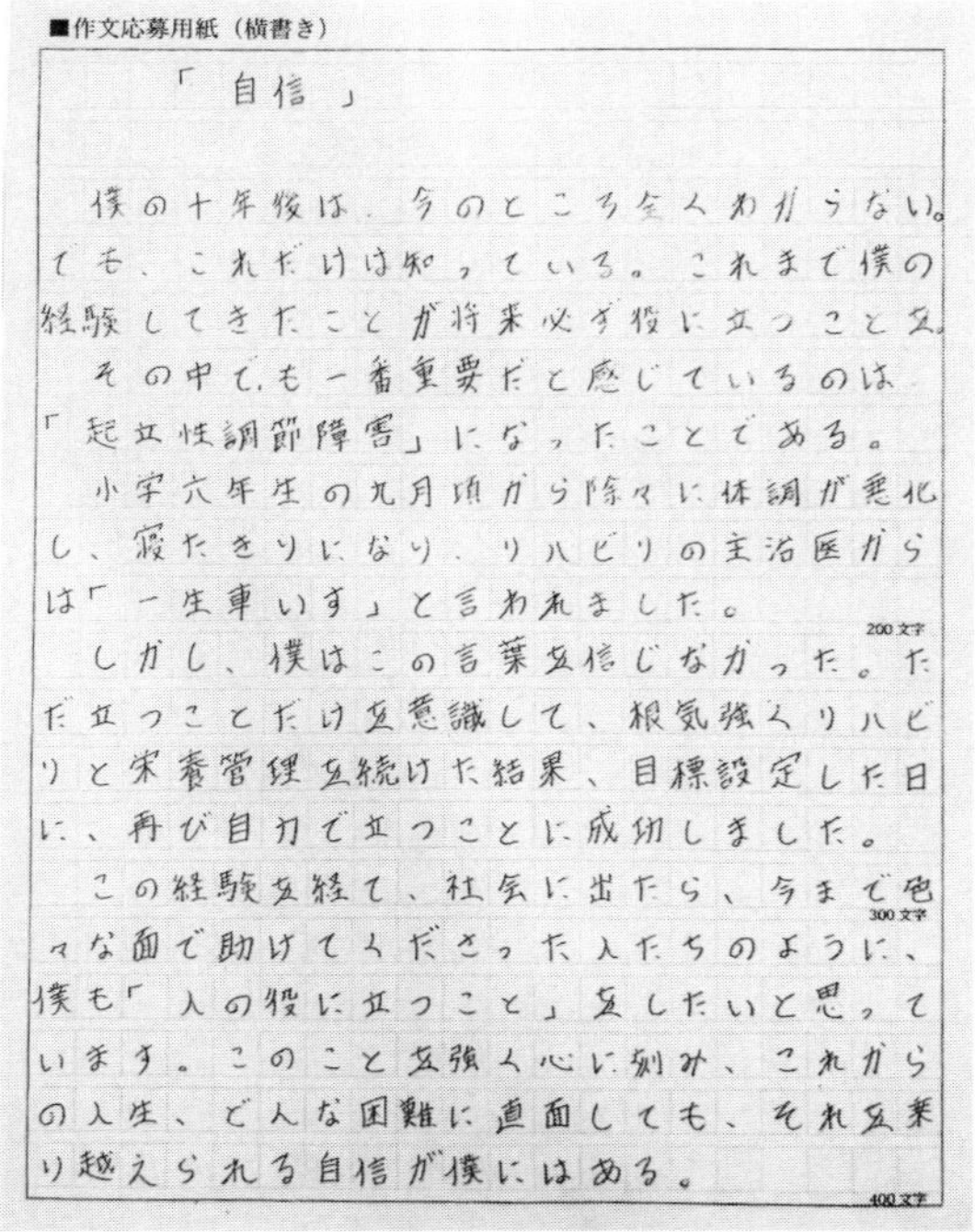
■作文応募用紙（横書き）

「自信」

僕の十年後は、今のところ全くわからない。でも、これだけは知っている。これまで僕の経験してきたことが将来必ず役に立つことを。

その中でも一番重要だと感じているのは「起立性調節障害」になったことである。

小学六年生の九月頃から徐々に体調が悪化し、寝たきりになり、リハビリの主治医からは「一生車いす」と言われました。

200文字

しかし、僕はこの言葉を信じなかった。ただ立つことだけを意識して、根気強くリハビリと栄養管理を続けた結果、目標設定した日に、再び自力で立つことに成功しました。

この経験を経て、社会に出たら、今まで色

300文字

々な面で助けてくださった人たちのように、僕も「人の役に立つこと」をしたいと思っています。このことを強く心に刻み、これからの人生、どんな困難に直面しても、それを乗り越えられる自信が僕にはある。

400文字

これまでのつらかったこと、小学校から始まった不調も、担任の言葉も、主治医の態度も、当時はネガティブにしか受け止められませんでしたけど、すべての困難が悠馬の成長につながっていたんだって。子どもたちは親の手の届かない、すごいところを生きているんだとすがすがしい気持ちになりました。

——〈つくば〉に入学された時の印象はどうでしたか。

〈つくば〉は生徒数も校舎の大きさもほどよくて、悠馬は通いやすかったようです。驚いたのは、ほとんどの先生が悠馬を知っていて、絶妙なタイミングで声をかけてくださる。ホールのベンチではいつも、先生と生徒が勉強や生活について気軽に話して、密な信頼関係を築きやすい雰囲気でした。学校ってこちらから聞かないと何もわからないと思っていたし、いつも「何を言われるんだろう」と心に鎧《よろい》をつけて行くような場所と思っていたのに、天と地ほど違いました。

——通信制高校に対する抵抗感はなかった？

中学受験を断念したという挫折感は100％吹っ切れていました。ただ、最近は通信制高校があたりまえの選択肢になりつつありますけど、当時はまだ社会からレッテルを貼られる感じがありました。大阪で中学受験を一緒に目指していた知人にも最初は言いにくかったんですが、いつの間にか胸を張って言えるようになっていましたね。

——高校に入ってから、朝起きられない不調などは？

信じられないことに、ほとんどなかったんです。

悠馬はもともと真面目《まじめ》で、学校にずっと行きたいと思っていたので、できなかったことができるようになった自信と充実感でいっぱい。実は3年間、皆勤賞だったんですよ、人生初です!! 1年生の終わりには、先生が「生徒会の活動をやってみない？」と声をかけてくださって。

——悠馬さんはどんな反応でした？

「家に持ち帰って考えます」と答えたそうです。当時、悠馬は先生から「他の生徒が気づかないことにも目を留めて、状況を変えるために素早く行動できる人」という評価をいただいていました。先生方は悠馬の良いところを引き出して、成長するチャンスをくださったんでしょう。本人も意気に感じて「やれそうな自分もいるし、どぎまぎする自分もいる」と揺れているようでした。背中を押してほしいんだろうと思って、「もう昔の悠馬とはちがうんやで。大丈夫、できるよ」と後押ししました。

——自信をとり戻して、積極的になっていたんですね。

どんどん変わっていきましたね。うれしかったのは、すごくよく笑うようになったこと。ちょっとしたことで「あっはっは」って、声を上げて笑うんです。あれ、この子こんな笑いのツボ浅かった？ って驚くほど、学校であったこと、うまくいったこと、できなかったこと、いろんなことを話してくれました。昔から悠馬を知ってくれている友だちが、「悠ちゃん、よう喋《しゃべ》るようになったなあ。明るくなったし、立派になった」と言ってくれたことに感激しました。ようやくわが家にも、日常が戻ってきたって。

大学受験で見つけた「返していける人間」になる道

——進路はどのように決めていきましたか。

元々真面目な子でしたから、高校からみんなと勉強する楽しさも学力も徐々にとり戻しました。中学時代に学

週1日登校の生徒たちが親睦を深める「ふれあいハイキング」。毎年9月ごろ、近郊の施設でレクリエーションやバーベキューなどをして過ごす。

習が追いつけなかった英語は、個別指導塾で積み上げ直して。進路については、興味のある大学や学部のオープンキャンパスに行って決めました。以前なら、私が先回りして情報を集めたり勧めたりしていたと思うんですけど、〈つくば〉に入学してから、母は出過ぎずに応援団として後方支援に回ろうと自分に言い聞かせてきました。すると、模擬授業の見学など、悠馬が自分で計画を立てて見て回りました。

――気になった学部や研究分野はありました？

地域の人たちと協力しながらコミュニティを創っていく「地域共創」という分野があって、それを学ぶ学部が気になったようです。中学3年生の時に作文を書いて以来、人に認められたり必要とされたりすることで自信をとり戻してきたので、いつか人や地域に恩返しをしたいと考えるようになったのでしょうね。

――入試対策はどうされていたんでしょう。

もう母の出る幕はなく、専門家である先生方にお任せしました。見学に行った地域共創学部を目指すことにしたんです。推薦も一般入試も形式が多様なので、私は情報戦についていけなくて。普段の学校生活や生徒会役員として活動していた経験をいかして、学校推薦型選抜で受験する機会をいただいたものの、第一希望は不合格でした。次に総合型選抜でトライしましたが厳しかった。結局は一般選抜の大学共通テスト併用型で合格しました。自分自身の学力を積み上げて、他の受験生と競って合格できたので、本人にとって一層の自信になったのは間違いありません。

子どもの前で泣けるようになって母は変わった

――お母様も少し気持ちが楽になられましたか。

そうですね。実は、親子ぐるみで仲が良い、私が心のうちを話せる唯一の友だちがいるんです。彼女が時々電話で話を聞いてくれて。ある日、「ちゃんと泣いてるか」と聞かれたので「しょっちゅう泣いてる」と答えたら、「子どもの前で泣いたらいいねん、しんどいって。親子やねんからわかってくれるよ」と。その一言で、張り詰めていた糸がプチンと切れて、子どもの前でもさらけ出せるようになりました。

――子どもの前では泣いてはいけないと思っておられた？

ずっと疑うことなく「泣いたらあかん」と歯を食いしばっていました。でも、子育てや家事がうまくできない自分、情けない自分を見せたら、成長した子どもたちは受け止めてくれたんですね。子どもに頼ったら、「自分にも役割がある、役に立てる」と思ってくれるようで、進んで私を助けてくれました。

――お母様が変わられたのですね。

なかなか変われなかったのを、子どもたちが変えてくれたんです。私はずっと、不完全な完璧主義者でした。遡《さかのぼ》れば、私の母が何事も完璧にできる人で、「ねばならない」という意識を教え込まれてきました。でも、私は母ほど完璧にできないことが苦しかった。母に反抗せず感謝しながらも、「自分が子どもを持ったら、〝ねばならない〟教育は絶対にしない」と心に誓っていました。でも、気づいたら私は自分が経験してきたようにしか、子どもに接することができなかったんです。子どもにとって良かれと思い込んで、子どもたちにより良い教育の選択肢を与えてやらねばという強迫観念でがんじがらめでした。

――母、娘、孫と3代にわたるしんどさがあったのでしょうか。

悠馬が立てなくなったことを母に伝えたとき、「そんなに学校を休んだら勉強がついていかれへんようになる」というのが第一声で、私の苦しさは伝わらないと思いました。でも小学6年生の終わり、一番きつかったときに母が手伝いに来てくれて、「今まで悪かった。これは勉強どころやない」とありのままの現状を認めてくれたことで、決着がついたような気がして。無意識に「よい娘であろう」と自分に課してきた枠をぶち破ろうと思ったんです。もう、自分の人生を生きようって。それまで、本当の意味で私は生きていなかった。

――長らく試練の多い日々でしたね。

悠馬が〈つくば〉で素敵な先生や友だちに巡り会えて、親も子も変わることができました。これまでつらかったことのすべてがプラスに転じました。子どもたちは一人の人として、これから良い人生を送るだろうなとワクワクするんです。そう思えるようになるまでたくさん泣いたし、絶望の淵に立って、「私の命と引き換えに、この子がもう一度歩けますように」と祈った時期もありました。「涙も枯れる」と言いますが、私にはまだ涙を流すエネルギーがありました。生きろと言われているなと思って。

――今、苦しい思いをしている親子に、励ましの言葉があれば。

どんなに深い海溝に沈んでも希望さえ手放さなければ、いつか必ず脱出できます。孤立無縁ではなく、痛みを少しでもわかってくれる理解者が周りにいるはずなんです。インターネットに頼りすぎると情報は得られても、さらに追い込まれたり傷ついたりしてしまいがち。できるだけ、生身の人に頼って、助けてもらっていいんだと自分を許してあげてほしい。朝目が覚めて、「今日も生きてて良かった」と思える日は来ると信じてください。起きてしまった出来事や事実は変えられませんが、受け止め方次第で、その後の人生はいくらでも書き換えられます。こうして自分の経験を語る機会に、わが家がもらった希望のバトンを次の誰かに手渡すことができてありがたく思っています。〈つくば〉の校長先生の名言の中でも、私が大好きな「わが子を信じて、親は待つ」という言葉を贈りたいです。待つことは親にとってもチャレンジですが、親は子どもの応援団長。最高に地味ですが最高にカッコいい応援の仕方だと思います。

いま、悩んでいる親子へ何か伝えるとしたら?

・インターネットよりも生身の人に頼って
・子どもを変えるよりも自分を変える方が楽になる
・子どもの前で泣いて頼っていいんです

聞かせてください、あの頃のこと⑤

樹《いつき》さん（仮名・2014年度〈平成26〉卒業）のお父さん

「もうここにはおいておけん、息子がつぶれてしまう」

転校前に通ってた小学校の先生、
最初に入学した高校での
ラグビー部顧問や友だち、
〈つくば〉の校長や先生方。
親身になって受け入れてくださったから
樹もお父さんもお母さんも救われてきたね。
ラグビーで体を動かせたおかげで
心を保つことができたし、
「目指す道に戻れる」と信じられた。
私たちは人に恵まれたなあ。

同い年の友だちは「よよちい」

――保育所や小学校低学年の頃に、休みがちだったそうですね。

思えば、幼い頃から周りの事象に対して敏感な子でした。私も妻も共働きで、樹《いつき》は浮羽《うきは》のばあちゃん家《ち》から保育所に通っていたんですけど、行きたがらん時期があって。小学2年生で小郡《おごおり》に転校したときも、どんどん顔が暗くなって行きたがらなくなりました。思えば、どちらも先生がきっかけでした。子どもの顔や様子を見る余裕がない先生なんだと敏感に察知していたようですね。

――新しい小学校は、転校前とは雰囲気が違ったんですか?

真逆の環境でした。学校見学に行ったら、休み時間と授業のメリハリがなく、授業中も生徒がトイレに出たり入ったり、学級運営ができてないんですね。机の並びもガタガタ、床は砂や埃《ほこり》でざらざら、これは居心地悪いだろうなあと直感しました。「樹がここ気持ちよくないのは、お父さんわかる。けど、3年生になったら先生が変わるけん、もうちょっと今の学校で頑張ってみんか」と話してみました。それからは、「2年生の終わりまであと○ヵ月」を合言葉に頑張って学校へ向かいました。樹はなんとか耐えて、3年生に進級したら生徒をちゃんと見てくれる担任に変わったので、また学校が好きになりました。

――どんなことに敏感だったんでしょうか。

まず、目や耳の感覚が鋭敏っていうか。樹は3人兄弟ですが、家にいるときに「あ、兄ちゃん帰ってくる。声が聞こえるやん」って言うんですね。二重窓というのもあってか、大人には外の音が聞こえないのに、しばらくしたら長男が歌いながら帰宅したんです。そのほかに、「お隣の家はいい人ばっかり」って、大人の振る舞いを観察してぽろっと言うこともありました。他人に対する感覚センサーが、同じ歳の子どもに10本立っているとしたら、樹は20本というイメージでしょうか。

——お兄さんたちはどんなお子さんだったんですか？

樹より三つ上の次男と五つ上の長男がいます。あるとき、養護学校（身体障害や知的障害を持つ児童を支援する学校。学校教育法の一部改正によって現在は特別支援学校と呼ばれる）の教師として勤めていた妻が息子3人に発達心理テストを行なったら、「うち、ふつうの子は誰もいない」という結果になったんですね。特定の能力に抜きん出ているかと思えば、極端に足りない能力もあり、行動や性質にも3人それぞれに特徴がある。口の立つ樹が2歳児の頃、5歳の次男を口喧嘩で言い負かす場面もあったんですが、成績は次男が優れていました。改めて、「ふつうってなんだろう」と夫婦で考えるようになりました。

——同い年の友だちとの関係はどうでした？

自分の周りにいた友だちは「よよちい（幼い）」といって、兄の友だちとよく遊んでいて、大人とも話ができる子でした。樹は「先生は全力で子どもに向き合ってくれる人」と信じていただけに、そうじゃない人もいると知って戸惑っていました。「先生も子どもと同じようにいろんな人がいるし、合う合わんがある。合わないと感じる樹が悪いわけじゃない」と話したら、「そうね」と得心した様子でした。

——達観しているようにも見えますね。転校先の学校には通えましたか？

もともとは学校が大好きなので、2年生の合わない担任とのつらい時期を乗り切った後は元気に通っていました。2年生の秋、樹だけ泊まりで浮羽のばあちゃん家に遊びに行って、翌朝、かつて友だちと一緒に通っていた学校へ向かったんです。そうしたら、その学校の先生が受け入れてくださって。そのまま隣の子と机を引っ付けて教科書見せてもらって、給食を食べて、帰りの会まで出て帰ってきたそうなんですよ。びっくりしました。自

宅に帰ってきたとき、「もし3年生になっても今の学校に行きたくなかったら、ばあちゃんとこから前の学校に行ってもいい？」と確かめてきました。これは以前私が、もう少し頑張るように励ましたときに「今の学校がどうしても嫌だったら、樹だけばあちゃん家に引越して前の学校に行くこともできるんよ」と言ったことへの再確認でした。この言葉を伝えたとき、樹の顔に一瞬の輝きが蘇ったことを覚えています。これが樹の頑張りの根源だったんでしょう。いざとなれば住民票を移すのもありだよねと妻と話しました。でも結局、本来の学校に通い続けました。「辛抱できなくなったらここに居場所がある」とわかったことに、救われたのかもしれません。

母や兄と同じ進学校に進んだけれど

——中学校ではどんな様子だったか、教えてください。

軟式テニスをやって、順調に3年間通いました。妻と2人の兄が通った公立高校に合格したとき、お祝いの夕飯の席で「ここがゴールじゃないよ、今からしんどいことだってあるからね」と覚悟を促そうと話しはじめたんですが、妻は「めでたい席でそんな」って笑ったんです。でも、思いがけず的中してしまいました。進学した高校は地元で5本の指に入る進学校ですが、校長がトップ校に追いつけ追い越せと躍起《やっき》だったんですね。入学式では保護者に向けて、「これまで学年上位の成績だった人たちが300人入学しました。彼らは200番や300番なんて順位を経験したことがないので必ず心が折れます、なんとか背中を押して学校に足を向けさせてください」という訓示があったんですよ。どれだけ勉強させるのかとゾッとして。私はもともと小学校の教師をしていた関係から、教育行政の内情をある程度知っていたので、国立大学へ現役合格する生徒の人数を重視する当時の高校の評価制度には疑問を感じていました。

——お兄さんたちは同じ高校に問題なく通えていたんですか?

2人の兄は無事卒業しました。この高校は文武両道の伝統があって、ハードな部活や運動会の練習と、勉強の両立が求められました。さらに、応援団活動は大学の現役合格が難しくなるほど負担が大きいと言われていましたが、団員であることに誇りを持つ生徒が多いようです。長男も次男も入団して、案の定、国立大学の現役合格は逃しましたね。毎日山のように宿題が出るんですが、長男次男は友だちと当然のように分担してノートを写し合って乗り切っていたんですよ。

——樹さんはそういう校風に戸惑いを感じたのでしょうか。

樹のときも宿題の量が尋常ではなかったのですが、生真面目《きまじめ》な性格なので先生の言葉を真《ま》に受けてしまった。朝5時ごろまで全教科の宿題を自力でやって、1〜2時間仮眠して朝7時半には学校の朝補習に向かい、授業の後は部活に出て帰るという生活を過ごしていたんです。1年生の9月、朝立ちあがろうとして突然立てなくなった。自律神経がおかしくなったんでしょうね。学校に行けなくなりました。

——それはきつい! 部活は何をしていたんですか?

ラグビーです。体は小さめな自分にも合うポジションがあるからと入部しました。顧問の先生がたまたまクラス担任で、樹の状態を見て大学病院の医師を紹介してくださったんです。入院して規則正しい生活に整えることを勧められましたが、樹は体の異変を病気だと思いたくなかったのでしょう、入院もせず、薬も飲みませんでした。授業に出られない日々でしたが、ありがたいことに顧問が「部活の練習だけでもおいで」と声をかけてくださったんです。夕方から学校へ行って部活の練習をして体を動かしたことは、樹にとってよかったと思います。部活の友だちとも濃い絆が生まれました。

学校に復帰するもラグビーの試合で大怪我

——授業には復帰できました?

だんだんと調子が整って、1年生の3学期に学校へ復帰できました。勉強には全くついていけなかったので部活が中心の毎日でしたけど、私たちはホッとしたし、何より本人が友だちと一緒に学校に行けてうれしそうでした。ところが、高校2年生になんとか進級できたと思った矢先、事故が起きて。

——え、事故!? 何があったんでしょうか。

他校との練習試合に出場したんですが、開始10分で接触事故があって、眼窩底《がんかてい》骨折という大怪我を負ったんです。顔の3ヵ所に穴を開けて砕けた骨を拾う手術をしました。ぶつかった衝撃で顎《あご》の関節もずれて、腫《は》れと骨格の歪《ゆが》みで、顔の右半分が変形してしまったんですね。ものを噛むこともできないから食事は流動食。学校には1ヵ月で復帰したものの、顔の腫れは4ヵ月ほど続きました。

——さぞつらかったでしょうに、頑張って学校に復帰したんですね。

復帰はしたんですが、勉強が1年生からずっと遅れていましたから成績が壊滅的で。このままでは、高校3年間に取るべき単位が取りきれないとわかって、樹はプツッと糸が切れたようにまた学校に行けなくなりました。ただ、体を動かさないとろくなことを考えないし、体がヘトヘトに疲れた方が心を健全に保てるだろうと私は考えたんですね。知人に頼んで地質調査現場で1ヵ月間アルバイトをさせてもらい、夕方から部活の練習に行かせました。ある日、「ちょっと話そうか」って、樹を車で遠くへ連れ出して「今の学校に戻りたい？ どうしたい？」と聞いたら、「学校に戻りたい」って。それなら、応援するしかないと思いました。

――再び、学校に戻ることはできました？

2年生の秋、校長から「成績不振」と評価された生徒約30名とその保護者が呼び出されました。何らかの理由で不登校になった生徒や、学習についていけない生徒たちでした。中には、入院先の病院から出席した生徒もいましたね。若手の教務主任が強い口調で、「成績不振でも留年はさせない、転校を勧める」といったことを話しました。先生全員が同じ考え方ではなく、「生徒をここまで追い込んでいいのか」と悩む先生もおられるのは知っていました。ですが、学校としては留年する生徒を出して学校の評価を下げたくないという方針が明白で、生徒をより苦しめるような対応はショックでしたね。父として「この学校に通わせたらつぶれてしまう、もうおいておけない」と判断して、「この学校を卒業することが人生の目的じゃない」と樹に話しました。人は１２０％の力を出せば目標に届くときは踏ん張れますが、２００％出さないと届かないときは壊れてしまいかねない。

――胸が痛みますね。樹さんはどんな反応でしたか。

学校を辞めることは了承しましたが、「一緒に頑張ってきた部活の友だちと、どうしても同じ年度に高校を卒業したい」と言ったので、「この学校に復帰する以外の道を模索します」と担任に伝えました（この担任も良い先生でした）。1、2年生の担任とはいい関係を築いてきていて、特に1年生の担任からは「樹くんが苦しんでいるのに救い出せなかった、学校の方針を覆すことができなくて申し訳ない」と声をかけられました。なかには、こういう詰め込み教育から逃げ出したい先生もいるんじゃないかと思いましたね。

――転校前に、卒業生であるお母様やお兄さんから何かアドバイスは？

基本的に兄弟の間で口出しはしませんね。「よかれ」のつもりでも上から意見されたら嫌だろうし、お互いのプライドを守ろうという暗黙の了解があったようです。妻は「昔は自由な学校で、勉強に縛りつけることはなかった」と言っていました。次男と妻はぶつかりがちで、「お母さんのプレッシャーは結構強かった」と。妻も知らないうちに、伝統ある母校に息子たちを進学させたいという期待が滲《にじ》み出ていたのかもしれません。樹も一度「お母さんの期待にはこれ以上応えられん！」と叫んだことがありました。高校に入学してすぐ、部活決めのことで妻と樹が喧嘩をして、樹が家出したんですね。妻も職場の問題などで情緒不安定な時期がありましたから、「お母さんのハートもいっぱいいっぱいやから、ぶつけ合わんで」と私が間に入りました。妻には「どんな未来を描いてるかわからんけど、あいつの人生やから堪《こら》えるところは堪えようや」と話せば納得しました。兄たちは、「あの学校が樹に合わんかったんやろう」と言っていましたね。結局、転校先の通信制高校を探すことにしました。

「ここでお世話になりたいです」と自ら言った

――通信制高校はどのように探されたんですか。

妻がインターネットで探した2校に見学予約を取りました。どちらの学校も校内を案内するどころか、「単位が圧倒的に足りない。明日にでも転校を！」という切羽詰《せっぱ》まった調子で話をされました。その2校を見学する間に空き時間があって、妻が「通信制高校」「進学」と検索して飛び込みで見に行ったのがつくば開成福岡高校（以下〈つくば〉）でした。

――訪ねた印象はどうでした？

応対してくださった松永校長にこれまでの経緯を話すと、「立ち止まったのが今でよかったですよ」とおっしゃって、自ら校内を案内してくださいました。「うちは他校と違って小さい教室がたくさんあって、教員も多いです」と説明を受けた通りの光景があって、先生が生徒に細やかに声をかける姿も印象的でしたね。福岡県下の進学校から転入してくる生徒もいて、「最初は挫折感に俯《うつむ》いているけど、だんだん自分と似た境遇の人がいることに安心して、自分から勉強を始めます」と。ああ、この校長が運営する学校ならお任せできる、と他では味わえない感覚がありました。

――教員経験のあるご両親ともに手応えがあったんですね。

私たちの心は決まっていましたが、「この学校がいいよ、と親に言われたら嫌だろうな」と思ったので、元の高校の担任から樹に3校のパンフレットを渡してくださいとお願いしました。私たちの希望を担任には明かしましたが、樹には黙っていてほしいと。早速担任が息子を呼び出し、話してくださったんですね。学校だと緊張するから、ファミレスなどで話すように気遣ってくださいました。結果的に、樹は〈つくば〉だけ見学したいと言って、2月に親子3人で〈つくば〉を訪ねたんです。

――樹さんはどんな印象を持たれたんでしょう？

校長に「君の人生やから、もっと長いスパンで考えてごらん」と声をかけられ、樹が自分から「ここでお世話になりたいです」と言ったことに驚きました。学校側も私たちもまだ見学のつもりだったので、校長は「先生たちを集めてあなたの受け入れ体制を相談したいし、ご両親は学費の算段も必要だろうから、少し待って」と諭《さと》してくださり、私たちは一旦退出しました。

――意思がはっきりしていますね。

校長から返事を待つ間、3人でラーメンを食べたんです。樹にもう一度聞いたら、「ここに来たいと思った。他

〈つくば〉では、生徒会役員が中心となり、学校行事を運営している。今日は掲示用のスローガンとYouTubeの製作会議。

の学校はもう見んでいい」と。昔から直感の鋭い子なので、揺るがないと感じました。4時間後には、「受け入れることにしました」とお返事をいただきました。それから2週間経って、担当の先生が卒業に必要な単位を2年間で取得するカリキュラムを説明してくださいました。そのとき、樹が「1年間で卒業できませんか。同級生と一緒に卒業したいので」と食い下がったんですよ。「2年分の単位を1年で取るような指導は私たちもやったことがないし、ぎっちり勉強しなきゃいけないけど、大丈夫かな。他の先生方と相談してくるね」と協議してくださったんです。何よりも樹の強い意思を信じて尊重してくださったことが本人も私たちもうれしかった。その後、猛然と頑張る原動力になったんじゃないでしょうか。

高校で久しぶりにほめられた

——新しい高校生活はどんなふうに始まりましたか。

3年生の4月から〈つくば〉に通い始めましたが、最初は朝が起きられなくて。それまで部活に行くために昼過ぎに起きる昼夜逆転生活でした。人は目的がないと早起きできないんですよ。学校に通う目的ができたので、まずは朝型生活に戻すところから始めました。中尾先生が「起きてる？　学校来られるかな？　しんどかったら、明日待ってるね」と毎日のように樹の携帯電話に連絡をくださって。

――対応が細やかだったんですね。

ショートメールで中尾先生とよくやり取りさせていただきました。本人に直接聞くとプレッシャーになるので、「今日は登校していますか」「レポートは提出しましたか」と。それだけでなく、先生に負担をかけすぎていないか、どんな思いで樹に接してくださっているか、先生と生徒の間に漂う「匂い」をかぎとりたいと考えました。樹も先生も思い詰めすぎないでほしいと、遠慮しいしい質問しました。想像以上に熱のある返事をいただけることが、ありがたかったですね。

――新しい環境で学ぶことに慣れていったんでしょうか。

そうですね、朝起きて学校に行けるようになって、だんだん地に足がついてきました。授業が少人数なので、学習の定着度も高かったようです。ある日、一緒にご飯を食べているときに、「今日、英語の授業でほめられたっちゃん」と樹がうれしそうに話したんですよね。ああ、この子は高校に入ってからほとんどほめられたことがなかったんだと気づきました。

――樹さんがイキイキしてくる感じが伝わってきます。

実はもう一つ、樹が日に日に顔色が良くなって溌剌《はつらつ》としてきた理由があります。前に通っていた高校のラグビー部顧問が、「ラグビーしにきていいよ」と受け入れてくださったんですね。もう在籍していない生徒なのに、こんなにありがたいことはありません。〈つくば〉に通いながら前の学校でラグビーを続けられたことで、仲間とはずっと密につながることができました。実は、卒業アルバムのスナップにもさりげなく写り込んでいるんですよ。

彼らとは大学生、社会人になって以降もずっと仲がいいんです。

「早稲田に行って、支える側にまわりたい」

――卒業に必要な単位は取得できました？

それがもう、卒業直前のタイミングで、ようやく必要な単位を取り切ることができました。しかも並行して、「成績は全然追いついてないけど、中学のときの友だちに誘われたから一緒に受験してもいい？」と聞いてきたんです。私は、「いいに決まってる！」と言いました。2年間ほぼ学校に行けなかった息子がチャレンジするんですから、他の返事はありませんでした。

――単位を取っただけでもすごいのに、大学受験まで！

寝耳に水でしたが、教育学部に興味があると言い出したんですね。それまで全く家で話題に上ったことがなかったのですが、中尾先生からのご提案だと。先生と話すうちに「自分と似た境遇の人たちを支える側にまわりたい」と考えるようになったそうです。〈つくば〉で先生方に引っ張っていただいて、樹はこんなに変わった。そして、「ラグビー部のみんなと同じ年度で卒業」という念願を果したんです。現役での受験は不合格でしたが、「やればできんじゃね!?」という感触があったようで、樹から「予備校に通って大学を目指したい」と。もちろん返事は、「ええよ!!」でした。

――予備校選びも悩まれたでしょうね。

予備校にもいろいろな校風があるので、できるだけ締め付けない自由な雰囲気の予備校に入りました。秋に三者面談があって、樹が「早稲田大学に行きたい」と。予備校に入った時の成績はかなり低かったので、「ありえんですよね？」と先生に聞いたら、「辿《たど》り着けるかもしれません、こんな成績の伸び方は見たことがない」と言われました。「なんで早稲田に行きたいの？」と聞いたら、「門を入ったら大隈重信の銅像があって、その風景を見た瞬間にここがいいと思ったから」とキッパリ。樹なりの直感がまた働いたんでしょうね。早稲田大学の教育学部の教育心理学科は、当時は学部で4年間、さらに大学院で2年間学べば公認心理師の受験資格や特別支援学校教員免許が取得できるとされていました。「6年間勉強したいけどお金は大丈夫？」と聞かれました。その頃、長男が東京で就職していて2人で同居すれば家賃や生活費も節約できるので、挑戦することに決めました。

不登校になったとき、親は何もできない

――結局、大学院まで進学しました？

大学4年で卒業して就職しました。大学院に進学する同級生を見て、「自分には彼らほどの情熱はない」と言っていましたが、本当は親にかける経済的な負担を気にしてのことではないかとも思っています。でも、「支える側にまわりたい」という志は教師や心理職だけでなく、企業でも成せるはずだと樹に伝えました。今は不動産系企業の開発部門で働き、今年の夏からの海外赴任が決まりました。

――ふり返って、〈つくば〉に通《かよ》ったことをどうとらえていますか。

〈つくば〉の校長がおっしゃったように、「不登校の期間は長い人生のうちの、ほんのちょっと」ですよね。それでも、わが子のこととなると広い視点で見ることが難しかった。私たちも樹も、〈つくば〉に辿りついていなければもっと迷走してつぶれていたかもしれません。兄2人に劣等感を持つことなく、樹は自分が選んだ道を成し遂げようとしています。決してドロップアウトやまわり道ではなく、必要な時間でした。

――樹さんとは昔の話やこれからのことを話されますか？

自分から不登校の頃の話をすることはあまりないですね。でも、家族で「私たちは人との出会いに恵まれたね」

という話はします。小学校を転校しても、高校に通えなくなっても、先生や周りの友だちが受け入れてくれたおかげで、「自分が思い描いたルートから一旦外れても大丈夫、また戻れるんだ」と自信を持つことができました。だから、今も社会人として道に迷っているなら、また挑戦すればいいと心のなかで応援しています。親は、子どもが不登校になっても特にできることがないんですよね。できると思うのは思い上がりだったと、ここまで来てようやく言えます。

いま、悩んでいる親子へ何か伝えるとしたら?

・話したいときは、家や学校から遠い場所へ連れ出す
・「やりたい」には「ええよ」で応える
・思い描いた道から一旦外れても大丈夫

聞かせてください、あの頃のこと⑥

颯也《そうや》さん（仮名・2020年度〈令和2〉卒業）のお母さん

「あなたも私も不幸にはならないって、根拠のない自信があるの」

高校を卒業するのに10年。※
長いってみんな言うけど、
そうでもない。
13年かけて苦しくなったのなら、
13年かけて変わっていくのかもね。
ここまで待ったんだから、
もう少し待ってみます。
あなたはきっと何かやるぞって、
私は信じてる。

※通信制高校に在籍できる期間は最長6年。颯也さんの場合、つくば開成福岡高校の前身の「福岡校」に在籍した期間を含める10年。

「みんなを楽しませなきゃ」と思うことに疲れていた

――幼い頃の印象的なエピソードを教えてください。

兄と姉がいて、末っ子なんです。一番手がかからなくて、一人で静かに遊んでいました。「自分でやりたい」っていう気持ちが強くて、晴れた日も長靴を履こうとしました。長男になら、「長靴は雨の日に履くものだからやめなさい」って正しい用途を教えようとしたでしょうね。子育ても3人目ともなれば、他の子と少々違うことをしようが、「本人がやりたいならまあいいか」と思うようになりました。

――小中学校ではどんな様子でしたか？

集団行動はできるけど、好きじゃない感じでした。友だちとは仲良くしていましたね。中学生になってお弁当をやたら残してくるので、なんで？と聞いたら「おしゃべりしてるから食べきれない」って言うんですよ。授業で「この人はどんな人？」っていう印象をお互いに書き合う学習をしたとき、大半のクラスメイトが颯也《そうや》のことを「面白い人」と書いたんですね。ああ、「みんなを楽しませなきゃいけない」ってものすごく無理をしていたんだなとわかりました。

――そう振る舞うのが楽しかったわけではないのですね。

サービス精神を振り絞っていたんだろうと思います。1年生の終わりに朝起きられなくなって、学校に「もうすぐ行きますから」と電話する日が続きました。勉強も遅れがちになりましたね。2年生に進級してからは、力づくで体を起こさせるけど、バタンと倒れてしまう。小児科から大学病院を紹介されて、「起立性調節障害」と診断されました。診てくださったドクターが「焦《あせ》ったり無理をしたりしても、良いことは一つもない」と言ってくださったことは、その後もずっと私たち親子のお守りのような言葉になりましたね。

――調子を崩すきっかけは何かあったのでしょうか。

後から話してくれたんですが、颯也と容姿が似ている生徒が悪ふざけをしたときに、先生が間違って颯也を叱ったらしいんですね。濡《ぬ》れ衣《ぎぬ》なんですが、先生が自分の間違いを認めて謝ってくれなかったのが嫌だったと。他にも、学校に対して不信感を抱く出来事がありました。今まで無理を重ねていたんだったら、学校をしばらく休んでみようかと話しました。

「学校に行けるときだけ電話します」宣言

――学校に行かない日はお家でどう過ごしていましたか？

リビングでカーテンを引いて、暗くしていましたね。光が嫌だと言って。テレビを観たりゲームをしたりして鬱々《うつうつ》と過ごしました。自分が嫌になってイライラしたんでしょう、壁に当たり散らしたり、「死んでやる！」とベランダに飛び出したり。本人は覚えてないようです。私の友だちが「あるある、男の子のいる家には穴が開くもんよ」と言ってくれたので、気が楽になりましたけどね。

――何か気分転換になるようなことがあれば……。

1年生の終わり頃から、犬を飼ったんですね。部屋ではずっと一緒にいて細やかに世話をして、些細《ささい》な不調があればすぐに気づきました。ただ、散歩は人目が気になるのと、強い力で引っ張られると事故になるという不安が強くてあまりしませんでした。その後、もう1頭飼いました。

――担任とはお話しされましたか。

2年生の担任とは相性が良くなくて。本人は会わないと言っているのに強引に来られるので、お互いにストレ

スを感じるだけでした。毎朝欠席の電話をするのも無意味で、「私がつらいので、登校するときだけ連絡します！」と思い切って宣言したら、担任も「関わらなくて済む」と安堵した雰囲気が伝わってきました。3年生の担任は心遣いのある方で、学校行事の前には、「登校してみませんか」と連絡をしてくださいました。

——颯也さんの友だちは声をかけてくれたのでしょうか。

仲のいい友だちはいて、うちに遊びに来ることもありました。颯也も自分の存在が忘れられてしまうのは寂しいようで、体育祭や修学旅行など行事はなるべく参加しようとしたんです。行事の日は、担任が颯也の友だちに迎えに行くように促してくださいました。ある日、遊びに来た友だちが世間話として「不登校って1年で30日以上休む人のことを言うらしいよ」と話すのを聞いて、自分がそうだと言われている気がしてショックを受けていました。「不登校」って1文字目から人を否定する言葉なので、表現が変わればいいのにと今も思いますね。

——みんなと一緒に卒業したい気持ちはあったのでしょうね。

そうですね。担任が「進路を決めるのはいつでもいいですよ」と急《せ》かさずに待ってくださって、親身に相談に乗ってくださいました。3月半ばまで進路が決まらなくて、通信制高校でいい学校があると、つくば開成福岡高校（以下〈つくば〉）を勧めてくださったんです。中学の卒業式は、指定された時間に行ってみると、校長先生が個別に卒業証書を授与してくださいました。

登校しない7年間を経て、残り3年間で卒業した

――〈つくば〉には見学に行きました？

私だけ見学してお話を伺いました。当時、颯也は乗り物や人が多い環境が苦手だったので、車通学、少人数クラス、週1日登校という条件なら行けるかもしれないと思って。颯也も、「人に会う自信はないけど、どこにも所属していない状態も不安だ」と言っていました。

――〈つくば〉での高校生活はどんな感じでスタートしましたか。

1年生の6月まではなんとか週1回午後のクラスに行けたんです。それが、校外学習で市内の博物館に全校で行ったあたりから行けなくなりました。本人は家に帰ってきて「ワーワーしゃべる人がいたんよ」とは言いましたが、集団がすごく苦痛だったとか、ぐったりしたとかいう感じではありませんでした。でも、明らかにその時期からズルズルと登校できない状態が続いたと記憶しています。

――学校に行かない期間はどれくらい続いたのでしょう。

どれくらいかなあ、計算すると7年かな。1年生の担任だった江口先生は何度か家に来てくださって。先生を信頼していたんでしょうね、颯也は自分の部屋に招き入れて話をしていました。それでも、学校に行くということはなかったです。

――7年は長いですね……。「行くの、行かないの？」といった押し問答は？

無理やり連れ出そうとしても、本人の負担になるだろうなあと。颯也は、漫画やゲームを揃えた「自分の城（部屋）」で一日の大半を過ごしていました。声をかけない方が良さそうな様子ならそっとしておいたし、「ご飯食べたくなったら言って」というふうに食事も押し付けなかった。私との相性は悪くないので、お互いにぶつからな

いように配慮して、日々淡々と家で過ごしていましたね。

——とはいえ、高校には在籍期限がありますね。

〈つくば〉から高校卒業資格をいただくには、定められた期間内に必要な単位を取らなければなりません。颯也の場合、〈つくば〉の前身の時期を含めて10年。それがプレッシャーになるなら、休学することも考えたんですが、制度としてできなかったんですね。となると、一度退学して通える状態になるのを待って再入学するしかないわけですが、「一度辞めると再入学は相当ハードルが上がりますよ」と担任の原田先生が率直にアドバイスしてくださって。7年目に「そろそろ来ないと、さすがに卒業できないよ。必要な単位を週1日登校で取るには、3年は見てほしいな」と言われました。ようやく、本人も学校に復帰する気持ちが固まったようです。

——再び学校に通うようになったのは、何歳ごろ？

颯也は23歳で周りは16歳の生徒がほとんどなので、最初は年の差を気にしていましたが、誰かに何か言われることもなく慣れていったようです。週1日登校のクラスにはコミュニケーションが活発な生徒さんは少なくて、帰り際にぽつぽつと言葉を交わすような雰囲気でした。学校に復帰して2年目に、友だちができたんです。働きながら通う生徒さんと気が合うって。一緒に校舎から出てくるところを見かけて、「いいなあ、高校生らしいなあ」と込み上げるものがありました。また、にぎやかな女子生徒さんもいて、最初は苦手意識を持っていたようでしたが、良いところが見えてきて受け入れることができてきました。

——最終学年は、単位取得のラストスパートですね。

そうなんですよ。夏前に「進学したい」と突然言い出して、驚きました。これまで勉強する習慣をつけていなかったので、何から手をつければという状態でしたが、進路担当の先生が過去問対策をじっくりと指導し励ましてくださいました。農業系の大学を受験しましたが、残念ながら不合格。でも挑戦できたことに大きな意味があったと思います。もう少し自学の量を増やしていたら合格できたかもしれませんが、やかましく言うと学校にも行かなくなるかもしれないと思って。ここまできたら、大学合格よりも「卒業ファースト」だと考えました。復帰してからの3年は1日も休まずに通って、10年がかりでようやく高校を卒業しました。松永校長をはじめ、信じて待ち続けてくださった先生方の存在、安心して通える場所があったからこそ卒業できたんだと思います。

兄と姉が自由に生きてくれたから、3人目は待てる

――兄姉がいるとのことですが、颯也さんとは全然違うタイプですか？

兄はとにかく外向きな性格で、2回転校しましたが登校初日から友だちを家に連れてきました。道端で仕事をしているペンキ屋さんがいれば「その色はどうやって作るんですか？」と、どこでも誰にでも声をかけるんですね。姉は羽根がヒラヒラ生えてるんじゃないかっていうくらい軽やかな人で、いつも友だちと楽しそうにしていました。実は、姉も高校を途中で辞めて通信制高校に通ったんです。

――え、お姉さんも通信制高校に？

高校1年生の頃に先生の攻撃ターゲットにされて、その先生の姿を見た瞬間に顔が引きつるんですね。よっぽど苦痛なんだと思いました。娘はその高校にさっさと見切りをつけて、インターネットで通いたい通信制高校を探してきました。「親御さんを悲しませるようなことをしないことが入学条件」という方針の学校でしたね。

――自分で決断、行動されるところが頼もしいですね。

娘は夕方から働き始めました。居酒屋の勧誘の仕事で実績を上げて、他の接客業からも声がかかるようになり、「私がいればお客さんを呼べるんよ」と自信満々で言うんですね。天性の才能があったのか、歩合制の仕事でものすごく稼ぎました。その頃、夫が仕事を辞めて転職すると言い、「私が稼がないと」という使命感も持ったようで

す。この子は自力で生きていけると確信しました。

――卒業されてからは？

ネイルの専門学校に行ったんですが、先輩に指図されるのが嫌と言って辞めました。夜の仕事をしたこともあります。世間から「えー？」と眉をひそめられる仕事かもしれませんが、娘は「チャラチャラしたお客さんもいるけど、女性と会話するのが難しい人とかいろんな人が来るし、マイノリティの居場所でもあるんだよ」と胸を張って働いていたので、私も応援しました。万一危ない状況になっても、娘なら自分で一線を引けるとも信じていました。「帰ってこられない日は必ず連絡すること」だけは約束しましたね。

――お母様のドンと構える姿勢に驚かされます。

娘は結婚して、今は母親として日々子育てに奮闘しています。立派に生きていますよ。昔は兄も姉も腫《は》れ物に触るように弟と接していた時期がありましたが、それぞれ気にはかけてくれていました。今では弟に就職のアドバイスをしたり、子どもの面倒を頼んだりする関係です。

――お子さんが不登校になったことはショックでした？

そうでもないかな、私自身も学校を辞めたくなったことがあるので。高校は女子校に入学したものの、みんなでゾロゾロ行動する雰囲気が合わなくて。とはいえ、1年留年して受験し直すのもしんどくて、結局自分をごまかしながら就職のために短大に進学しました。自分の経験から、学校って首に縄をつけてでも行かせなきゃいけないところとは思いません。子どもたちが「行かない」と言い始めたときも、「はー、行かないかあ」とため息は出ましたけど、無理して行かなくてもいいと言いました。心が壊れてしまうのは回避したいと思ったんです。上の2人をわりと厳しく育てましたけど、彼らが生きたいように生きるいいモデルを見せてくれたおかげで、颯也のことも信じて待てるのかもしれません。

返事のない夫。「男の人って逃げますよね」

――ところで、お父様は颯也さんにどのように接してこられましたか？

夫は子どもたちと噛み合わないことが多かったんです。颯也が学校に行かなくなった頃、単身赴任中だったんですね。状況を連絡したんですが、メールも電話も返ってこない。「ありえない、男の人って逃げるんだなあ」と思いました。他のご家庭はわかりませんが、うちはそうでした。最初は、「少し話してみたら？」と夫に声をかけたんですが、颯也が何かに集中しているときに突然話しかけたり、「今すぐこれをやれ」とズカズカと部屋に踏み込んだりするんですね。当然、颯也は混乱して反発します。イライラして、かえってアフターケアが大変でした。

――お母様としては、もっと関わってほしかった？

無関心でいてほしくなかったし、父として息子を理解して励ましてほしいと期待していました。でも、裏目に出ましたね。私は、しんどそうなときはそっとしておくし、何か話したり頼んだりするときは、段階を踏みます。「後でやってくれる？」みたいに声をかけるかな、この方法が正しいのかはわかりませんが。やがて、考え方を切り替えました。夫は文句を言わず黙って学費を出してくれました。私も本人も素直に感謝していますし、それが夫の支え方なんだと納得しています。

――お父様の気持ちはどうだったんでしょう。

実は、娘が聞き役になってくれたんです。「お父さんも転職・起業して、ストレスがあるんだろうし、私が聞いてあげないいかんやろ」って、いろいろなお客さんの話を聞いてきた経験を活かしてくれました。ありがたかったですね。「稼ぎ頭《がしら》」同士、話が合う面もあったようです。夫もうまく関われない自分にもどかしさを感じてきただろうと思いますが、颯也とは未だに反《そ》りが合いません。

――家族のなかで適切な距離感を保つことは難しいですね。

距離感と言えば、一番苦労したのは義母ですね。颯也が中学2年から3年の頃、「学校に行けるようになったの？」とよく電話してこられるので、「心配してくれるのはありがたいけれど、あまり聞かないでほしい」と夫を通じて訴えたんですね。でも、通じなかったし、夫が私を守ってくれないこともストレスでした。大学に通う長男が実家に帰ってきて、「おばあちゃんは一方的に踏み込んでくるから、接触するのを止《や》めたら？」と助言してくれたんですね。長男のおかげで、傍《はた》から見ても行き過ぎた干渉なんだと客観的に理解できました。

――お義母《かあ》様の言葉に長く耐えてこられたんでしょうか。

義母の言葉は「世間の声」の代表のようなものでしたから、「母親が悪い」という社会の視線を向けられている気がして自分を責めました。精神的につらくて体調を崩すこともありましたが、会わなくなってからは少し穏やかに過ごせました。当時はまだ、「理不尽なことでも、立場が弱い者が飲み込みさえすれば丸くおさまる」という考え方が根強い時代でした。

親が子を信じなかったら、誰が信じるんだろう

――改めて、颯也さんの10年を振り返ってどう感じますか。

10年って、過ぎてみればあっという間。過去は変わらないのであまり振り返りません。颯也は13年かかって苦しくなったと思うと、いい状態になるまでに同じくらい時間がかかるのかもしれないですね。今27歳だから、そんなもんだろうと思っています。これまで何に傷ついてきたのか、本人もうまく言葉にできないし、察するほかないですよね。心を寄せていることはお互いに伝わっていると思います。

――先行きの見えなさに不安になることは？

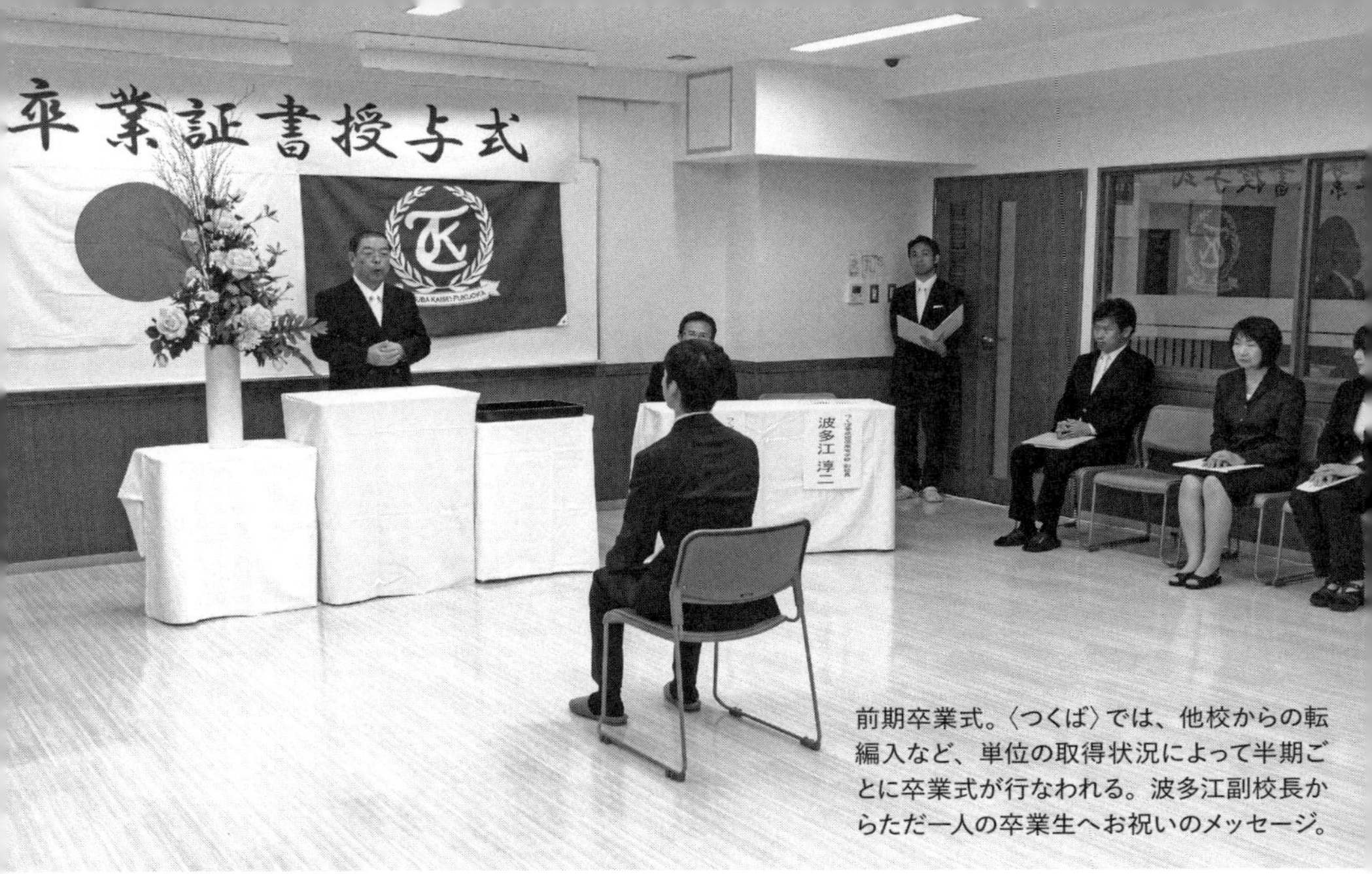

前期卒業式。〈つくば〉では、他校からの転編入など、単位の取得状況によって半期ごとに卒業式が行なわれる。波多江副校長からただ一人の卒業生へお祝いのメッセージ。

私は、颯也がまた日常生活を楽しく過ごせるように絶対なると思っているし、「好きなことで、いつかどかーんと何かやってくれる！」と信じています。楽天的すぎると思われるかもしれませんけど、「私も颯也も不幸にはならない」っていう根拠のない自信があるんです。この根拠のなさがミソなんですよ、根拠を探し始めるとつらくなるから。悪いことを考え出すとキリがないし、いい想像をする方が私は楽です。

――「根拠なく信じて待つ」って難しいですよね。

親は期待と不安のせめぎ合いに耐えられず、痺《しび》れを切らして子どもに正論を吐きかけてしまいがちです。でも、それは本人にとって負担でしかない。「そんな親は過保護だ、世の中そんな甘いもんじゃない」ということも重々わかっています。でも、本人が耐えられる時期が来るまで私は待ちたい、今じゃないと思って丁寧に接しています。確かに、根拠はないですよ。でも、親が信じなかったら誰が信じるんだろう。期待はしていいけど期待し過ぎないこと、他の人と比較しないこと。それだけ、自分に言い聞かせています。子どもは自分の所有物じゃないと頭ではわかっても、親の望みは言葉の端々《はしばし》に出ますよね。でも希望を押し付けるとお互いきつくなります。「あなたの人生だし、私の人生じゃないもんね」とちゃんと切り離すことが大事だと思っています。

——お母様の達観した考え方はどこからくるんでしょう。

息子が学校に行かない、娘が堅い仕事に就かない、夫が会社を辞めて心筋梗塞《こうそく》で心臓が止まった……。いろいろなことがあったけれど、「そんなに困ったことは起きてない」と思うようにしてきました。結局は何とかなってきたので、これからも明るい未来をイメージしていたい。それから、学生時代から続けている趣味の書道はずっと私を助けてくれていますね。書くときは何にも考えずにいられます。

今日も「伝えたい」何かがあって一緒に来た

——今日の取材のために、颯也さんはお母様と〈つくば〉に来てくれましたね。

中尾先生から今回の取材を打診いただいたとき、颯也が「僕も行った方がいいんかな」ってボソッと言ったんですよね。プレッシャーになるので、私から「行こうね」とは言いませんでした。取材の前日に、「お母さんは12時頃に家を出るよ」と言ったら「わかった」と答えました。「明日は何時までに起きてこなかったら起こせばいい？」と声をかけましたが、自分で10時半に起きてきました。夜にゲームをすると昼夜逆転しがちなんですが、それもうるさく注意はしません。今、別室で中尾先生と何を話しているかわかりませんけど、何か伝えたいんだろうと思います。

——最近はどんな暮らしをされているのでしょうか。

大学進学は保留にしてアルバイトをしようとしましたが、面接に受からなくて。姉は「数打ちゃ当たるよ」と言うんですけど、数を打てないんですよね。すごく落ち込んでいるわけではないですが次に進むのも難しくて。今は、姉が預けに来る姪っ子の面倒をよく見ています。相性がいいみたいで、抱っこしたり、公園に連れて行ったり。そういうときは、人目も気にならないみたいです。

――子どもと接する仕事とか、合っているのかもしれませんね。

大人はすぐそう思いたくなるんですけど、本人は「この子だからできるだけ、仕事になるとまた別」と言います。何か少しうまくできることがあっても、「僕なんてダメ、もっとすごい人がいるから」って。自己評価が低いんですね。人と会うことが少ない職種もあるよとか言ってみるものの、今は外で働くということに再チャレンジしづらいようです。「今はあなたの生活を親が支えているけど、私たちに何かあれば自分で暮らすしかないからね。自立のタイミングは見極めなさい」ということを早い段階から伝えていて、本人もわかっています。「ふつう」って何なのか、この言葉は曲者《くせもの》だなあと思うけど。極端なことを言えば、わが子が人様に迷惑をかけずに生きて、悪意のもとに人を欺《あざむ》いて心を弄《もてあそ》ぶような人間にさえならなければ、何の問題もないと思っています。

いま、悩んでいる親子へ何か伝えるとしたら？

・期待はしていいけど人と比べない
・親と子の人生を切り離して考える
・根拠のない自信を持ちましょう
・学校に行けなくても、堂々としていていい

聞かせてください、あの頃のこと⑦

亜実《あみ》さん（仮名・2018年度〈平成30〉卒業）のお母さん

「やると決めたら一本気。変わろうとしてるんだよね」

なんで学校に行きたくなかったのか、
今もよくわからないまま。
本当は、自分らしくいられる場所に
ずっといたかったんだろうな。
変わりたいけど変われない、
そんなもどかしさを見守ってくれる
先生や友だちに出会えてよかったね。
日本一周バイクの旅には驚いたけど、
人の温かさに出会いながら、
これからも広い世界を旅してほしい。

日本人学校にいたかったはず

――亜実《あみ》さんは長らく海外で生活されていたそうですね。

夫の仕事の都合で、娘が1歳の頃から中学1年生まで海外で過ごしました。その間3ヵ国の日本人学校に通っていたんですが、とても自由で自主性を重んじる教育方針が、自分の意見をはっきりと言う娘の性格に合っていたんです。自分で考えてやりたいことを企画するのが好きな子なので、とてものびのびと過ごしていました。中学2年生に進級するタイミングで、日本の公立中学に転入しました。

――環境の変化が大きかったでしょうか。

新しい環境に慣れるために、1年生の3学期後半に帰国して3週間ほど公立中学校に体験入学しました。その時は先生も周りの生徒さんも「お客様扱い」してくださって、歓迎ムードに亜実は安心していたんです。日本人学校は転出入が多くて、転校生はウェルカム！という雰囲気で受け入れていたので、同じだと思ったんでしょうね。いざ2年生になって転入すると、今までとはちがった学校生活にギャップを感じたかもしれません。

――学校に通うことは、しんどそうでした？

2年生の途中から、「行きたくない」と言う日が増えてきました。当時も今も理由をはっきりと言わないんですよね。後からポロッと、「なんで制服とか給食とかあるんだろう」と言ったことはあります。日本人学校では私服でしたから、「みんなと同じ」というスタイルに違和感があったのかなあと。

――友人関係のトラブルを抱えていた様子は？

友だちができないとか仲間外れとか、悩む様子はありませんでした。転入生として気にかけてくれる友だちもいたようですが、「その子が私に構うと、もともと仲のいい子から嫉妬《しっと》される」みたいな女子同士の雰囲気を察して、「一人の方が気楽」と思ったようです。

――お母様としても心配されたでしょうね。

実は、長女の方が繊細な性格なので学校に馴染《なじ》めるか不安でしたが、高校入学のタイミングが良かったせいか意外とスムーズで。まさか亜実が不登校になるの？　と、面食らいまして。ちょうど夏休みに入る頃だったので、気分転換させようと、以前住んでいた国へ一人で行かせました。夫が単身赴任で向こうにいましたから。日本人学校時代の友だちと会って、学校のことも少し相談したらしく、すごく元気になって帰ってきました。聞いたことはないんですが、本人はそのまま日本人学校に通いたかったんだろうなと思います。

母は朝の欠席連絡が憂鬱《ゆううつ》、夕方からパートへ

――亜実さんにどんな対応をされたのでしょうか。

つい、根掘り葉掘り聞いて、口を出してしまったんです。「何か嫌なことあったの？」「自分が変わるためにこうしたら」って。亜実は耳をふさぎたかったでしょうね。私は毎朝のように、「今日休みます」と学校に電話することが嫌で仕方なかった。だから、「昨日は行くって約束したのに、行かなかったよね」って責めてしまったこともあるし、亜実の登校状況に一喜一憂していたんですよ。

――専門家に頼られたことは？

まず、病院で診てもらおうとしました。亜実は「病気じゃない」と言ったのに、私が納得できる理由を求めていたんですよね。昼夜逆転生活のせいで血圧に異常があるのか、起立性調節障害なのかと疑って。結局、亜実は病院に行くことはありませんでした。スクールカウンセラーにも相談して私自身の話を聞いてもらうこともあり

ましたが、沈黙の間を埋めるように話さなくてはいけない気持ちになって逆に疲れてしまいました。

――ご主人には、亜実さんの状況を伝えられましたか？

単身赴任の夫と話していると、「あなたは見ないで済むからいいね」とも思いましたけど、それを夫に言ったところで関係が悪くなるだけですから。でも、夫はいいアドバイスをくれました。「あまり亜実にあれこれ言わないためにも、母が生活サイクルを変えた方がいいんじゃないか」って。気持ちを紛らわせるために、16時～20時は働きに出るようにしました。

――なるほど、生活のスタイルを変えてみようと。

朝は学校に電話するのが憂鬱《ゆううつ》で、日中は私も気が紛れてある程度明るく過ごせるんですが、夕方くらいになると「明日は学校行くのかな」ってまた気持ちが暗くなるんです。だから、夕方になったら考えずに済む状況に身を置くようにしました。

――ご友人に悩みを打ち明けたことは？

もちろん話してはいましたが、私は深刻な話を聞いてもらうよりも、おしゃべりして気分転換したいタイプなので、友だちに暗い話はしなかったですね。ただ、「いつでも聞くからね」と言ってくれる友だちの存在はありがたかったです。私の母が心配して毎日のように電話をかけてきたんですが、逆に重かったです。心配する気持ちはありがたいけど、同じことばかり言われてもなあと。亜実も私に同じことばっかり言われて嫌だったでしょうに、当時はわからなかったんですよね。

中学3年生、担任の一言《ひとこと》で気が楽に

――当時、同じ境遇の親子は周りにいました？

直接の知り合いにはあまりいなくて。ある中学校の元校長先生が主催する、不登校の悩みを持つ親子の集いがあって、2年生のときに参加しました。公民館でお互いの悩みを打ち明けると、「自分たちだけじゃない」という安心感がありました。ただ、「娘はいつまでこの状況なの？」と先が見えない状況だったので、乗り越えた人の話を聞くのは自分たちと比べてしまってつらかったです。この会の他にも、「不登校セミナー」のような講演会に出向き、「かつて不登校だった」というお子さんたちから話を聞いたこともありました。

――当事者だった子どもたちの気持ちを聞く機会は貴重ですよね。

大勢の人の前で、自分のことをよく話してくれたなあと思いました。私は親として不登校の子どもたちが「親に何を言われたら嫌なのか」という本音を聞きたくて。具体的な言葉は忘れてしまいましたが、私は娘にとって「嫌なこと」をたくさん言っていたんだと痛感しました。亜実は誰かのせいにしない性格ですが、「親の都合で転校させてごめんね」と思わず道端で涙をこぼしたのを覚えています。

――進路について亜実さんはどう考えていたのでしょうか。

亜実は公立か私立の高校を受験するつもりで、校区内の塾に通っていました。学力はある程度ついていたので、3年生の1学期まではまだその進路に希望を持っていたんです。2学期は学校に週1回から3回行くような感じで、やがて学校に行けない日の方が多くなって。公立は出席日数が影響するので私立にしようかと話しました。

――通信制高校という選択肢もこの頃に？

3年生の担任が面談で親身に相談に乗ってくださいました。夫は手に職をつけるために工業高校はどうかと言いましたが、近くの工業高校は出席日数や遅刻に厳しいと聞いて、難しいかなと。そして先生は、「全日制の私立高校に合格できる可能性はあるし、行ってもいいとは思う。ただ、その高校に途中で行けなくなったら、さらに自信を無くしてしまうかもしれない。そのダメージは大きいから、通信制高校も選択肢として考えてみない？」

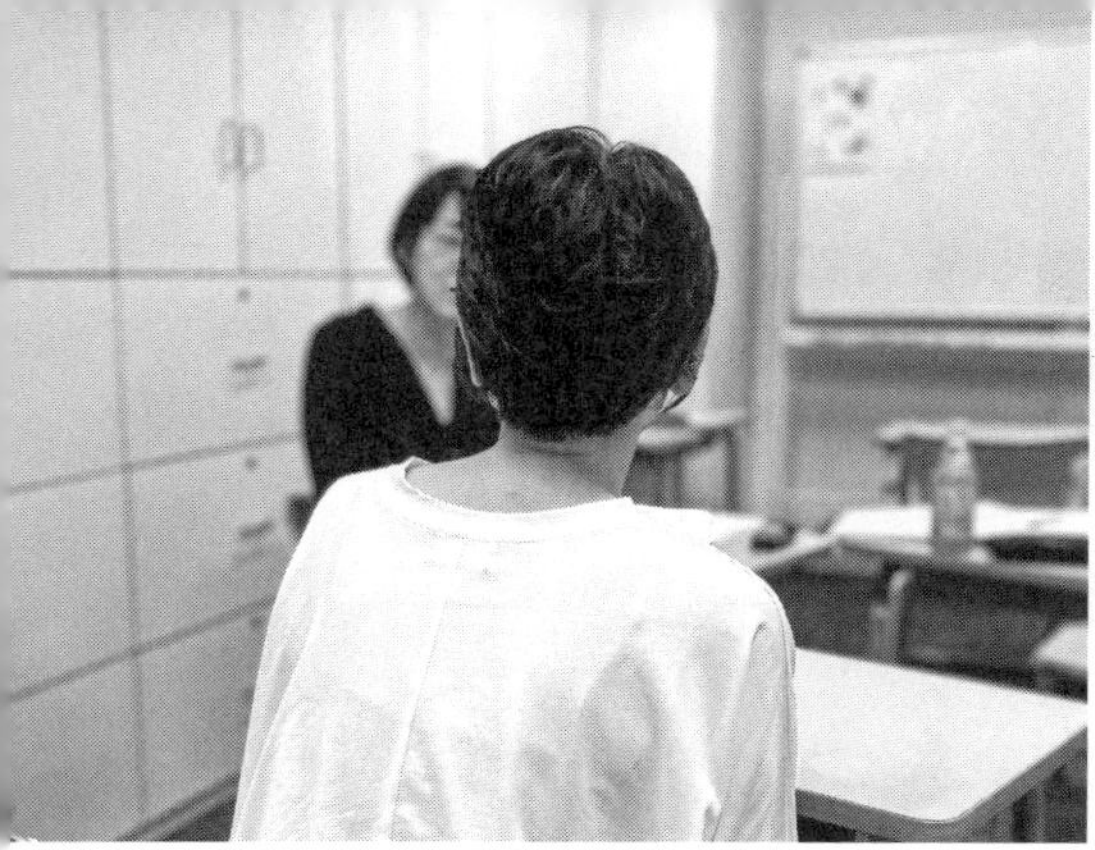

と提案してくださったんです。そのタイミングも勧め方もすごくありがたかった。選択肢がたくさんあると知って、「全日制の学校に行かなきゃいけない」と思い込んでいた心のロックが外れました。親子とも気持ちがスッキリして、夏前には通信制高校の合同説明会へ行きました。

――そこで志望校の目星がつきました？

まず私が一人で行ってパンフレットを集め、志望校を4～5校に絞ってから、亜実と一緒に行きました。初めて知ることばかりなので、まず親だけで見に行ったほうが親子とも落ち着いて志望校を検討できましたね。それから、前に参加した集まりの主催者が通信制高校の見学バスツアーを企画してくださったので、夏休み明けに親子で参加しました。志望校を見て回って、つくば開成福岡高校（以下〈つくば〉）以外にも、アニメや声優の仕事につながる学びができる学校と、家から近い学校の3校で悩んでいましたね。最終的には「親が勧めたから」ではなく、本人に決めさせたいと思っていました。

――〈つくば〉の印象はどうでしたか？

見学したとき、先生と在校生と私たち親子と座談会のようなおしゃべりの時間を設けてくださって。先生と在校生のフレンドリーな雰囲気に安心したのか、娘は積極的に質問もしていました。入学後に担任になった中尾先生の優しい言葉かけと笑顔に触れて、「ここがいいね」と自然に気持ちが決まりました。

バイト代を貯めて、バイク免許＆大学受験に挑戦

――入学して、亜実さんやお母様にどんな変化がありました？

入学してから、週5日登校する生活が始まりました。朝起きられなくて昼から

登校しても「よく来たね、えらい」と先生から笑顔で迎えてもらえるんです。私も毎朝欠席や遅刻の電話をする必要がなくなりました。「学校を楽しんでるんだな」という雰囲気が娘から伝わって、本当に救われましたね。

——クラスメイトや先生とはいい関係でしたか？

亜実はいわゆる「自分がある」タイプで、ダメなものはダメという正義感が強く一本気な性格なんです。我《が》を通しすぎるところもあるのですが、担任の中尾先生が「大丈夫ですよ」と受け止めてくださって、安心してお任せできました。本人が「自分らしさではあるけど、よくない面でもある」と冷静に自己分析できていたので、変えられないところ、変えていきたいところを人間関係の中で学ばせていただいたと思います。

——2年生から生徒会活動も始められたとか。

企画を提案してみんなを引っ張っていくことは昔から好きなので、みんなと一緒にイキイキ活動していました。ずっと付き合える友だちにも出会えて、今でも同窓会でみんなと会っているようです。ほぼ同じ時期に、高齢者介護施設のレストランでアルバイトも始めたんです。

——学校とはちがう社会経験ができそうですね。

まだ高校生なので、職場スタッフや入居者の皆さんからかわいがっていただきました。学校以外にもう一つの居場所ができたんでしょうね。学校に行くのがしんどい日もアルバイトは休まず行っていました。実は貯めたお金でやりたいことがあったんです、バイクの免許を取りたいって。

——バイクの免許！ずっと夢だったんですか？

昔から「いつかバイクで日本一周したい」と言っていて、女性の森田先生がバイクに乗っておられる姿を見てますます憧れたようでした。普通自動二輪免許を取るための費用と、大学受験のために通う塾の費用はアルバイトしてコツコツ貯めなさいと言ったら、自分の力でやり遂げました。

――大学受験の塾代も自分で払うなんて、立派ですね。

厳しいようですが、〈つくば〉に通う学費がかかるぶん、大学に行きたければ塾は自分のお金で行きなさいと言いました。大学で地域活性化について学びたいと言って、先生方にご指導いただきながら12月に総合型選抜で合格しました。入学する前から、進学先の大学が主催する「石垣島サンゴ礁保全プロジェクト」というフィールドワーク活動に参加していました。自分でテーマを立てて、調べたり考えたりすることは好きなので、楽しそうでしたよ。卒業してからも、〈つくば〉で英検の試験監督の手伝いをさせていただいたりして、何かあれば先生に相談もしていたようです。

いよいよクロスカブで日本一周の旅へ！

――念願のバイク免許は取れました？

大学3年生で普通自動二輪免許を無事に取って、ホンダ「クロスカブ」を買ったんです。正直なところ、本当に免許を取ると思っていなかったんですよ！私の友だちに「カブ好き」の親子がいたので、乗り方も教わりながら一緒にツーリングに連れて行ってもらったんです。１２５ccなので、高速道路は使えず、下道を走りながらインカムで話すのもワクワクしたみたいです。そして、３年生の終わり頃、まずは九州一周の一人旅をやり遂げました。

――心の内では心配されたでしょう？

もちろん心配はしましたし、友だちのご主人にも「よく免許取らせたね、オレなら行かせない」と言われました。でも、一度決めたら行く子なので。九州一周旅をした時に、燃料の計算やコースの設計、宿泊先のこと、荷造りの仕方などを随分学んだようです。〈つくば〉で、「なんでも自分で決める」ことを学んだ経験も生きている

卒業生を迎えての進路学習会。受験の悩みから大学や専門学校での生活など、実体験に基づいてさまざまなアドバイスをもらえる場。

なと感じました。

――日本一周の旅に出発したのは？

大学4年生の夏休み、8月のお盆すぎにいよいよ出発しました。夏までに就職が決まらなくて、気分転換するにもちょうど良かったんでしょうね。全部自分でやりたいという強い意志があったので、親は一銭も出していません。お守りに1万円だけ持たせました。もう一度、九州を一周してから山陽方面へ行って、四国に渡り、フェリーで和歌山から入って、関東、そして北海道まで！　東北に下りてきて、金沢で私と合流しました。私は新幹線で行ったんですけどね。その後亜実は京都に着いたんですが、どうしても大学に行かなきゃいけない事情があって、駅にバイクを置いて新幹線で一旦福岡に戻りました。京都に折り返して旅を続けて全県を通って帰ってきたのは、9月でした。

――これだけはという約束は何かしましたか？

女の子の一人旅だし、心配したらキリがないので、「明日は何県のどこに泊まる」っていうことだけは連絡するように約束しました。見てもいいよと言われた亜実のSNSアカウントを見て、「今日はここ走ってるんだあ」と。何か危ないことがあったら警察、事故のときは保険屋さんに電話して、その次にお父さんに電話しなさいと言いました。私に電話をもらってもパニックになるだけだと思ったから。スマホのナビだけを頼りに走っていたので、一度道に迷って警察を頼ったらとても親切にしていただいたそうです。自分でデザインした「日本一周ステッカー」を後ろのボックスに貼って福岡ナンバーで走っていると、通りすがりにいろいろな方が「頑張れ！」と応援してくださったそうです。ご当地キャラのステッカーもどんどん増えて、目立っていたのかもしれませんね。人の優しさに触れて、とてつもなく成長して帰ってきました。元々、独立心の強い性格ですけど、見守ってくださる先生や友だちの存在が大きかったと感謝しています。あれこれ言わずに、大きく見守ることが子どもにはいいんだなあとしみじみ感じました。

親だって「あなたもつらかったね」と言ってほしい

――お母様は〈つくば〉の後援会役員をされているそうですね。

私自身、ずっと子どもの状況による心の浮き沈みを経験してきて。波を乗り切った今なら、悩んでいるお母さんの気持ちがわかると感じます。娘の気持ちはわからないままだし、他のお子さんのこともわからないけれど。自分の経験を話すことやお母さんたちの話を聞くことで楽になる方がおられるならと、恩を返すつもりで後援会の活動をしています。

――子どもの不登校に悩む保護者に、声をかけるとしたら？

私はスクールカウンセラーや不登校セミナーなど、いろいろな専門家や支援の場を頼ってきました。すごく助けてもらったこともあれば、疲れただけでなんの糸口もつかめなかったこともありました。人と人との対話ですから「相性」があるし、専門家だからって万能ではないんですよ。気力を振り絞って飛び込んでみてピンとこなかったら、落ち込みますよね。だからといって、「こういうところに頼っても仕方ない」と、心のシャッターをおろさないで。内に閉じこもりがちなときですが、あきらめずにいろんな人に話して、親子にとって合う人や場との出会いを探ってみるといいかなと思います。

——あの時こう言ってもらえたら、と思うことはありますか。

子どもの不登校を人に話すと、「一番つらいのは本人やけんね」って言われます。それは絶対に正しいんですけど、私は「あなたもつらいね」って言ってほしかった。親は弱音や本音をなかなか吐けませんから。専門家にいろいろなアドバイスを受けて、「今日こそこうしよう、今度こそ変われる」って自分に期待するけど、リバウンドするのがあたりまえなんです。「また言っちゃった、やっちゃった」って。それも含めて、「よくここまで頑張ったね、十分よ」と声をかけてもらいたいですよね。親だって逃げ場がほしいと思っていいんです。

いま、悩んでいる親子へ何か伝えるとしたら?

・自分が楽になれる相談先を見つける
・子どもと少し距離をおいてみる
・親だって逃げ場が必要、弱音は吐いていい

聞かせてください、あの頃のこと⑧

詩織《しおり》さん（仮名・2018年度〈平成30〉卒業）と
明日香《あすか》さん（仮名・2022年度〈令和4〉卒業）のお母さん

「2人それぞれに、自分の足で太陽の下を歩いてる」

ずっと人の目が怖いとか
みんなと同じようにできないとか、
詩織も明日香もうつむいていたね。
でも、高校では友だちもできて、
卒業式は2人とも晴れ晴れとした
笑顔が見られてうれしかった。
奇跡だと言ったよね。
まだ道半ばだけど、
もう自分の力で歩いていけるよ。

姉の詩織《しおり》さんは「人の目が怖い」

――姉妹でつくば開成福岡高校（以下〈つくば〉）に通ったそうですね。姉の詩織さんのお話から聞かせてください。

詩織は幼い頃からおっとりした子でした。自分がまだ使っていない新しいおもちゃを他の子が「遊ぼう！」と持っていっても、「いいよ〜」ってニコニコ。自分の前に人が割り込んできても押しのけたりしないタイプです。小学生になっても内気で友だちから声をかけてもらうのを待っている感じでしたが、大胆なところもありました。通っていた小学校の姉妹校がニュージーランドにあって、6年生の頃に1週間ホームステイしてその学校に通ったんです。仲のいい友だちと誘い合ったわけでもなく、自主的に参加しました。

――中学校ではどんな様子でしたか。

元々、「学校に行かなくちゃ」という思いが強かったのですが、2年生の後半から体調不良でときどき休むようになりました。そこに、ちょっとしんどい出来事が起きて。所属していた吹奏楽部の顧問が古いタイプの先生で「休んだら他の部員に迷惑だから、反省文を書いてみんなの前で読め！」と言うんですね。

――それは、きつかったでしょうね。

学校も一層休みがちになりました。クラスに行きづらくなって、行ける時だけステップルームに行くようになりました。当時は、「安心できる居場所」というより「クラスに登校することを前提とする子が利用できる中継地点」のような位置付けで、担任もステップルームの先生も「頑張ってクラスに行こう」とやや強引に背中を押す指導スタイルでした。

――クラスに行くのは嫌がっていましたか？

登校することにも、クラスに入ることにも抵抗しました。当時は、学校に行きさえすれば状況が好転すると私は思っていたので、車に乗せて学校まで引きずって行きましたけど、降りない。「おいでよ」って声をかけてくれる友だちはいたんですけどね。他にも休みがちな子はいるから気にしないでいいよと言っても、「教室に入ったら、みんなの目が怖い。視線に責められてる気がする」って。それでも頑張ってクラスに行った日、間《ま》の悪いことに風紀検査で担任に言いがかりと思えるようなことを言われて。

――「言いがかり」というと？

人の目が怖いという気持ちを和らげるため、そして最低限の身だしなみとして、私が顔周りの産毛《うぶげ》だけを前日に整えたんですが、「眉毛《まゆげ》触ってるよね。スカートも短い」と注意されたんです。入学時から身長がほとんど伸びていなかったので、ずっと同じスカートを適正な丈《たけ》で着ていたのに。やっとの思いで学校に行ったはずが、校則違反扱いで放課後は作業をさせられ、部活に行くことも許されませんでした。娘の最後の頑張りを打ち砕かれたように感じたし、私も自分を責めました。

――ショックだったでしょうね。その後、何か変化は？

ほぼ登校できないままでした。体育祭と吹奏楽部の卒業コンサートだけは頑張って出たんです。友だちが「一緒に出よう」と声をかけてくれて。顧問に復帰を相談したところ、「部活に戻ってもいいけど、特別扱いはしない」と言われました。特別扱いを求めているわけではなく、心が不安定で学校に通えてなくても「出たい」気持ちはあることを知ってほしかっただけ。顧問の対応にモヤモヤして、市が設ける学校関係の相談窓口に問題提起のつもりで話しましたが、何のアドバイスもありませんでした。

――詩織さんの心の状態を心配されたでしょう。

かなり波がありましたね。ある日、友だちのちょっとした言葉がグサッときて、衝動的にバルコニーに飛び出したことがあったんです。それ以来、娘が精神的に不安定な時は家に一人にしておくのが心配で。私が仕事を休めない時は、通勤の車に乗せて外へ連れ出して見守りながら、気分転換させていました。

入学式でうつむく娘を包み込んでくれた

――卒業が近づいて、高校進学に悩む時期でしょうか。

全日制の高校は公立も私立も難しそうだったので、学校で開催された通信制高校などの説明会に参加した後、数校見学に行ったんです。〈つくば〉はパンフレットを見る限り、登校型だし単位取得やレポート提出のハードルが高そうと思ったのですが。見学にいくと、明るくきれいな環境で楽しく過ごせそうという第一印象でした。たまたま、校長先生が話を聞いてくださって。

――どんなお話をされたのでしょう。

学校の理念や単位取得の仕組みなど丁寧に説明してくださったうえで、「今は落ち込んでいるかもしれないけれど、本人に合った教育や場と出合えたら自信をとり戻せるから大丈夫」と熱心に語ってくださったんです。実は3回も見学させていただいて、最終的には詩織が「ここに行きたい」と決めました。

――入学式はかなり緊張されたでしょうか。

頑張って自分を変えたいという気持ちと、週3回も通えるだろうかという不安の間で、押し潰されそうな顔でうつむいてました。すると、中尾先生が「大丈夫だよ」と優しく包み込むように接してくださって。ああ、こんな先生もいらっしゃるんだなと感激しました。この頃の詩織は、ちょっとしたことですぐに涙が出てきてしまう状態でした。話そうとすると、泣くつもりはなくとも涙が込み上げてきてしまうんですね。傷つきやすく、人の言動が気になってしまう繊細な気質は、「ＨＳＰ（ハイリー・センシティブ・パーソンの略）」の特徴と一致するかもしれ

ないと、後に自分で分析していました。

――気負いと不安が背中合わせという状態が続いたのでしょうか。

年度初めの「ふれあい合宿」は参加を決めるまでに時間がかかりましたが、親睦を深めようと頑張っていました。少しずつ友だちができて、不安もだんだん減っていったようです。本来は優等生タイプなので、勉強もしっかり取り組んで。課外活動として、「24時間テレビ」のボランティア活動に参加して子どもたちが遊ぶコーナーの運営をしたり、公園の花壇整備を手伝ったり、楽しそうでほっとしたんです。2年生からは週5日登校のクラスに通えるようになりました。

――それはすごいですね！

通常教科の単位だけでなく、写真や美術などの教科（現在の「アートデザイン専攻」）も履修するうちに、自分の表現に自信を持ったようです。芸術系の大学をＡＯ入試で受験すると決めました。担当の先生が課題制作やプレゼン原稿、小論文までしっかり伴走してくださったおかげで、受験当日も落ち着いて臨むことができました。合格をいただいて、大きな達成感と自信を得ました。詩織は、「〈つくば〉に通《かよ》ったから友だちができて、中学時代にはできなかった体験もして、目標に向かってやり遂げられた。入学した頃は真っ暗な気持ちで、こんな未来は想像もできなかった、奇跡だと思う」と言ったんです。

妹の明日香《あすか》さんも中学1年生から不登校に

――次は、妹の明日香さんのことを聞かせてください。

明日香は詩織より四つ年下で、性格は姉と少し違います。幼い頃から、嫌なことをはっきりと主張するし、「私がやる！」と前に出るタイプでした。ただ、人と上手《うま》く付き合うのが少し苦手なところがあって、思い通りにならないことがあると友だちの輪からスッと抜けるようなときもありました。それから、規則正しい学習を続けることが難しくて、宿題を溜《た》め込みがちでしたね。

――中学校に入ってからはどんな様子でしたか。

実は、小学校高学年から保健室登校の日もあって。中学に入ったら頑張りたいと、詩織と同じ吹奏楽部に入ったのですが、２学期くらいから学校を休みがちになりました。クラスや部活に馴染《なじ》みにくかったのか、学校にいるのが苦になっていたようです。私も詩織のときの経験に学んでいたので、無理に連れて行こうとしませんでした。時々先生から「迎えに行こうか？」と電話があると、ステップルームにポツポツと通うという感じでした。

――明日香さんも全日制高校への進学は厳しかった？

そうですね。人がたくさんいる場所はしんどいと言いながら、通信制高校の説明会に渋々ついてきました。eスポーツやアニメなど興味のある分野があれば、それを学ぶ学校でもいいよと話してみたけど、学校の説明を聞いてもピンと来なかったようです。〈つくば〉のブースだけには入りました。そこに松永教頭がおられて、「一人ひとりに可能性があるから、自分の将来は開くと信じて」と懸命に話してくださったんですよね。明日香はもじもじと受け答えをしていましたけど、心に響くところがあったんだと思います。姉が通っていた安心感もあって、「〈つくば〉に行く」と自分で決めました。

――登校は週何日からスタートしましたか？

週３日です。20人くらいの教室に入るのは勇気がいる様子でしたが、通ううちにいろいろな苦しさや悩みを抱える子が多いことに気がついたようでした。先生が、「つまずいてもそこで終わりじゃない。何回失敗してもやり直しやリトライはできるんだよ」というメッセージを根気強く伝えてくださって、少しずつ自分を出せるようになっていったようです。ただ、学校に行かない日は、人目を避けるようにパーカーのフードをかぶって、人が少ない夜間にスーパーへ出かけることもありました。

――学習については苦労された面もあったのでしょうか。

1年生のときに、「勉強したい気持ちはあるけど勉強の仕方がわからない」と私に打ち明けたんです。レポートの書き方やテスト前の復習法がわからないまま、提出物も滞りがちでした。放っておくと悪循環になるので、私が数学の問題を一緒に解いて、鉛筆で解答例を記入してなぞらせたこともあります。先生には学習が足りない単元を指導していただいたり、自習室で友だちに教わったり、本人も努力していました。〈つくば〉でダメなら別の道を探したほうがいいのかも」と思ったこともありますが、手厚い指導や学習環境に救われました。2年生からは自分で勉強を進められるようになり、3年生は週5日登校のクラスに通いました。

――将来はどんな道に進みたいとか、イメージが見えてきました?

大学進学を視野に入れて、何校かオープンキャンパスに行ったのがいい経験になって。「大学で4年間勉強するよりも、音楽系の専門学校で知識や技能を身につけて自立したい」と言いました。

姉は働きながら「文学フリマ」に出店、妹は音楽の専門学校へ

――詩織さんも明日香さんも、卒業式では笑顔でしたか?

詩織がニコニコして友だちと写真を撮り合う姿を見て、暗い顔をしていた入学式が信じられないと思いました。〈つくば〉の友だちとは今もずっと仲がいいんです。明日香の卒業式も、「よくここまで頑張ったね」と心から拍手しました。欠席もほとんどせずに勉強についていって、パソコン検定や英検も積極的に取り組んで。中学校の

吹奏楽部で詩織はクラリネット、明日香はフルートを演奏していましたから、2人とも〈つくば〉ではオカリナグループに入りました。卒業式などの行事で演奏するんですが、大勢の人の前で演奏する姿は感無量でした。校長先生が「堂々としてるでしょう。できた！という成功体験を重ねて自信をとり戻せば、子どもたちはみんな大丈夫なんですよ」と声をかけてくださいました。姉妹それぞれ、この学校で変わらせてもらったんだなあと。

――詩織さんの大学生活はどんな感じでした？

早く単位を取ってしまおうと、授業を詰め込んでいましたね。朝6時に家を出て、夜はイラストのソフトウェアの使い方を学ぶ講座や資格対策の勉強をして、22時半ごろに帰宅していました。ちょっと心配しましたけど、自信がついて前向きになっていることを、心の中で応援していました。

――在学中はイラスト作品を描いていたんですか？

いつの間にか描くことが好きになったみたいです。大学の卒業制作で描いた作品に、〈つくば〉で仲がよかった亜実さん（138ページ）が文章を寄せてくれて、2人でライトノベル作品を仕上げたんですよ。卒業してから、「文学フリマ」（文学作品の展示即売会）で販売していました。

――「文学フリマ」に出店するなんて、すごい！

福岡会場の次は、大阪会場にも出展したんです。展示用の什器《じゅうき》やポスター、作品を詰め込んだキャリーケースを引っ張って。「大丈夫？　ついていこうか」って私も夫も言ったんですけど、新幹線で大阪まで一人で行って帰ってきたのには驚きました。

――それは、社会人になってから？

はい、仕事をしながら趣味として創作を続けています。就職活動はスタートが遅くて、最終面接までいってもなかなか決まらなくて。採用担当者との雑談でメンタルの不安定さを正直に話したと聞いて、「不利になるんじゃな

《つくば》に限らず、通信制高校ではレポート（添削課題）と呼ばれるプリントとスクーリングを中心に学習が進んでいく。

いか」とハラハラしました。最終的には、地元のデザイン会社に決まりました。社会人になってからも、先輩からちょっと注意を受けただけで、「そんなことも知らない私はバカだ」と落ち込んでトイレで泣いてしまうのは、やはり少し繊細かなとは思います。でも、そういう自分の特性ともずいぶんうまく付き合えるようになってきているようです。

――明日香さんは今、専門学校に通っているんですよね。

音や音楽をつくるクリエイトコースで学んでいます。ただ、ちょっと迷いもあるみたいで。技術や技能よりも、音楽をつくったり詩を書いたり、歌や楽器に興味が出てきたようです。そのことが原因なのかわかりませんが、1年の後期から休みがちで。「今日こそ行く」と言っては、行けない状況が続いています。明日香はまだ「学校に行けない」ことに向き合う日々が続いているみたいですね。

空回りして「蚊帳《かや》の外」の夫を諭《さと》し続けて

――ところで、お父様は娘さんたちにどう接してこられたのでしょうか。

夫なりにずっと娘たちのことを心配して関わりたいとは

思っているんですが、気持ちが空回りするんです。学校に行かない娘たちを見て、「なんで行けないんだ」と不機嫌になってしまうんですよね。「甘えずに頑張っていくべきだ」という捉《とら》え方は視野が狭いと私が諭《さと》すんですが、受け入れられないんですよね。

――娘さんたちはどういう反応でした？

夫が怒ったりモノにあたったりするので、最初の頃は「パパの機嫌が悪くなる」と怖がっていたんです。でも、だんだん「パパには理解できない。通じない人種」と拒絶するようになりました。娘たちに遠ざけられて落胆する夫に、「思春期の女の子は父親になかなか本音を話さないと思う。状況を悲観せずに見守ろうよ」と伝えたんですが、疎外感に絶望してしまって。

――お母様はどちらの思いも汲んで、気苦労されたでしょう。

夫は娘を応援したい気持ちはあるだけに、「何もしてやれない自分」が歯痒《はがゆ》いんですよね。頭では「こんなこと言っちゃダメだ」とわかっていても、不器用な言葉しか出てこない。明日香が専門学校に行けない状況が続くと、「行く行く言って、行かないのは約束が違う。授業料がもったいないから、気持ちを確認したい」とか、つい追い込む言葉を投げつけてしまうんですよね。

――何か状況を変えるための策があれば……。

夫は一家団らんで状況を変えたいと願っていたようですが、家族の生活時間帯はバラバラで一緒に食事をするのも難しくなっていました。私もずっとフルタイムで仕事をしているので、家に帰ったらほっとくつろぎたい。思い切って、「それぞれの部屋でゆっくりする時間を大切にしようよ」と提案しました。その時間がなければ、娘たちも私も心がもたないと思って。

――ご家庭の雰囲気は穏やかになりましたか。

夫は寂しかったでしょうけど、最善策だったと思います。明日香は、「心配かけたり、高い学費を払わせたりしてごめんね。無視するような態度を取るのも良くないし、学校に行かなきゃとは思ってる」と心の内を綴《つづ》った手紙を私にくれたことがあります。「信じて待つしかないでしょう」と夫には伝えています。

――待つって、本当に難しいことですね。

ただ、夫は辛抱強いところもあるんですよ。一時期、私が父を引き取るか施設に入所させるかを悩んでいたとき、夫は「うちに来てもらったら」と快く受け入れてくれて、父が繰り返す話にもずっと付き合ってくれたんです。根は優しい人だし、このことは私も感謝してます。娘たちがおじいちゃんをいたわる時間も持つことができたので。今も夫は、娘たちと心が通じるときを待っているんじゃないかな。

自分のため、子どものために、方向転換！

――長い間、娘さんたちの不登校に向き合ってこられましたね。

最初のうちは「行けない原因を取り除けば学校に戻れる」と思って、不登校を支援する団体の講演会などに参加して、不登校や教育や人権について考えました。でも、彼女たちは学校に行こうにも、エネルギーがゼロで何かができる状態じゃない。そういう姿を目《ま》の当たりにして、「この子たちにとって苦しいこと、簡単にできないことを、無理強いしなくてもいいんじゃない？」と思うようになったんです。みんなが行っている学校のシステムが娘たちの特性に合わないなら、他の選択肢を探す方が有意義だって。

――気持ちを切り替えるきっかけがあったんでしょうか。

夫がずーんと悩み続けている姿を見て、落ち込んでたって何の解決にもならない、この時間は無駄だって気づいたんです。娘も「自分のせいで親が悲しんでいる」ことは敏感に察知するし、そういう姿を見るのはつらいんですよ。自分のために、子どもたちのために、方向転換して前を向きたいと思って。

——娘さんたちも変わりたいと思っていますよね。

本人はこのままじゃだめだと、行きつ戻りつしながら変わりたいともがいています。その時間は彼女たちにとって必要な時間だから、焦《あせ》らなくていいはず。長い人生に照らせば、その時間って短いものですから。「みんなができていること」に自分を無理やりはめ込まなくていいし、できないからって泣かなくてもいいんですよね。自分に合った「やりたいこと」を見つけつつあります。できれば経済的な自立につながるように背中を押したいし、独り立ちには時間がかかるだろうと覚悟もしています。

——親の方が、焦りに負けてしまいがちなのかも。

わが子のために良かれと思って口や手を出してしまうときって、子どもを他の子と比べたり、親の理想を押し付けようとしたりして、親が不安になっているんですよね。子どもを信じて待つことは簡単じゃないけど、決して放置することではないと思います。今は暗く長いトンネルにいても、出口はそれぞれにあるはず。少しずつでも自信をとり戻していけたら、子どもたちはいつか自分の足で太陽の下を力強く歩けるんですよね。

いま、悩んでいる親子へ何か伝えるとしたら?

- 苦手なことは無理強いしなくてもいい
- 家族それぞれの空間や時間を確保する
- 切り替えて他の選択肢を探す

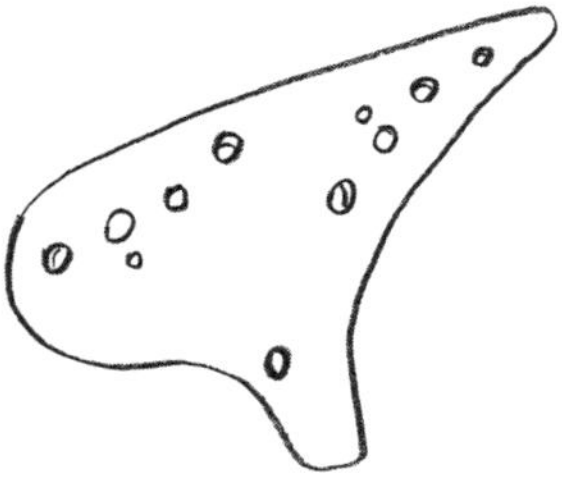

「アートデザイン専攻」の授業風景。絵を描くのが得意な生徒や大学の芸術学部などへの進学を目指す生徒が主に受講する。

聞かせてください、あの頃のこと⑨

恵人《けいと》さん（仮名・2015年度〈平成27〉卒業）のお母さん

「何度足踏みしてもいい。自分を認められる日が、きっと来るから」

「3浪1留」でもなんの、
立派な仕事に就けているじゃない。
迷い多き27歳、納得いくまで
チャレンジしてみたら？
もう、お金は出せないけどね！
自分で成し遂げたと思える体験をして、
自らを認めてあげてほしい。
お母さんも、きっとお父さんも
そう願っています。

ある日突然、父が亡くなった

——幼い頃、恵人《けいと》さんはどんなことが好きだったんでしょうか。

小学校低学年の頃は、図鑑を見たり、緻密《ちみつ》な迷路をひたすら書いたりするのが好きな子でしたね。人前に出てシャキシャキと意見を言う優等生タイプで、周りの友だちからは「物知り」「優しい」と言われることが多かったです。休日はお父さんと好きな鉄道に乗る「乗り鉄」でした。夫は、鉄道会社の在来線運転士をしていたので、ふたりとも鉄道が好きだったんです。夫の帰りが遅いとき、恵人はその日あったことを物語のような絵日記風にまとめて、「先に寝ます」と書き添えた手紙を置いていましたね。

——いいですね、父と息子の共通の好きなことがあるって。

そうだったんですけどね、恵人が8歳（小学4年生）のときに夫は事故で突然亡くなったんです。でも、恵人は気丈《きじょう》にふるまい、学校を1日も休みませんでした。周りから「お母さんを支えてあげてね」と言われたのがプレッシャーになったのか、学校にいると現実を忘れられたのか、落ち込んでいる私を見たくなかったのか、心の内はわかりません。でも、ちゃんと泣いたり悲しんだりしそびれていたかもしれない。

——それは、お母様も恵人さんもつらかったでしょうね。

私は長くお休みをいただいてから、仕事に復帰しました。看護師として働いて、夜間勤務や訪問看護もしていたんです。恵人は、夜一人で留守番し、朝は一人でご飯を食べて登校することもありました。中耳炎になりがちで、私と一緒に朝一番に病院へ行って診察を受け、私は勤務、恵人はバスで学校に行くことも度々でした。低学年のうちから、時計や時刻表を見られるようになっていましたね。否応《いやおう》なく、自立させられていたんですよね。私の仕事にあまりいい印象はなかったんじゃないかな。おもちゃとおやつを持たされて、職場の食堂にポツンと放っておかれて寂しかったと思います。

誰もいない高校でリセットしたかったはずなのに

――学校以外に、習い事などで通う場所は？

幼稚園時代の幼馴染《おさななじみ》に誘われて、少年野球のクラブチームに小学校の6年間入っていました。ただ、勉強は得意でもスポーツは今ひとつで、最初はキャッチボールの相手を誰もしてくれない状態でした。勇気を出して辞めればよかったけど、ズルズルと続けて。この時期の経験は、恵人の自信を削いだかもしれません。

――そうだったんですね。中学校ではどんな様子でしたか。

中学2年生の頃から、顔が曇《くも》りがちになりました。直接的なきっかけは、2年生の体育の授業で先生が恵人を強く叱責したことです。怒鳴り声に驚いて、「過換気《かかんき》」（極度の不安や緊張などによる過呼吸から引き起こされる症状）が起き、息が苦しくなって涙が出たんですね。その時、周りの女子たちから、「そんな反応されたら先生だって困るよね」と面と向かって言われたことがショックで、「症状が出てしまう自分が気持ち悪い」と言い始めました。以来、カバンに上履きの跡がついていたり、「みんなに見られている」という被害妄想のような悩みもありました。「僕の机だけみんなが運んでくれん」と、泣いて校舎から出てきたこともありました。その頃、学校への迎えをお願いしていた私の父母から、そういうことがあったと後から聞いたんですね。父母は、忙しく働く私に負担をかけまいと気遣ってくれたんでしょう。前向きだった恵人が、後ろ向きになり始めたのはこの頃からでした。

――きつい経験だったでしょうね。

孤立感に苛《さいな》まれて、「自分のことを誰も知らない場所」でリセットしたかったんでしょう。高校は、自宅から遠

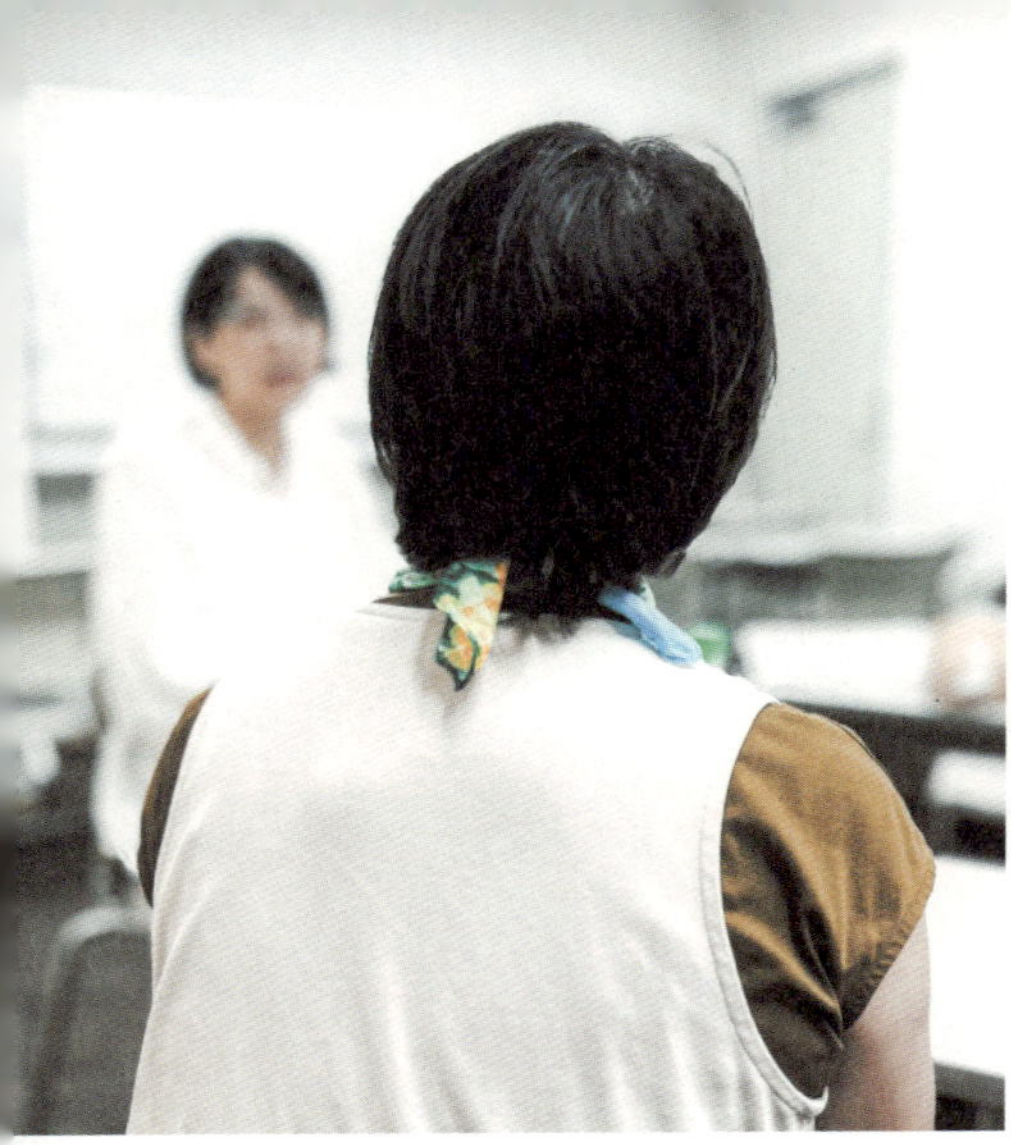

い私立高校のスーパー特進に合格したので、そこに行きたいと言いました。ですが、私の母校である地元公立高校の理数科にも合格したので、こちらを選ぶように私が誘導してしまったんです。遠い学校は通うのが大変だし、寮に入る自信もないでしょ？と。

高1秋に自主退学、引越して受験をやり直したい

——地元の公立高校に進学されたんですね。

はい。本人の気持ちを尊重すればよかったのに、結果的には1学期の文化祭の後から行かなくなりました。同じ中学校から進学した女子生徒の強い言動に気圧《けお》されてしまったことが原因の一つだったようです。以来、女性に対する苦手意識も持ってしまったんですよね。

——お母様は「学校に行きなさい」と説得されたのでしょうか。

当初は「気合いだ！」と、恵人にプレッシャーをかけてしまいました。ある日、「勘弁してください」と泣いて訴えたので、その鬼気《きき》迫る様子に、無理に行かせる次元のことじゃないと。看護師であっても心の病気なのか判断がつかず、どの診療科にかかるべきか悩みました。当時、地元には気軽に相談できる場が少なくて。精神科では対症療法の薬を処方されるだけで、本人は「そういうことじゃない」と飲みませんでしたね。適応障害や双極性障害を疑いましたが、診断はつかず、「思春期の反応」と言われてモヤモヤするばかりでした。結局、学校に戻れないまま1年生の秋に自主退学しました。

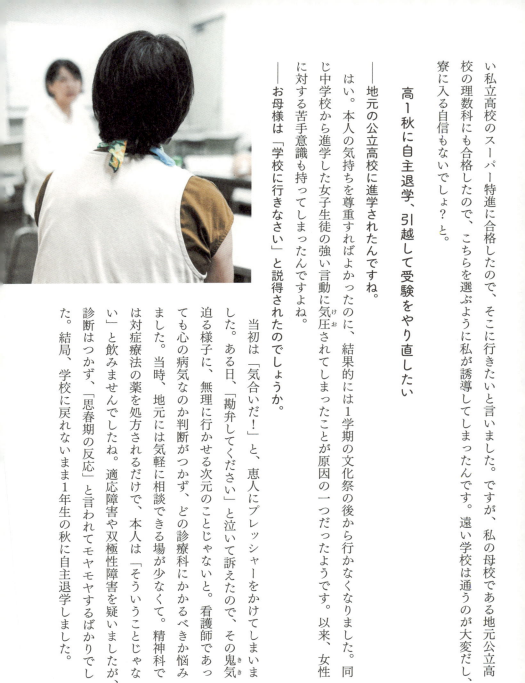

――「転学」ではなく「退学」されたんですね。

それ！「転学」という仕組みを知らなかったんですよ。当時は一度退学してしまうと、同じ学年をもう1回やり直さなきゃいけなかったんです。「転学」する方法もありますよと、学校から助言が欲しかったです。恵人は「もう一度受験したい」と言ったので、精神科のカウンセラーに相談すると、「お母さんも一緒に福岡市へ引越したらどうですか」と提案されたんですね。

――お母様としては、その選択は「あり」だったんでしょうか？

最初は戸惑いましたが、これまで恵人とじっくり向き合ってこなかったので、長く勤めていた病院を辞めて、腹をくくるつもりで引越を決めました。

――学校を辞めて、受験まで恵人さんはどう過ごしていました？

田舎町なので、高校生が昼にウロウロしていると変な目で見られるんですね。大きな自治体とはちがって、学校に行けない子どもたちの居場所がなくて困りました。恵人は「自分の貧弱な体をなんとかしたい」と、夜にジムへ通いました。そして、音楽が好きなので、以前通っていたエレクトーンを習い始めました。先生とおしゃべりするのが楽しかったんですって。それと面白いのが、個人塾の先生が勉強の後に麻雀を教えてくださいました。生真面目《きまじめ》すぎる恵人が「殻を破れるように」と父親がわりとして見守ってくださって。受け入れてくださる方々に出会えて、私たちは幸運でした。

不登校だけど、引きこもりじゃない

――2回目の高校受験はどうなったのでしょう。

最初に合格した私立高校にチャレンジするのかと思いきや、「1学年上に知り合いがいる学校は嫌だ」と。そこで、別の私立を受けて合格し、制服も教科書も揃えて入学しました。ところがですよ、5日で行かなくなったんです。この頃は、自分は醜《みにく》い、匂いが気になるとか、自分への嫌悪感にとらわれていましたね。「お母さんは医者や先生と結託して、〝そんなことないよ〟と言ってるんだ」という猜疑《さいぎ》心もあって、精神状態が良くなかったですね。

――たった5日とは、お母様もショックでしたね。

本当にそうなんですよ。ただ、私立校だけに、対応がとても手厚かった。スクールカウンセラーが家に来られて、本人と一緒にゲームをしたり、鉄道の話をしたり。校門まで来るだけでもいいし、保健室登校でもいいんですよと段階を踏んでくれました。急《せ》かされることもなく、親身な対応に救われる思いがしました。でも、出席日数がどうしても足りなくて。「学校に毎日行く」ことがどうしても難しいんだなと、私もようやく受け止められました。恵人に後から聞いたら、「この頃はもう、あんまりガミガミ言わんかったよ」って。「自分の中にエネルギーがなかったのと、ゲームに依存してた」と当時を振り返っていました。福岡市に引越してから、恵人はよく町に出て気分転換していました。学生が多い環境なので昼日中《ひなか》に歩いていても目立たないと。「僕は不登校だけど、引きこもりじゃない」という思いが強くあったようです。外に自由に出られるようになっただけでも、「この町は居心地がいい」と言いました。

――学校以外にも通える場を探されました？

市の教育支援センターが、15歳から20歳くらいの思春期の子どもと保護者の相談を受けて、居場所を提供してくださって。何らかの事情を抱える生徒が通い、お互いに配慮し合って過ごす「優しい世界」という印象でしたね。保健師の方が細やかに相談に乗ってくださり、恵人も私も信頼していました。長らく頼りにさせていただく方との、大切な出会いでした。

入学式や卒業式では有志生徒の「オカリナ隊」が演奏するのが恒例行事。

通っていた教会で、
母が「認知行動療法」を受けた

——他にも、お母様が頼りにする人や場所はありましたか。

私は9月から病院に再就職しましたが、看護部長に息子の話をしたら、「私が通う教会の牧師さんに話を聞いてもらったら」と紹介してくださいました。教会にはいろいろな事情で心を痛めた人が集まるそうで、心理学を学んだ牧師さんと臨床心理士の方が、社会福祉活動の一環としてカウンセリングのような場を持ってくださるんですね。

——教会に心理学のプロがいらっしゃるなんて。

私は信者ではありませんが、藁《わら》をもすがる思いで話を聞いていただきました。やがて、「認知行動療法」（物事の捉《とら》え方に働きかけてストレスを減らしていく心理療法）を取り入れて話しましょうと提案されたんですね。お話しするうちに、「進学してちゃんとした職に就かないと」とか「元のレールに親が戻してやるべき」とか、私を縛っていた考え方を緩められたんです。何事も白黒つけずに、グレーな状況を受け入れられるように導いていただきました。

——そこまで寄り添ってくださるんですね。

「なぜ親身になってくださるんですか」とお尋ねしたら、『自分を愛するように、あなたの隣人を愛しなさい』という主《しゅ》の教えを体現しているだけ」と。恵人は教会には行きませんでしたが、牧師に釣りや登山に誘っていただきました。応じないときも、「想定内ですよ」と微笑んでくださって。

——他にはどんなアドバイスを受けましたか。

ズバリ、「子離れしなさい」ですね。母と子が依存し合っている「共依存《きょういぞん》」状態だから、お互いに離れたほうがいいと。別のカウンセラーにも「子どもが失敗する権利を奪わないで」と言われてつくづくそうだと思いました。

——お父様の分まで、という責任感もありました？

父親役も2人分引き受けないと、という気負いはありましたね。今では恵人に申し訳なかったと思うんですが、「私が元の前向きな性格に戻してあげたい」と思い詰めて、精神科や心療内科、カウンセリング、不登校支援サークルなど、いろいろな場に連れ回しました。「お母さんが納得するならいいよ」と大人しくついてきたのは、私を困らせちゃいけないと思ったんでしょうね。ただ、「やり尽くした」からこそ、目の前の恵人を受け入れ、次のステップに進めたという面もあります。

3校目で〈つくば〉に巡り合い、わんわん泣いた

——結局、私立の高校は辞められたのでしょうか。

はい、1年生の秋頃に。次こそは「転学」して同じ学年から再スタートしようと決めて、通信制高校をいろいろと調べました。4校ほど本人と見学に行きましたが、恵人が自分で選べるように、「もう誘導はしない」と心に誓いました。とはいえ、つくば開成福岡高校（以下〈つくば〉）を見学したとき、私がわんわん泣いてしまったんで

すけどね。説明してくださった先生が「大丈夫ですよ」と全面的に私たちを受け入れてくださって、「やっと理解してもらえた」と安心しました。

――恵人さんは、どのように学校を選ばれたんでしょう。

学校らしい環境や、教室の明るさ、生徒の雰囲気、進学率などを見比べているようでした。私の反応から察したところもあるでしょうけど、「〈つくば〉の先生の説明がよかった」と自分で決めました。1年生として週1日登校のクラスに転入して、週3、週5と自らステップアップしていきました。

――最終的には毎日通えるようになったんですね！

実は「お母さんの作ってくれた弁当、公園とかで食べて行ったふりしてた日もあるよ」と打ち明けられました。私は仕事に出るので、本当に登校したのかわからないんですよね。学校から「なぜ来ないのか」と責められることも、「来ていません」という連絡が来ることもなく。ほどよい距離感で見守りながら、必要なタイミングで、担任の中尾先生や校長先生がフレンドリーに声をかけてくださっていました。

――勉強以外のボランティア活動などには参加しました？

「24時間テレビ」の募金活動をしました。「みんなで力をあわせる」「社会に貢献する」という体験が恵人には不足していたので、こういう活動の機会はありがたかったですね。少しずつ友だちもできて、お宅に泊まりに行くこともあって、よかったなあと。昔の友だちとは疎遠になっていたし、自分から電話番号を変えることが何度もありました。「なんで大切なつながりを切るの？」と言いましたけど、どうしても人間関係をリセットしたい衝動に駆られることがあったんでしょうね。

「2浪させてほしい」と言われて絶句

——さて、悩ましいのは次の進路ですよね。

そう。大学に行きたいと勉強はしていたし、先生方もしっかり指導してくださいました。現役で地元の私立大学に合格したのですが、「行く気はない。有名国公立大学に進学して、みんなを見返したい」と言ったんですね。以前から、少し被害妄想が見られたのですが、自分のことを「キモい」と言った人たちよりも偏差値の高い大学に行かなきゃいけないと思い込んでいました。

——つまり、浪人したいということ？

最初から、「2浪させてくれ」って言うんです。過去の不足分をとり戻すのに1年、目指す国公立大学に合格するための勉強にもう1年。「陽キャ（明るく活発に学生生活を楽しむ人のこと）が解ける問題すらわからないなんて、情けない」と落ち込んでいました。

——その考え方だと、恵人さん自身がしんどくなるでしょう？

「もし不登校になっていなければ合格できたはず」という「たられば」に縛られ、予備校選びも悩んでいました。ある予備校には、不登校の生徒の学習進度に合わせたフォローをしてくれるコースがあったんですが、そこは選ばずに全国的に知名度の高い予備校を選びました。

——さすがに、今度こそは……。

続くだろうと期待したんですけどね。「また、行かないんかーーーい!!」という事態に陥りました。市内の図書館の自習室や以前お世話になっていた教育支援センター、個別指導塾などで勉強させてもらえる場所を確保しながら、コツコツと自学していました。２浪目は目標に届きそうな成績をキープできたので国公立大の後期試験まで粘ったものの、合格したのは関西の私立大学の理工学部でした。

「自立しようとしている」がゆえの休学

――「有名国公立大学」への思いが強かったんですね。

「私大にお金出してもらっても、そのお金に見合う人間になる自信がない。もう一度だけ再チャレンジさせてほしい」と言う恵人を、「その選択肢はもうない！」と突っぱねました。恵人は滋賀県へ引越して一人暮らしをしながら、大学に通い始めたはずだったんです。

――はずだった……、まさか。

そのまさかです。6月ごろに様子を見に行こうかと言ったら、「来なくていいよ。大学行ってないもん」って。「またかーー！」と叫びたくなりました。大学を辞めて連れて帰るべきか悩んで、長らくお世話になっている教育支援センターの保健師さんに相談したんです。

――保健師さんのご意見、ぜひ聞きたいです。

「お母さん、お気持ちはよくわかります。でも、一旦休学したとしても、大学の籍は置いたままにしてください。恵人くんは、親離れしようとしてるんです。大学は家から遠いところばかり受験したでしょう？」と言われたんですね。なるほどと思いまして、恵人には「もう最後だからね！」という約束で、センター試験3回目の挑戦を応援することにしました。

――よく決断されましたね。結果はどうなったのでしょう。

奮闘したのですが、トップクラスの国公立大学には合格できませんでした。後から聞いたのですが、恵人は卒業後も〈つくば〉に行って中尾先生に進路の相談をしていました。先生は仕事が終わった後、カフェで話を聞いてくださったそうです。ずっと見守ってくださっていたんですね。悩んだ末、通《かよ》っていた私大に復学すると本人が決めました。コロナ禍だったので、自学が得意な恵人はレポートを難なくクリアして、単位を順調に取りました。大学を「3浪1留」で卒業。高校1年生も2回やって、同級生よりずいぶん時間がかかりました。企業の採用面接で「なぜ？」と聞かれても答えにくいですよね。恵人は、その点が問題視されにくいと考えて、地方公務員試験を受けました。

自分と違う見解の人と話してみたい

――いよいよ、公務員として働き始められたのですね。

はい、役所で働いています。「俺はたまたまタイミングが良くて採用されただけ」と、自己評価は低いまま。自力で何かを成し遂げたと実感できる成功経験が圧倒的に足りないのでしょうね。京都大学を卒業して同じ職場に就職した先輩が「これからは地方の時代だ」と力説するのを聞くと、「自分には確固たる信念がない、ネットの世界に踊らされてきただけ。こんな自分がいてもいいのだろうか」と悩むようです。高学歴の人の考えに影響されやすいのは学歴に対する劣等感の裏返しでしょうから、見ていて歯痒《はがゆ》くて。

――職場の雰囲気や人間関係はどうですか。

3年ごとに部署が異動するそうで、心を病むほどハードな職場もあると聞いて最初は不安そうでした。でも最近は心境の変化もあるようで。東京から今の職場に転職してきた稀《まれ》なキャリアを辿《たど》る人に興味を持って、なぜ都会から地方に来て働くのか、食堂で自分から話しかけたんですって。「自分とは異なる見解を持つ人と話してみたい」って積極的なんです。

――大きな一歩を踏み出したようにも見えますね。

「世界水泳」でボランティアに参加して、同じ役所の別部署の人と知り合ったそうです。「僕は理系出身だからインフラの補修をするエンジニアだけど、文系だと教育や福祉にも関われるんだね。一から創造する仕事をしてみたい」と言うようにもなりました。ただ、人と自分を比べて心が揺れると、「こんなはずじゃなかった、大学院に行きたい。俺の人生はバクチだ」とか言い出すんですね。私は、「これからは自分の責任で決めて、進んで。もうお金は出せません」と言っています。そうかと思えば、〈つくば〉や教育支援センターの先生方から頼まれて、自分の不登校体験を後輩に話すこともあるようです。恩を返したい気持ちがあるんでしょうね。通信制高校に通っていたことを昔は言いたくなかったそうですが、「今なら言える」と気持ちが変化しているようです。

母がカウンセラー役をするのはもう終わり

――これまで、お母様はよく支えて来られましたね。

誰もほめてくれないけど、子育ても仕事も本当によく頑張ったなあと思うんです。恵人が就職して、ちょっと燃え尽き症候群みたいになりました。自分一人ではなく、教育支援センターの保健師さんや教会の牧師さん、悩みを聞いてくれる友人など、支えてくれる存在と出会えたからこそ、ここまで来られました。看護師の仕事も一所懸命やってきましたけど、これからはもう少し緩やかな働き方に変えようかなあと思っています。

――わが子の不登校に悩む保護者に、かけたい言葉はありますか。

学校や進路のことは、本人が納得して決めるまで気持ちを尊重して待つことかな。時間がかかるんですよね。私もそうでしたが、「自分が軌道修正させなきゃ」と思いつめる人もいます。親としてのよくないところをさらけだした方が、よき理解者とつながりやすくなりますよ。親や姉妹など関係が近い人でも、不登校に悩んだ経験のない人には理解されにくいので、悪気のない正論に疲れ果てるくらいなら、距離を置いた方が楽です。

――足踏みをしているお子さんには、どう接するといいのでしょう。

恵人が「人生が長すぎてつらい」とつぶやいたとき、命を断ったらどうしようとドキッとしました。その時は「生きているだけでいいんだ」と自分に言い聞かせたはずなのに、気づけば「人並みにこうなってほしい」という欲を子どもにぶつけてしまうんですね。何かができるということは、あたりまえじゃないんです。できたことをほめてあげないとね。そして、子どもが何か話しかけてきたときは、「ただ聞いてほしい」だけなんです。アドバイスや意見は必要ないのに余計なことを言って、「その一言《ひとこと》って、なんかプラスになる？」と言われたことが何度もあります。息子にとって母は、「誰よりも自分を理解して、適切なアドバイスをくれて、決して害することがない、安心できる存在」なんですよね。私にカウンセラー役も求めているんでしょう。でもその役目は、外の世界へ出ていろいろな人に求めていかなきゃいけないんです。

いま、悩んでいる親子へ何か伝えるとしたら？

・時間はかかるものと腹を括《くく》る
・親子の依存関係を認めることから始める
・できたことをちゃんとほめる

聞かせてください、あの頃のこと⑩

香澄《かすみ》さん（仮名・2020年度〈令和2〉卒業）のお母さん

「白紙のテストに書かれた『ごめんなさい』を、忘れない」

つらい思いさせてしまったね。
誰にも言えないまま、
震えていたなんて。
学校には行かなくていいよ、と
もっと早く言えたらよかった。
お母さんが受け入れられたら
あなたも楽になれたんだよね。
高校生になって
友だちと笑い合う姿が見られて、
夢みたいでした。

2回の怒鳴り声がきっかけかもしれない

——つくば開成福岡高校〈以下〈つくば〉〉の先生から、香澄《かすみ》さんはシャイな性格と聞いています。

そうですね、昔から前に出るタイプではありません。小学校時代に2回転校したんですが、お友だちもスッとできて、新しい環境に順応できる印象だったんですよね。5年生のときに、今住んでいる町に引越してきました。その時、若い男性の先生が大きな声で友だちを怒鳴ったんですって。その声が怖かったらしく、1週間ほど教室に入れなくなって、保健室登校したんですね。少し神経質なところがあるとは思いましたが、しばらくしてまた学校に通うようになりました。

——香澄さんが怒られたわけではないんですよね？

はい、自分ではなく他の人が怒られていたんですが、それでも嫌だったみたいです。先生に相談したら逆に驚かれました。「そんなに大きい声を出したつもりはないのに」って。中学校に入ってからも、似たようなことがありました。1年生の3学期、クラスメイトがやったことに対して「連帯責任だ」と怒られたのが腑《ふ》に落ちなかったようで、自分の殻に閉じこもって学校に行かなかったんですね。

——お母様はどんな対応をされたのでしょうか。

連帯責任の件をすぐには話してくれなくて、なぜ行きたくないのかわからなかったんです。担任は家に来られましたが、香澄は会おうとしないので、「待ってるぞー！」と声をかけて帰っていかれました。2月頃からはほとんど行かなくなりました。朝、「今日は遅れます」「保健室に行きます」と学校に連絡するのが私も嫌になって、スクールカウンセラーに相談しました。「2年生からクラスに通えるように見守りましょう」と言われて、「1カ月も様子見るの？」と。私はそんなに長く続くことだと思っていませんでした。不登校が始まった頃は、香澄を布団から引っ張り出して、「行きなさい」「行かない」というケンカにもなりましたけど、なぜ行きたくなかったのか、当時も今もよくわからないと言うんですね。

保健室のカーテンの向こうで震えていた

――2年生に進級してどんな様子でしたか？

5月の体育祭まで登校したんですが、そこからほとんど行かなくなりました。学校に行かない日は、夕方から外へ連れ出しましたが、スーパーでお友だちのお母さんの姿を見て逃げ出したんです。後からそのお母さんに、「顔つきが以前とちがう」と言われましたが、人に会うことが怖かったんだろうと思います。

――小学校のときのような保健室登校も難しい？

香澄が保健室で休んでいるところに迎えに行ったら、チャイムが鳴って他の生徒たちが入ってきたんですね。そうしたら、香澄はベッドのカーテンをシャッと閉めてしゃがみ込んで震えていました。ああ、学校にいるときはこんなに身の置きどころがなかったんだな、「行きなさい」と追い詰めてしまったと申し訳なく思いました。その頃、担任との面談に行ったら、テストの答案用紙を見せられたんです。真っ白な紙に「ごめんなさい」「ごめんなさい」と繰り返し殴り書きがしてありました。

――ああ、それは香澄さんもお母様もつらい……。

一目見て、「もうダメだ、これ以上無理をしなくていい」と思いました。おそらく香澄は、行きたい気持ちはあるのに行けない、なんで行けないんだろうと自分を責め続けていたと思います。ギリギリの精神状態なのに、酷《こく》なことをしてしまった。通っていた中学校は、保健室登校が出席日数として認められないこともあって、学校に

行く必要はないと判断しました。

——専門家のケアは受けられたのでしょうか。

学校のカウンセラーから、思春期の子どもの相談窓口や心療内科を紹介されて、行ってみようと思ったものの、心療内科は4ヵ月待ち。しかも、大人の男性を怖がったので、女性のドクターを探しました。心理テストなどをしていただいて、「うつ病の一歩手前でしょう」と診断を受けました。しばらく通いましたが、治療よりも家で好きなこと、やりたいことをして過ごす方がいいのかもと感じて、通院はやめました。

——そうなんですね。香澄さんはどんなことが好きでした？

図書館の絵本を読んだり、好きなものを模写したり。家の近くの絵画教室を勧めたら、油絵をやってみたいと、2年生から通いました。夜のクラスで、全く年代の違う生徒さんばかりなのも、気楽だったようです。習字も小学生のときから好きでしたね。それから、犬を飼い始めました。「どうせ私が世話をすることになる」と思って反対してたのですが、いきものと一緒にいることは癒しになるかなあと。

——どんな犬を飼ったんですか？

トイプードルです、部屋で一緒に過ごしていました。ある日、犬が掃除用のモップを見て吠えるので、どうしたのかなと思ったら、「このモップでちょっと意地悪しちゃったから、嫌なんだと思う」と香澄はボソッと言いました。家で香澄が一人でいたときに、自分で自分にイライラしちゃったんでしょうね。目の前にいる、自分よりも弱い存在に八つ当たりしてしまうことがあったみたいです。

適応指導教室の前で佇《たたず》んだまま

――日中の居場所が他にあればよかったのでしょうか。

2年生のとき、市の適応指導教室に通い始めました。ここに通うと出席として認められますしね。遠かったので、車で送り迎えしました。公民館のような場所で、建物には入れるのですが、教室にはなかなか入れなくて。最初のうちは、教室の前でじっと立ち尽くしたままで、女性の先生が声をかけてくださって少しずつ入れるようになりました。3年生になると、本人が高校受験を気にして、学校のステップ学級で勉強を見ていただくようになりました。同じ学年で不登校の人がいたので、一緒に行くこともありました。

――学校に行かない間、勉強はどのように?

生真面目《きまじめ》なので「やりなさい」と言わなくても、自分の部屋で勉強はある程度していました。3年生の2学期の面談で、「高校に行きたい」と言ったんですね。そこから志望校を探し始めたのですが、私の友だちや適応指導教室の先生から通信制高校があると聞いて。全く知識がなかったんですが、話を聞くうちにそちらの方が合っているかもしれないと思うようになりました。

――高校の見学には行かれました?

ステップ学級に一緒に通っていた友だちと全日制の高校を見に行ったこともあります。「生徒の個性が強すぎて私には合わない」とか「行きたいと思える学校じゃなかった」とか、自分なりに校風や環境を見比べていました。志望校を絞ったものの、面接練習がうまくできなくてあきらめた学校もあります。3年生の12月というギリギリのタイミングで〈つくば〉を知って見学に行きました。私の後ろに隠れるようにしていましたが、男性の先生を怖がらずに話を聞いていましたね。

――〈つくば〉を選んだ決め手はなんでしたか。

同じ適応指導教室に在籍していた2年上の先輩が、〈つくば〉に通っていたんですね。見学のときに先生が紹介してくださったんです。元気でハキハキと話す女の子で、生徒会で活動する話を聞いて、いいなあと思いました。きっちりしているけど自由な校風で、ここなら来られるかもと感じました。香澄は、いただいたパンフレットの表紙の「おにぎり」に釘付けになっていました。見学の帰りに、「ここに行かせてほしい」と言ったんです。

「否定されない安心感」に心を開いて

――通学は週何日からスタートしましたか。

本人は最初から週5日登校のクラスに行こうとしました。「本当はずっと行きたかった」という気持ちもあって、前のめりになったのかもしれないですね。「無理すると、行けなくなったときに落ち込むかもしれないから、週3日登校から始めたら？」と先生からアドバイスをいただきました。通い始めた頃は、「自分の咀嚼音《そしゃくおん》が気になる」とお弁当を残しがちで、過敏さが気になりましたが、比較的スムーズに学校に通えるようになりました。半年ほどして週5日登校に変更しました。

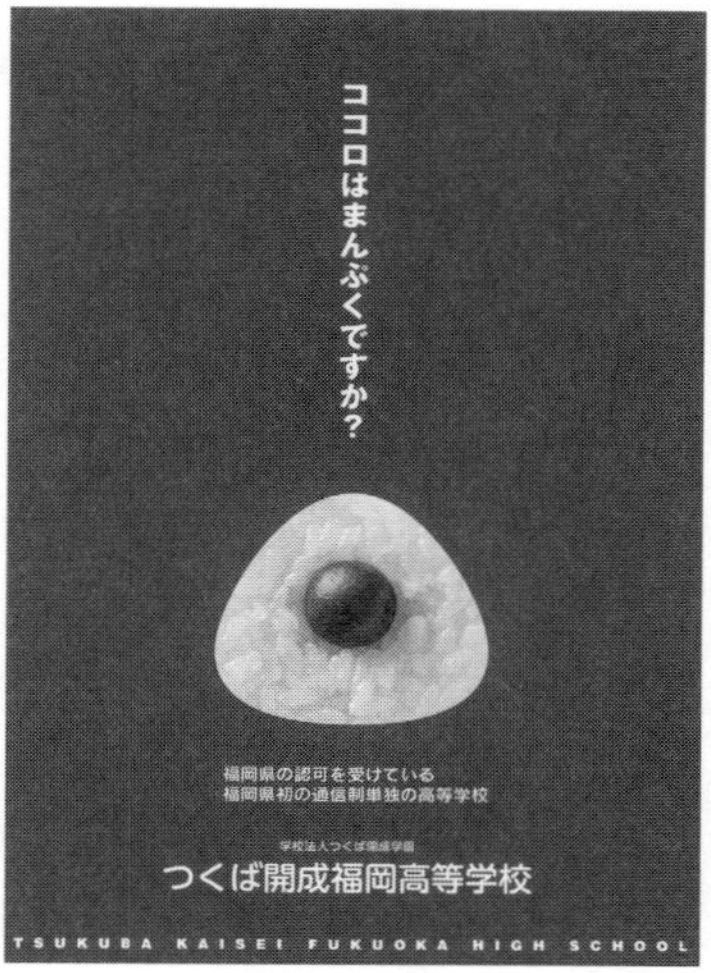

香澄さんが見た〈つくば〉の学校案内

――香澄さんは学校の雰囲気について何か言っていました？

クラスが少人数で先生も生徒もおだやかで、安心感があったようです。「先生がほめてくれる、否定されない」と言っていました。2年生になって、先生に勧めていただいたのでしょうね、知らない間に生徒会活動や「24時間テレビ」のボランティア活動を始めて、びっくりしました。〈つくば〉の教育方針に「自《じ》針《しん》」という言葉があって、本当にその通りでした。一度は立ち止まったように見えても、また自信を持つことができれば、進みたい道や方針を見つけられるって。〈つくば〉で友だちができたおかげで、コミュニケーションが苦手という自己評価も少しずつ変わって、自分の個性を受け入れていったようです。

――勉強にはどのように取り組みましたか?

週5日登校のクラスは進学希望の生徒が多いので、2年生くらいから「私も大学に行きたい」と言うようになりました。自分が不登校になったから、心理学や教育学を学んでみたいと思い始めたようです。受験に必要な学力を身につけるために、〈つくば〉の勉強に加えて放課後は個人塾でマンツーマンの指導を受けました。推薦入試の対策も先生にしっかり見ていただきながら過去問を解いて、希望する私立大学の心理学部に合格することができました。

――〈つくば〉の卒業式で印象的だったことはありますか。

娘だけでなく、みんなしっかり前を見て立派でした。本当にうれしかったです。中学校では修学旅行も行けなかったし、卒業式はみんなの姿を後ろからそっと見ていただけでした。3年経ってこんなに笑えるんだって。友だちと楽しそうに写真を撮り合っていました。〈つくば〉の友だちとは男女問わず今も仲がいいですね。

大学の勉強と公務員講座、詰め込みすぎが心配

――大学生活は楽しそうですか?

そうですね、大学はスムーズに通うことができています。心理学で扱う事例を見て、「まさに私のことだ」と思うこともあるようで、学ぶことの面白さに目覚めたようでした。ボランティアサークルに入って、不登校の子ど

もたちの居場所をつくる計画にも携わっていたようです。自分の姿と重なるので、その経験を活かして何かできればと思うんでしょうね。

―アルバイトも始めました?

はい。いずれ就職しなくちゃいけないけど、民間の企業で働くのは向いてないと思ったみたいで。公務員試験を受けるために学部の勉強とは別に、夜間の公務員講座を受講すると言い出したんですね。その費用はアルバイトをして自分で払うと。初めてなのに、忙しいファーストフードの接客なんて大丈夫?と思いましたけど、何とか続いて。最初にきつい仕事を経験したおかげで、雑貨店の接客とか、神社の巫女《みこ》さんの仕事は余裕を持ってできると言っていました。

―たくましい!でもお母様としては、ハラハラしますよね。

1年生、2年生でほぼ必要な単位を取れるように朝から夕方まで授業を受けたうえで、2年生から夜はバイトを増やすなんて、詰め込みすぎじゃない?と。根《こん》を詰めやすい性格なので、いっぱいいっぱいに見えるときは、「ちょっと休憩したら」「抜くところは抜いて、気楽にやったら」と声をかけました。犬の散歩で気分転換して、「時間ができたらまた書道をやりたいな」とも言っていました。

―高校を卒業後、香澄さんが〈つくば〉を訪ねる機会はありますか。

ありますね!英検の試験監督のアルバイトさせていただいたり、自分の経験を後輩に話してほしいと先生にお願いされたり。在校生親子との座談会に参加したときは、「なんか、お母さんばっかり話してたよ」って言っていました。そんなふうに話せるときが来たんだなあと思うと感慨深いし、こうして母校とのつながりをいただけることがありがたいです。

義母に救われた「いい子に育ってるから大丈夫」

――お父様は、香澄さんにどのように接しておられましたか。

思春期の女の子にどう関わったらいいのか、難しさを感じていたようです。香澄には弟がいますが、外向きの性格で運動が大好き、姉とは真逆のタイプなんですね。弟が小学生のときは「香澄、学校行けばいいのに。なんで僕は休んじゃいけないの」なんて、私に不満をぶつけることもありました。夫は、姉弟にいろいろ体験をさせたい、見せてやりたいという思いが強くて。温泉やドライブに連れて行き、家族それぞれが気分転換できるように「遠出担当」になってくれましたね。両親が同じ目線で子どもを叱って逃げ場を奪わないように、フォローし合う関係はできていました。

――中学校の担任から白紙のテストを見せられたことを、お父様には?

言っていません、……言えなかったんです。香澄が「ごめんなさい」と書くほど追い込まれたのは、私のせいかも、何がいけなかったんだろうと、自分を責めて、話すこともつらかったので。あの時期、たまたま香澄のノートの端っこに「死」という字が書いてあるのを見て、ゾッとしました。以来、新学期になると増える自殺のニュースを見聞きすると、心臓がドキドキして。もしものことがあったらという不安も、夫には打ち明けられなかった。香澄も、私がテスト用紙やノートを見たことは知りません。自分に対する戒《いまし》めの気持ちで、今もその紙を持っています。

――一人で抱えておられたんですね。

救いの言葉をかけてくれたのは、夫の母でした。実家の母に香澄のことは話せなかったんです。心配をかけたくなかったので。義母は大らかな人で、香澄も「話を聞いてくれるおばあちゃん」と慕っていました。「学校に行っ

前期終業式。《つくば》は2期制をとっており、後期は9月下旬にスタート。夏休みには前期の面談が実施される。

てないんだ」と自分から話していたんですね。その義母が、私と二人きりのときに、「香澄はいい子に育ってるよ。大丈夫、どうにかなるから」と言ってくれたんですね。張り詰めていた糸が切れるような気がして、涙しました。

——思わず、もらい泣きしそうです。

子育ての大先輩でもある人が、母として祖母としてそう言ってくれたわけですから。「香澄は幼いときからデリケートな子やったね」と言われて、ちゃんと見てくれている人がいたんだとホッとしました。夫は、娘をケアする出番が少なくて歯痒《はがゆ》かったでしょうけれど、私のケアはしてくれてもいいんじゃない？って。家事をして、私がリラックスできる時間をつくってくれたらうれしかったなあ。

ジンジンした手のひらを今も覚えてる

——つらいとき、頼れる友人などはいましたか。

私はずっと娘の不登校について周りに話していなかったんです。同じような思いを抱えるお母さんたちがいると知らなかったので。ただ、小学校のＰＴＡ役員の仲間に１人だけ、香澄のことを相談できる友だちができました。彼女も、同い年のお子さんが不登校になって。その友人と一緒にごはんを食べながら、不安や愚痴を言い合えると、気が楽になり、前向きになれました。不登校の親子を支援する団体の集まりには何度か顔を出しましたが、私にとって「行ってよかった、また来たい」と思える場はあまりなかったですね。

――こうしておけばよかったと、振り返ることはありますか。

「学校だけがすべてじゃない」と、私がもっと早くに思えたらよかった。当初は、無理にでも学校に行かせないと戻れなくなるという、私の恐怖心が強かったんですね。ベッドから引っ張り出して、言い合いになって、叩いたこともありました。手がジンジンする感覚を、今も覚えています。

――学校に行かない選択肢を受け入れて、どう変わりましたか。

口先じゃなく、「学校には行かなくてもいい、好きなことを探そう」っていう考え方を心から受け入れられてから、私の気持ちが楽になって、ようやく娘も楽になれたような気がします。2人で家にこもっていると、同調して余計に苦しくなりました。短い時間でも図書館とかカフェとか家の外に連れ出して、ごはんを日々一緒に食べて、なるべく昼夜逆転の生活にならないように気を配る、それくらいしかできないなあと思うようになりました。

いま、悩んでいる親子へ何か伝えるとしたら？

・登校にこだわるより、家で好きなことを
・同じ境遇の話せる友だちを見つける
・親子でこもらず、外に連れ出してみる

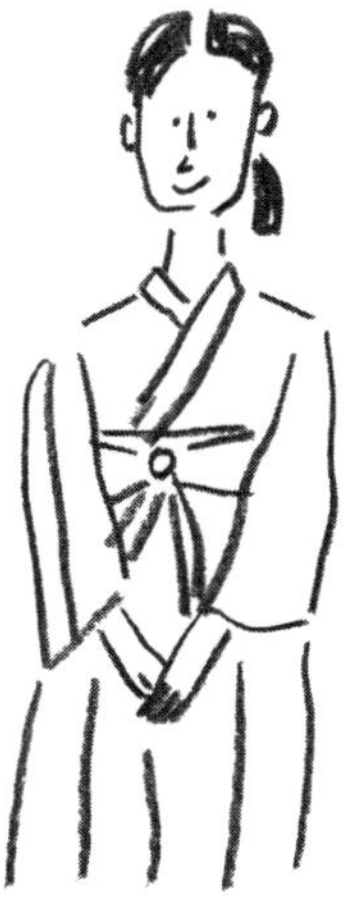

聞かせてください、あの頃のこと⑪

優奈《ゆうな》さん（仮名・2019年度〈令和元〉卒業）のお母さん

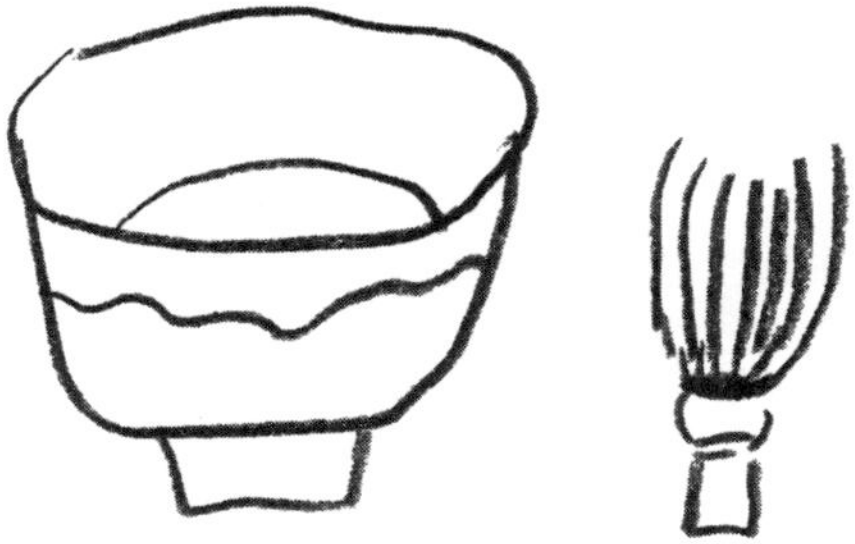

「あなたはまた必ず立ち上がるって、ずっと信じてた」

まだ10歳になる前だったのに、
他の子たちが経験しないような
寂しい思いをさせてしまったよね。
腹をくくって向き合って、
まずは生きたい気持ちを
とり戻してほしいと必死でした。
あなたは必ず自分の足で立ち上がる、
そこだけは揺らがなかったんよ。

母の離婚、祖父母の死を目《ま》の当たりに

——いろいろとご家庭の事情があったと先生から伺いました。

優奈《ゆうな》が小学2年生のときに私が離婚して、実家に戻ってきました。ちょうど父が亡くなって1年後のことで、母もようやく自分のペースで一人で暮らしていこうとしているタイミングだったんですよね。それなのに、母は晩年に突然転がり込んできた「孫育て」を受け止めてくれました。

——家族それぞれに、予期せぬ人生の変化だったのでしょうね。

3世代が一緒に暮らすなんて、そもそも生活リズムからしてバラバラです。当時の私は、独身時代のようにハードに働いていたので、優奈は日中ほとんどの時間を母と過ごしました。母はもともと司書として働いていて、私を厳しく育てました。教育者だったからこそ、孫を預かるならきちんとしたいと思ってくれたんです。でも、70代ともなると気力も体力もついていこなくて、随分と無理をさせました。

——お祖母《ばあ》様と優奈さんの密な時間だったのですね。

はい。ところが、母が癌《がん》を患《わずら》っていることがわかったんです。母は「家で治療を受けたい」と願っていたので、在宅介護をすることにしました。幸い上司や同僚が協力してくれて、仕事を調整しながら訪問医療のドクターや看護師、ヘルパーの皆さんに助けていただき、母を看ました。

——その間、優奈さんはどんなふうに過ごしていたんでしょう。

私は母と向き合うことに必死で。はっきり言って、娘のことは放ったらかしでした。一人っ子の優奈は、つねに大人に囲まれて過ごし、大人の心模様を見ていたのでしょうね。本当は、聞いてほしいことがたくさんあっただ

ろうに、言い出せなかった。お祖母ちゃんが大好きだった優奈が、「お母さんを取られて寂しかった」と後から言ったんです。それくらい、つらかったんですよね。優奈が5年生のときに、母は亡くなりました。優奈はまだ10歳そこそこで、人の死や別れを経験にして、とてつもなく深い孤独を感じさせてしまったんです。優奈が高学年から不登校になったことの根本的な原因は、この時期の孤独感にあるんじゃないかとずっと思っています。

「生きよう」という気持ちをとり戻させたい

——優奈さんは、学校でどんな様子でしたか。

6年生のゴールデンウィーク明けから、友だちとぶつかるようになって。幼いときから活発で人前に立つのも得意な芯の強い子でした。自分を貫きたいタイプで、「つるむ」のは苦手。そんな優奈が、個性の強いメンバーの多いクラスになって。何気なく言ったことが反感を買ったり、出る杭は打たれるような扱いを受けたりしたんです。

——なんとなく、クラスで居心地が悪くなっていった？

学校でしんどいことがあったのに、私は優奈に全然向き合ってやれなくて。先生にも友だちにも心を許せずに、家でもお母さんはお祖母ちゃんにかかりっきり。味方がいなくて、どこにも居場所がない寂しさと心細さを抱えて、優奈の心の歯車がじりじりと狂っていったんだと思います。

——お母様も、優奈さんも苦しかったでしょうね。

あまりにも落ち込んだ表情を見て、これはまずいと直感しました。「優奈の心の居場所をつくらなきゃ」と。学校に行きたくない優奈を責めないでおこう、家にいるときだけでもホッとできるようにしようと思いました。校長や教頭先生がなんとかして学校に連れていこうと働きかけられましたが、本人は頑として行かない。結局、半年間引きこもっていました。

——どんなふうに引きこもっていたのですか？

カーテンを閉め切った4畳半の部屋から出てこなくなりました。どうしたの、と声をかけても反応はなくて。ご飯だけは運んで、その部屋で食べさせました。部屋の中で、パソコンを触っている様子でしたね。このままでは、「生きよう」とする気持ちを失って、最悪の場合は自死の可能性だってあると思うとゾッとしました。まずは「生きよう」とする気持ちをとり戻させたいと、私も腹をくくりました。勉強なんて後からなんとでもなる、命が最優先だと思って。

暗い部屋の思い出ばかり、外の世界を見せないと！

——優奈さんに接するとき、心がけられたことはありますか。

娘の気持ちを理解したくて、まずは声の掛け方を学ぼうと思い、不登校に関する本を読みました。大学の「こころの相談室」（臨床心理センター）にも行って専門家を頼りました。私はカウンセラーに話を聞いていただいて思いを吐き出して、その間に優奈は心理学を学ぶ学生さんたちと一緒に遊んだんですね。友だちがいなかったのでうれしかったと思います。「今日は、ぽろっとこんなことを言っていましたよ」と報告をいただいたのですが、優奈の本音が垣間《かいま》見えるようで。帰りに立ち寄るカフェでも「楽しかった？ 今日はどんなことをして遊んだの？」とか何でもない話をしました。学校のことには触れず、なるべく一方通行の会話にならないようにしました。

——中学校入学も迫ってきますね。

校区の中学校に進学して、最初の1ヵ月は「死ぬ気で行く」と自分で決めて行きました。ところが、同じ小学校出身の生徒たちが「あの子、小学校で不登校だったのに来てるよね」と噂を広めてしまったんです。リセットしようとしたのに、足を引っ張られました。2回目の「行かない」は、すんなりと受け入れましたね。6年生の担任に、中学校ではベテランの先生に担任していただけるようにお願いしましたが、うまく連携がとられていなくて。一人ひとりに対応いただくのは難しいのは重々承知でしたが、「努力したけど行けなくなった」ことだけは伝えないと優奈の立場がないと思って言いました。

――せっかく踏み出したのに、また引きこもってしまった？

学校は行かなくてもいいから、「外の世界」を見せようと決めました。中学時代の思い出が、「真っ暗な部屋にずっといた」記憶に塗りつぶされるのだけは避けたかったので。九州新幹線に乗って霧島を旅したり、大阪のユニバーサル・スタジオ・ジャパンに行ったりしました。京都への修学旅行は行こうとしたけど断念したので、私と2人で行きました。「みんなとは一緒に行けなかったけど、お母さんと行った」と自信を持ってほしくて。優奈は抹茶が好きなのでお茶の産地である宇治や、清水寺、修学旅行では行っていない嵐山まで足を伸ばしました。

――外の空気を吸うだけでも、気分が変わりますよね。

それが大事なんですよ。ただ、長く引きこもっていたので体力が著しく落ちていて。坂の途中で歩けなくなり、私が荷物を持ちました。真っ青な顔になって、タクシーの中で休憩することがあっても、とにかく連れ出さなきゃと。ようやく母と娘の時間を重ね始めて、これから一対一で向き合って生きていくんだと覚悟しました。

つくば開成福岡高校に入学、エンジンを極端にふかそうとした

――高校進学も悩まれたでしょう。

2年生の時に、私と優奈がお世話になっている美容師さんが、つくば開成福岡高校（以下〈つくば〉）を勧めてくれたんです。ご自身の息子さんが卒業生で。私たちのことをよく知っている方なので、「優奈ちゃんに合ってると思う」という言葉に説得力がありました。その方の人を見る目を信じていたのと、3年生の時の担任もいい学校だと言ったので、「見学してみようかな」と心が動きました。

――心強い後押しがあったんですね。

早速〈つくば〉へ見学に行きました。松永教頭が2時間くらいかけて私たちの話を聞いて、学校の説明をしてくださったんです。優奈は途中で疲れて机に突っ伏して寝てしまったのですが、そういう本人の状況を理解してもらえたのも、ありがたいなあと。本人の気持ちを尊重すると言っても、この時点で選択権を握っているのは実際のところ母親ですよね。だからこそ、責任重大だとプレッシャーを感じて、通信制高校の資料を集めて慎重に検討しましたね。「優奈は必ず立ち直る、自分の力で将来の道を切り開いていける」と信じる気持ちだけはぶれないように、自分に言い聞かせていました。

――高校でリスタートしたい！という気負いもあったでしょう？

優奈は「やる」「頑張る」と決めたら、極端にエンジンをふかしてしまうタイプなんですよね。気合いが入るほどアップダウンが激しい。ちょっと誰かに否定されると私はダメなんだと落ち込んだり、反発したり。本人は週5日登校から始めたいと言ったんですが、先生に「今まで昼夜逆転生活だったなら、急に毎日登校しようとするときついと思う、ゆっくりでいいんよ」と諭《さと》されて、週3日登校から始めました。何より、学校を休んでも責められたり否定されたりしないことが、親子ともども大きな安心感がありました。先生に自分を認めてもらう体験が、これまで足りていなかったので。

――少しずつ、やりたいことも見えてきたのでしょうか。

自分を見つめ直して、自分はどんな人間になりたいのか冷静にじっくりと考えるために、立ち止まる時間をいただいたんですね。学校に通って勉強するだけじゃなく、アルバイトも始めたいと言い出して、頑張りすぎじゃないかと心配しました。でも、本人がやりたいことは否定しないと決めていたので、「やってみたら」と応援しました。ファーストフード店で働いて、社会勉強もさせていただきました。「お母さんに心配かけたから、通学定期代は自分で稼げるようになりたい」という思いもあったようです。学校に行けない日も、アルバイトには行くこともありました。そうやって、また登校できるようにリズムをつくっていたのでしょう。

親では埋められない寂しさ、友だちができて救われた

――〈つくば〉で友だちはできました？

小学6年生のときに同級生と付き合うのが難しくなって以来、友だちがほとんどいなくて。インターネットで知り合った女の子とチャットをする時間が、年の近い友だちと接する唯一の時間でした。私から彼女の親御さんにご挨拶の手紙を出して、優奈は遠方まで会いにいって、今も良い関係が続いています。大学病院のカウンセラーからは「優奈さんは精神年齢が高くて、同年代の子たちが幼く見えるかもしれない」と言われましたが、心の奥では年の近い友だちが身近にほしかったんじゃないかな。その寂しさは、親や大人では埋められないから、〈つくば〉で出会いがあればいいなと思っていたんですが、ようやく仲のいいクラスメイトができたんです。

――そうなんですね！どんなクラスメイトですか。

幼稚園時代に同じクラスだった女の子に〈つくば〉で再会したんです。当時は特別仲が良かったわけではないのですが、再会してお互いの境遇を知るうちに、共感したのでしょうね。一緒にアルバイトをしてお金を貯めて2人で旅行にも出かけました。さらに生徒会に入ってからは、積極的なタイプの友だちとつきあうようになって、

優奈本来の活発な性格が引き出され、人前で自分を表現できるようになりました。

――お母様としては涙が出ますよね。

そうなんです。「24時間テレビ」のボランティア活動に参加したときは、手づくりの遊具で子どもたちを一日中遊ばせて、汗びっしょりで帰ってきました。体力も気力も出しきって、達成感があったんでしょうね。大人に囲まれてずっと寂しそうだった優奈に、居場所ができたと思うとうれしくて。

大学か公務員専門学校か。人と同じ挑戦ができた

――卒業後の進路も考える時期が来ますよね。

同年代の多くの人たちが経験することを優奈にも味わってほしいと願っていたので、大学受験を目指したいと聞いてうれしかったです。何を専門に学ぶのかを悩んでいたとき、大学主催のプログラミング講習会に参加しました。参加者はスキルの高い人ばかりで「私の目指したい道はこっちじゃない」と気がついたようです。自分ではパソコンが得意と思っていたけど、プログラミングに興味があるわけじゃないと自覚したんですって。「やってみて、違うとわかる」体験はとても大事だなと感じましたね。

――他に、進みたい道が見つかったのでしょうか。

「お母さんはどう思う？」と聞いてきましたが、「〈つくば〉を選ぶところまではお母さんがサポートしたけど、お母さんの人生じゃないから、自分で考えて選びなさい」と言いました。後日、「優奈さんは公務員を目指したいと言っています」と担任の中尾先生から連絡がありました。安定した職業がいいと思ったのと、私の祖父も公務員だったので親近感があったのかもしれません。第一希望は大学でしたが、公務員専門学校と両方受けました。大学は不合格で、後から大学の補欠合格をもらったんですが、本人は既に専門学校に頭を切り替えていました。

〈つくば〉では2012年度（平成24）から有志で「24時間テレビ」に参加している。生徒がつくったダンボール遊園地で遊ぶ子どもたち。

——専門学校で勉強はスムーズに進みました？

中学校で学習するはずの基礎的なカリキュラムが身についていないと痛感して、どの科目も一番前の席で授業を聞いてかじりつくように勉強していたそうです。「本気のエンジンがかかったな」というのは、顔つきを見ればわかりました。専門学校の模試では、4回も成績トップを取ったんです。「ああ、優奈はここまでたどり着いたんだ」と私は号泣しました。親子で悩みに悩んだけれど、娘は進む先を見失わなかったって。

——地方公務員試験は難関だと聞きます。

東京から九州まで連日あちこちで面接を受ける日々で、スケジュールが過密なんです。しっかりご飯を食べさせて応援するくらいしかできなかったですね。本命の面接で思いがけず苦戦したんです。面接官に「なぜ大学進学から公務員に進路を変えたのか」と意地悪な質問をされて。公務員に対する志望動機はちゃんとあったのにうまく答えられず、「大学受験に落ちたから鞍替《くらが》えした」ように受け取られてしまったんですね。落ち込んでいましたが、結果的には第一志望ではない別の市役所に採用されました。ただ、本人は気持ちを切り替えるのに3ヵ月はかかっていましたね。

人と接することで、人はまた立ち上がる

――優奈さんの勤務先に合わせて転居されたとか。

そうなんです。移り住んでみたら、とても暮らしやすい町で。何よりも職場環境がゆったりとして人間関係にも恵まれ、結果オーライでした。町や人はのんびりした雰囲気だけれどこれから成長していく勢いもあって、そういう地域のために働くことはやりがいがあるだろうなと。「お祖母ちゃんが、〝こっちにしとき〟って言ってくれたのかもね」なんて冗談で言っていました。母が生きていたら、優奈が公務員として働くところを見て喜んだでしょうね。

――わが子が独り立ちして、今どんなご心境ですか。

人生、捨てたもんじゃないなというのが率直な思いです。投げやりにならず、最後まで優奈を信じることができてよかった。苦しみが無駄になることはないんだと、娘に教わりました。

――優奈さんが自信をとり戻せた理由はなんでしょう。

ずっと自分を否定し続けて、自分を好きになる、認めてあげるチャンスに出合えていなかったんですよね。それは自分一人や親の力だけでは難しくて。娘の場合、4年間は人とのコミュニケーションをほぼ絶っていました。〈つくば〉には、いろいろな悩みを抱えてきた生徒や、ユニークな個性を持つ生徒がたくさんいます。そういう環境で、閉じていた自分を開いて、互いに受け入れ合う体験を経て、ようやく自分を認めることができたんじゃないかと思います。そのプロセスが生きる力になったというか。この学校に連れてくるまでが親の仕事、一人で立つ手助けは学校の先生や友だちがしてくださいました。

――一人っ子ならではの悩みはありましたか。

将来、私がいなくなったら本当に一人になってしまうから、寂しい思いをしてほしくないとずっと考えていました。母の介護で日々余裕がなかったとき、私が見ていないと誰も娘の変化に気づいてやれないと気づいて、慌てました。自分はどういう人間か、何をして生きていきたいか、それを客観的に見られる人に育てるところまでが親の務めなんだと自分に言い聞かせたんです。そうやって、ずっと2人で生きてきたからこそ、距離の保ち方やどこまで口を出すかの判断が難しかったですね。

――迷ったとき、心の支えになったものがあれば教えてください。

優しかった父、教育熱心だった母の姿を思い出していましたね。「お父さんやお母さんならどうする？」って亡くなった両親に話しかけながら、前に進んでいました。よく考えれば、私も母の思い通りにならない人生だったので、娘を信じることは自分を信じることだったかもしれません。子どもは親の所有物でもなければ、同じ人格でもないので、娘の人生を否定しない、口を出しすぎないと自分を戒《いまし》めていました。私が母の介護も娘のことも背負《しょ》い込む姿を、娘なりに見てきたんでしょうね、「お母さんが想像する以上に、私はお母さんに感謝しとーし」と先日言われたんですよ。

いま、悩んでいる親子へ何か伝えるとしたら？

・苦しみは無駄にならない
・子どもの生きる力を信じる
・導くだけ、選択に口は出さない

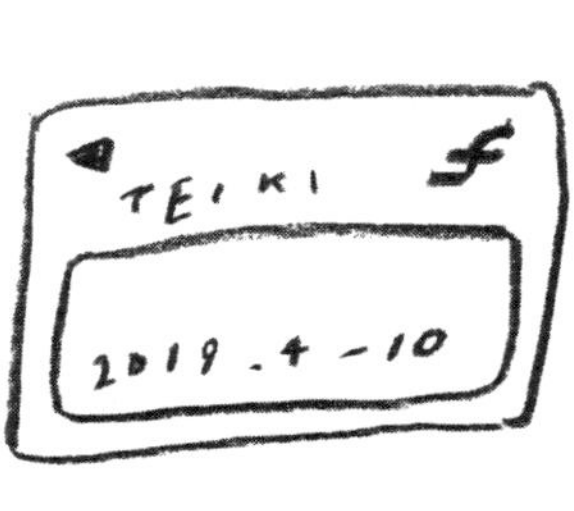

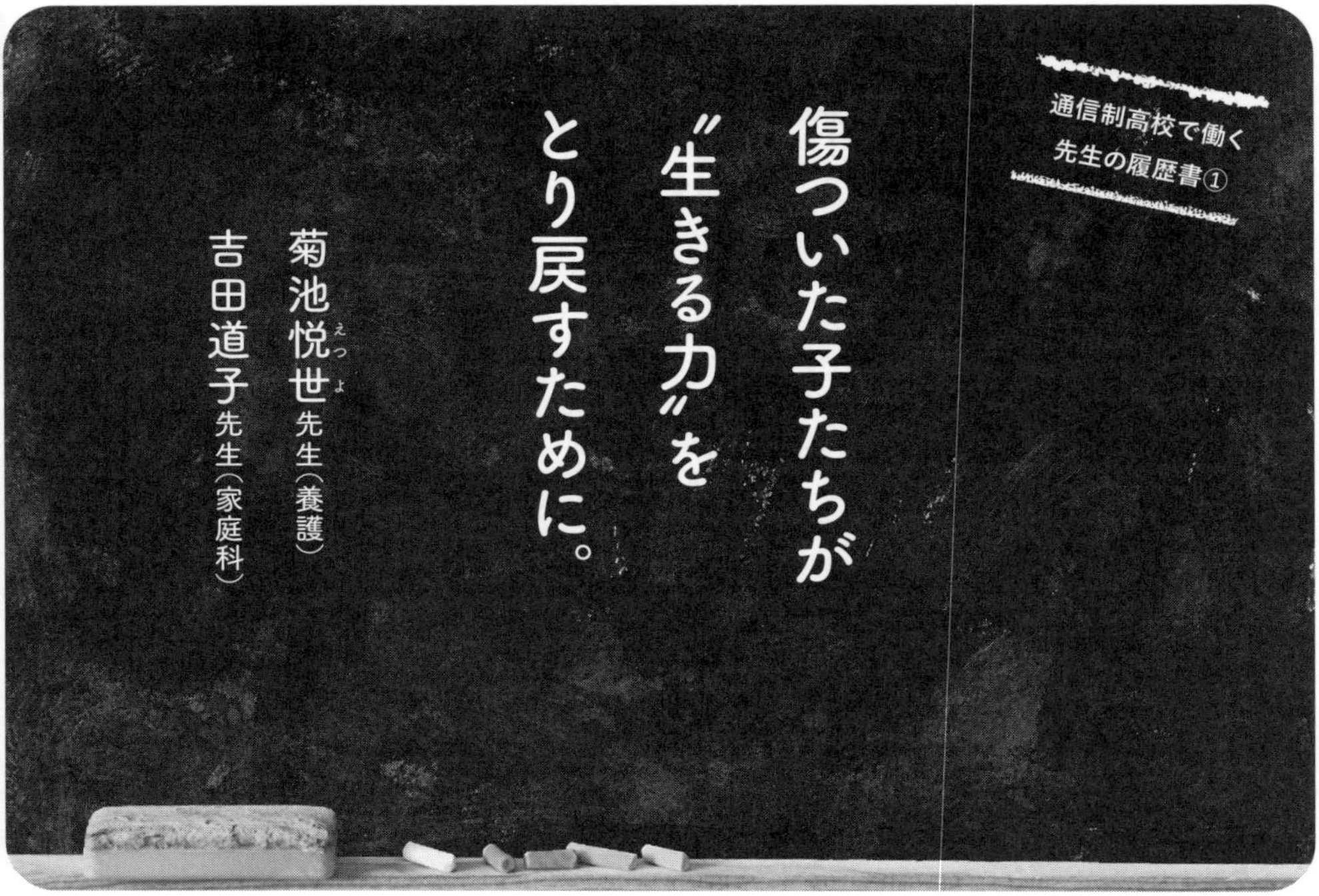

通信制高校で働く
先生の履歴書①

傷ついた子たちが“生きる力”をとり戻すために。

菊池悦世《えつよ》先生（養護）
吉田道子先生（家庭科）

限られたコマ数でさまざまなテーマ

20脚ほどの学習机が並ぶ小さな教室。冬のやわらかな光が射し込んで陽だまりをつくっている。日頃はここで、映像やスライドを使った授業が行われているのだとか。

教室には二人の女性が待っていた。向かって右側が家庭科の吉田道子先生。ショートヘアにフチ無しの眼鏡が凛々《りり》しく映える。左は養護（保健）の菊池悦世先生。微笑みをたたえた穏やかな眼差《まなざ》しが印象的だ。

「家庭科と言いますと、やはり被服や調理を……？」

何の気なしに尋ねたら、吉田先生がやや苦笑まじりで答えてくれた。

「家族や共生、保育、消費者教育など、すごく幅広いんですよ。ただ、家庭科に与えられた時間数は年間４コマなので、授業は限られた時間の中で、プリントを使いながら本当にかいつまんで。あとは興味を持って教科書を読んでもらえるように心掛けているんです。

特に成人年齢が18歳に引き下げられたことで、子どもたちが様々な契約を結べるようになり、その結果、悪徳商法のターゲットとなることもあります。また、インターネットを介して知らないうちに事件に巻き込まれ、心に深い傷を負うことにもなりかねません。それゆえに、〈つくば〉では別枠で専門の外部講師を招いて、特別講座を実施しています」

大事なのは、とにかく「待つ」こと

家庭科は受験科目ではないとは言うものの、さすがに駆け足すぎて大変だろう。

「教師生活そのものは二十数年になるんですが、つくば開成福岡高校（以下〈つくば〉）に来てまだ3年目なんです。今も全日制高校と兼務しています。全日制ではいろんな学校に勤めてきました。学校それぞれの個性がありますから、こちら側も切り替えが必要ですね」

吉田先生は、「兼務先の高校ではもうちょっと厳しくやってるんです」と言ってはにかんだ。兼務先の全日制高校とは違う、〈つくば〉ならではの生徒との接し方はあるのだろうか？

「〈つくば〉に通う生徒たちは、つまずいて、傷ついている子が多いので、まだ慣れていないうちは授業中も指名して意見を言わせたりはしません。『わかった？』とアイコンタクトを取り合って、尋ねてみることもあるんですが……。

今の3年生は2年生の時から担当しているんですけど、3年生になって表情が明るくなりました。全日制だとわかりにくい変化や成長が、ここだと実感しやすいですね。

兼務先はいわゆる全日制の進学校なんですが、生徒は本当によく勉強します。少しは休んだら？と言いたくなるほど。もうちょっとゆっくりでいいんですよね、社会全体が。そういう意味では〈つくば〉はおおらか。もっとこういう学校があってもいいかな、と思います。先生たちは、『私はこんな風にできない』と思うくらい生徒に心を配っていますね。

大事なのは、とにかく『待つ』ことなんですよ。私も子育てをしてきたので思うのですが、子育てって待つしかないですよね？でも、いろんな状況によって待てないことが多い。自分のレールに乗せたいとか、よその子と比べて劣っているとか。つまずいた子たちって、その子の力で起き上がるまでもっと待ってあげた方がいいのに……」

養護の菊池先生が、小さくうなずきながら私たちのやりとりを聞いている。

「こちらの生徒は、親御さんの期待が大きすぎたのかなと感じるときもあります。今、『待つ』とか『比べる』という言葉がありましたが、世の中の風潮もある気がします。『子どもが母の通信簿』と言われたりしてねぇ」

専業主婦が大半だった時代は、自分ができなかったことを、子どもに託して期待してしまうタイプの母親が多かったかもしれないが、それも今は昔。今の親子の〝すれ違い〟の原因はどこにあるのだろう。

「子どもたちは、お母さんやお父さんに自分の心の問題に気づいてほしいのかな、って。本当は喋《しゃべ》りたいし気づいてほしいんだけど、お母さんたちも忙しいんですよね。私だってフルタイムで働いていたから自分の子を見ていたかというと自信がないのですが……。

少子化が進む前の時代は、母の手が回らなくてもお姉さんやお祖母《ばあ》さんなど、他に愛情を注いでくれる人がいたんでしょうね。子どもたちは両親以外の人たちから愛情をもぎとっていた。今のお母さんは、むしろ実母や義母からプレッシャーをかけられていますよ」

時代は変われど、思春期の子たちが「ちゃんと自分を見てほしい」という願いは変わらないということか。

「女の子だとまだ母親に話せますが、男の子はつらいですね。日本のジェンダーの問題というか、男の子は弱音を吐いてはいけないという空気が、まだありますから」

「ここは自信をとり戻す学校」

保健室を訪ねてくるのは、男女でどんな割合だろう？

「ほとんど女の子。保健面談は3人の先生と分担し、私は週2日担当しています。だいたい同じ子が何回も来るんですよ。校長先生から注意されているのは、『病院でカウンセリングを受けている場合は二重カウンセリングにならないように』ということ。つまり、面談に来るほとんどの生徒が病院のカウンセリングにもかかっているんです。私とカウンセラーが逆のことを言ったら子どもは迷いますからね。ですので、特に困っていることが何かを整理してカウンセラーにつなぐことに注力しているんです。

ただ、『もう疲れてしまった』みたいな言葉が出てくることがあるんですよね。そのときは、まぁまぁとなだめつつ時間をつなぎます。カウンセラーにかかるまでの間、少しでも希望が持てるように『今の話、また来週聞かせてね』と約束をしたりしてね」

週3日、週5日登校の3年生向けの調理実習。今年の献立はドライカレーとヨーグルトゼリー。

そう言えば、菊池先生のご略歴を聞きそびれていた。

「三つの県立高校で、39年間保健室の養護教諭をやってきました。採用されたのは１９７９年（昭和54）。最初の3年だけ地元の進学校でしたが、あとは実業高校でした。〈つくば〉は、『ここは自信をとり戻す学校』と校長が言っているとおり、職員みんなが気を配っていると思います。これ以上自信をなくさないで済むように、待つ姿勢を大切にしながらいつも言葉をかけています。

性教育にも力を入れているんです。ＬＧＢＴＱについても教えています。通信制でそこまでやっているところは少ないでしょうね。たとえば避妊について学ぶにしても、生徒たちに必要なのは、どうやって正確な情報にたどり着くかということ。インターネットで検索して一番上に上がったからといって情報を鵜《う》呑《の》みにしてはいけないということとか。校長は、『知らなかったがゆえに子どもたちが失敗したり傷ついたりするのは嫌なんだ』とおっしゃっています」

「もっとわがままになりなさい」

最後に菊池先生がメモを取り出し、「本人に許可をもら

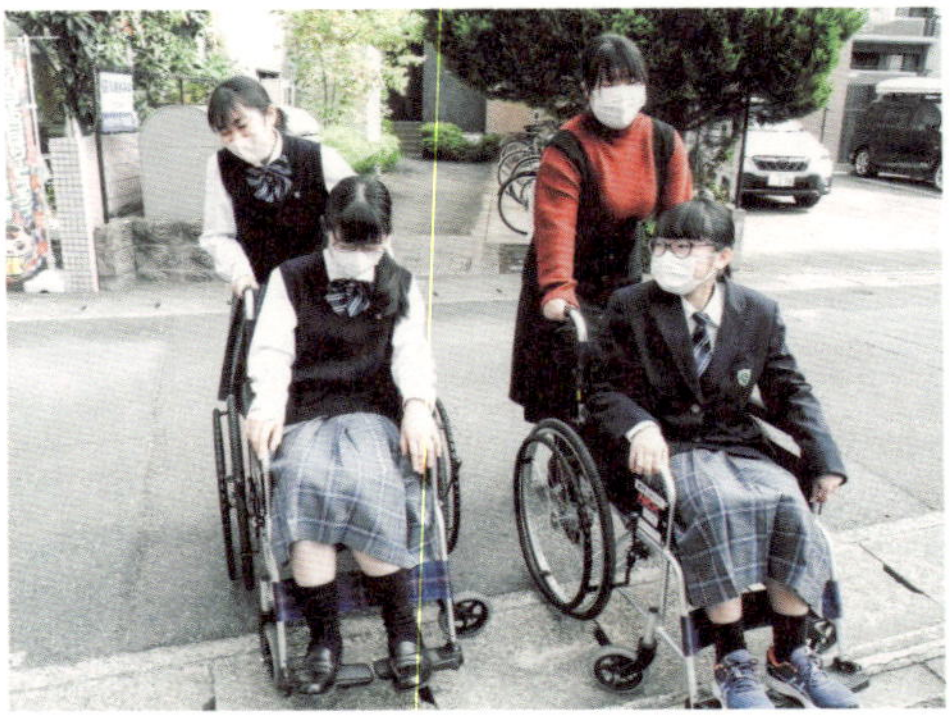

人権学習の一環で車椅子の操作方法を学ぶ。押したり、押されたりすることで、町の障害物も体感。「“気づき”が“築く”」は校長がよく口にするフレーズ。

った上で話すことなんですが」と前置きしてから、ある生徒について話してくれた。

「病気の親御さんを支えてきた女子生徒なんですが、あるとき面談を申し込んできたんです。彼女はある大学の理系の学部を受験していたのですが、ちょうど面談日に不合格の結果が出てしまったんです。とても落ち込んでいたので何とか彼女の主治医につなぎました。

翌日、登校していたので声をかけてみたら、彼女が急に泣き出して、『私は何も成し遂げていない』と言ったんです。お母さんにも謝ったそうです。私は本当にビックリして、あなたの人生を生きなさい、もっとわがままになっていいんだよと伝えました」

シビアな環境の中で、さらに勉強に打ち込む。その姿勢だけでもすごいのに、「申し訳ない」と、まだ自分を責めているのだ。最後に菊池先生からこんな「告白」があった。

「〈つくば〉には学校看護師さんと、もう1人の養護教諭がいるからこそ言えることなのですが、本当は、もっと立場がフリーな『学校の売店のおばちゃん』になりたいんです（笑）。最後に勤めていた学校では、保健室に相談に来る子と売店のおばちゃんに相談する子が半々の割合だったんですよ。売店に来る子は、そこで気軽に身の上話をするわけです。生徒たちにしてみれば、売店のおばちゃんのほうがハードルが低いし、相談しやすいはずですよね。今は15時か16時には退勤するんですが、本当はその後もお茶を飲みながらズルズルといて、生徒と何気ない会話ができたらいいなと思っているんです」

先生でもカウンセラーでもなく、売店のおばちゃんがボーダーレスに相談相手を担っている学校というのはいかにも楽しそうだ。いつの日か菊池先生が売店を開いたら、私もパンと牛乳を買いにいきたい。

不登校の〝つづき〟を生きる

～卒業生たちの物語～

近隣の公園での清掃活動。こうした取り組みを通じて社会との接点を得て、自信をとり戻していく。

不登校の“つづき”を生きる①

実結《みゆ》さん（仮名・2019年度〈令和元〉卒業）

「立ち止まったから、夢をあきらめずにすんだ」

苦しんでいるのは、
私だけじゃなかったんだな。
それが、通信制高校と
医学部に通《かよ》ってわかったこと。
不安や痛みを抱えながら、
なりたい自分に近づこうとしている
みんなの姿に励まされて
私は今、医者を目指しています。

「しっかりしなきゃ」と背負った、二つの重荷

——小中学生時代は、どんな生徒でしたか。

小学生のときは、ドッジボールが大好きで、人前に出て意見を言う生徒でした。学校以外にもテニスやピアノを習って、とにかく活発な子どもでしたね。しかも、負けず嫌いで、やるからには勝ちたいというタイプでした。でも中学2年生の半ば頃から、学校に行くのがしんどくなって。

——何か原因となるトラブルがありました？

中学2年生の後半からソフトテニス部の部長と学級委員に指名されました。両方やるのはきついと思いましたが、担任の先生に「クラスが第一、部活は二の次でいいから」と押し通されて、どちらも断れなかったんです。部活では集団としての態度や行動に問題があると、上級学年の部員が怒られました。当時、学年間でのぶつかりあいが続いて、同学年の仲間は言いにくいことを言えないタイプの人が多かったので、私が他学年に対してはっきりと注意していたんですね。ただ、1学年下の妹が同じ部活にいたのもあって、学年それぞれの言い分の間で板挟みになることもありました。トラブルがあって周りから頼られるほど、「自分がしっかりしなくちゃ」と思い詰めて、どんどんストレスが大きくなりました。

——身体的な不調もあったのでしょうか。

お腹が痛くなって、休みがちになりました。思春期ならではの過敏すぎるところもありましたね。3年生の前半、私は学校に行けていないのに、部活の問題が起きたら部長として呼び出されて対応していました。あるとき、保護者が出てくるような大きなトラブルがあって、顧問が保護者の顔色ばかり見ていたのがショックで。この一

入学式後のオリエンテーション。どの子も緊張の面持ちだが、生徒会役員の温かいサポートにほっこり。

件が決定打になりました。

――周りの友だちには相談しづらかった？

この頃は周りに頼ることが苦手でした。3年生になって授業はほとんど休んでいましたが、合唱コンクールのピアノ伴奏だけはどうしてもやりたかったので、オーディションに参加しました。合格して伴奏したのですが、「学校に来てないのに」と悪く言う人もいて、周りとの摩擦に疲れてしまいました。

――ご両親はどんな反応でしたか。

最初は、母と「行きなさい」「行かない」と言い合いになりました。頑張っていこうと登校の準備はするけど、玄関から出られないこともありました。母が泣くと「なんでお母さんが泣くの？」と思っていましたね。両親ともに働いていたので、学校に行ったふりをして制服だけ洗濯したこともあったかな。1、2ヵ月すると私の状況を受け入れてくれました。何も言わないで見守ってくれたことはありがたかったです。

繰り返す悪夢と無気力の日々

――学校に行ってない間はどう過ごしていましたか。

よく眠れなくて、学校の夢とか、何かに追いかけられるような夢ばかり見ました。昼夜逆転の生活になって、起きても何もすることがなくて。「学校に行かなきゃ、勉強しなきゃ」という罪悪感はありましたが、勉強はせずに誰もいないリビングでドラマやアニメばかり観ていました。家族が帰ってきたら、自室に引っ込む感じ。熱しやすく冷めやすいタイプで、趣味らしいものもあまりなかったんです。ひたすら無気力で、ぼーっとしていたと思います。この頃の記憶があまりありません。

――眠れないのはきつかったでしょう?

中学3年の途中で、精神科にかかって睡眠導入剤をもらいました。今も、眠れないときは使っています。外で運動することもなく、すっかりインドアの生活になりました。さらに、性格もガラッと変わってしまったんですよね。人間関係がこじれたのは、私が自己主張してみんなに意見をズバッと言うのが良くなかったのかもと思って、自分の考えや感情を表に出さなくなりました。

――自分を抑えるようになってしまったんですね。

そうですね。子どものときのように活発で、みんなに頼られるキャラという感じではなくなりました。私が他人の目を気にしてすっかり引きこもっていたので、母はたまに車で食事に連れ出してくれましたね。ただ、学校に戻ることはほとんどなく、卒業式も個別で卒業証書をいただきました。

――進路について考える気力も湧かなかった?

誰も知り合いがいない地域の高校に進学して環境を変えたいという気持ちはありました。でも、希望する高校を受験するには、出席日数の関係で内申点が足りなくて。勉強もしていなかったので学力にも不安がありました。そこで、3年生の担任が通信制高校という選択肢があると教えてくださったんです。

——通信制高校に対して、どんなイメージがありましたか。

最初は、自分が「毎日行かなくてもいい学校」に行くことには抵抗がありました。みんなと同じあたりまえのことができていない、自分は普通じゃないと落ち込んだんですよね。入学式から「リセットするんだ」と意気込みましたが、静かで人が多い環境にいることがとても苦痛だったんです。当時はストレスからくる過敏性腸症候群と診断されて、痛みや不調が突然くるかもしれないとつねにびくびくしていましたから。

たった一人の「医歯薬コース」、夢をあきらめたくない

——実際に通い始めると、つくば開成福岡高校（以下〈つくば〉）はどんな場所でした？

すごく自由でした。まず、学校に行けなくても、遅れても怒られない。それどころか、担任の中尾先生は「今日頑張って来たと？　えらかったね」って、できないことより、できることをほめてくださるんです。そんな先生は、今までいませんでした。最初から週5日登校で始めたいと思いましたが、夜あまり眠れないので朝が起きられなくて。少しずつ通学に慣れて、1年生の途中から週5の午後クラスに通えるようになりました。

——クラスメイトの雰囲気はどんな感じでした？

いろいろな不安や難しさを抱えている人がいるようで、自分だけじゃなかったんだと、少し緊張がほぐれました。だんだん仲良くなるにつれ、お互いの身の上をポツポツと語り合うようになっていったんです。真面目《まじめ》な人ばかりっていうわけでもなくて、いろいろな個性を持った人たちがいましたが、みんな聞き上手で、優しい人ばかりでした。

——集団行動に少しずつ参加するようになりましたか。

「24時間テレビ」のボランティア活動や公園の清掃活動には参加しました。みんな穏やかに活動を楽しんでいて、

中学の部活動みたいなギシギシした人間関係とは全く別の世界。少しずつですが、周りに頼るとか、本音を話すということができるようになったんです。ただ、集団で長い時間を過ごすのは自信がないのと、体調の不安が大きくて、合宿には参加できませんでした。

――勉強は少しブランクがあったかもしれませんね。

そうですね。中学3年生の間は、ほとんど勉強できていなかったので。でも、私には昔から夢があったんです。父が整形外科医で、子どもの頃は父の病院に連れていってもらって、笑顔になる患者さんをみて、「かっこいいなあ。私もあんなふうに、信頼されるお医者さんになりたい」って思っていました。やっぱりその夢をあきらめたくないと、中尾先生や校長先生に伝えました。

――先生たちは応援してくれました？

はい、「無理」とか「難しい」っていう顔は全然しなくて、あなたならできるからって背中を押してくれました。そして、予定されていた医歯薬コースの創設を早めてくださったんです。当時、数Ⅲまで選択する生徒がいなかったので、私と先生のマンツーマン授業でした。私は数学が得意だったんですけれど、ベテランの真鍋先生や家《いえ》宇治《うじ》先生に微分積分を教わるとすごくわかりやすくて、ますます数学が好きになりました。

――その言葉は、先生方もすごくうれしいでしょうね。

今は、〈つくば〉も医学部を目指す生徒が増えたと聞いていますが、当時は私一人のために先生が授業をしてくださったんですよね。すごく贅沢なことでした。それなのに、どうしても朝は起きられなくて、先生を待たせてしまうこともありました。それでも、先生は怒ったりせずに、待っていてくださって。数学だけは絶対頑張ろうって思いました。

図書学習委員会が作成した掲示板。コロナ禍で何かできることはないかと模索してつくった。「Never Give Up」の言葉が力強い。

医学部にはいろいろな「抱えた人たち」がいる

——初めての大学受験はどうでしたか。

やっぱり、1日3、4時間勉強したくらいでは、他の受験生のレベルに追いつくことは難しかったです。予備校にも通いましたが、現役合格はできませんでした。そのショックで、〈つくば〉の卒業式には出られなかったんです。

——〈つくば〉を卒業して、予備校生活がスタートしたんですね。

1浪目も相当頑張ったつもりでしたが、合格には届かなくて、現役の時よりも落ち込みました。「浪人が長引くと女性は結婚とか苦労するよ」という世の中の声にもやっぱり抗えなくて、浪人は2回までと決めたんです。医学部がダメだったときのために、薬学部を受験することも考え、「いよいよ最後のチャレンジ」と肝《きも》に銘じました。「医者になる夢をあきらめたくない」という強い気持ちを持って、朝9時から夜22時まで予備校で勉強しました。中尾先生は、さりげなく気にかけてくださって、願書提出の際なんかには励ましの声をかけてくださいました。

——3度目のチャレンジ、どうなりましたか？

志望校に合格しました！　両親は何となく「2浪で受かるんじゃないか」という予感があったみたいで、何も言わずに学費を出し続けてくれました。母は泣いていたし、父はとても嬉しそうでした。本当にホッとしたというか、いよいよ医者への道が開いたと安心しました。

——すごい、やり遂げましたね！

はい。とても学生数の多い大学なので、入学式に行けるか不安でしたけど、無事に出席できました。だんだん、通学にも人の多い環境にも慣れてきましたね。ただ、勉強は入学してからの方が大変で、アルバイトをする時間もありません。

——今、体調は落ち着いていますか？

まだ、睡眠導入剤は使っていますし、過敏性腸症候群も全快したわけではなくて、漢方をもらうために病院に通っています。高校2年生くらいから睡眠のリズムは随分整ってきましたが、中学校で不登校になる前ほど元気にはなっていないんです。あ、健康のためにテニスは再開しましたね。

——体調の波を抱えながら、バランスをとっているんですね。

テニスそのものは好きなので、体を動かしてリフレッシュする時間を持つといいみたいです。意外なことに、医学部で学ぶ人たちって、不調や悩みを抱えてきた人が多いんです。私が自分の体調不安を友だちに打ち明けたら、「別に普通じゃない？」って。同じ過敏性腸症候群や不眠症に悩む人にも出会いました。医学部に入るまでそれぞれに時間がかかったり、何度も失敗とチャレンジを繰り返したり、一度別の道に行ってから再チャレンジしたり。年齢も生き方もバラバラなんです。〈つくば〉だけでなく医学部でも、「私だけじゃないんだ、みんな抱えてる苦しさがあるんだ」と知って、励まされてきました。

苦しんできたからこそ、痛みがわかる医者に

――実結《みゆ》さんの背中を押した松永校長の思いも報われますね。

私が通信制高校に通っていたと言うと、みんな「すごいね！」と興味を持ってくれるんです。「学校には毎日行ってたの？」とか、「勉強は難しかった？」とか。全日制高校と比べたり、否定的なことを言われたりしたことはないですね。「〈つくば〉っていう通信制の高校に通えてよかった」と胸を張って言えることがうれしいです。私は一度休んで〈つくば〉を選んだからこそ、高校を卒業して、医学部で医者を目指すことができるんです。そのことは、先生方にも、両親にも感謝しています。

――〈つくば〉の波多江《はたえ》先生が、実結さんは周りに影響力のある人だとおっしゃいました。

えー、そうかなあ。昔ほどではないですけど、〈つくば〉でまた自分の意見を言ったり、自分を出せるようになったりはあるかも。人間関係が怖いという思いはずっとありましたが、環境を変えたことで自分と合う人に出会えたんですよね。それに人に頼まれたことをすべて引き受けず、「できません」って最初にちゃんと言ったほうがお互いのためになることや、周りを頼っていいということも、高校と大学で学びました。少しずつですが、良い方向に自分が変わっていると感じます。

――将来、どんな医者になりたいと考えていますか。

自分が長らくしんどい思いをしてきたからこそ、患者さんの不安や悩みがわかる医者になりたいです。6年間勉強して研修医になったら専門を決める予定ですが、心療内科か、父と同じ整形外科を考えています。実は双子の妹が獣医、弟も医者を目指しているので、父の跡を継ぐことは弟に任せて、私は自分の道を行こうかなと今は考えています。

――ご自身のこれまでを振り返って、改めて思うことを聞かせてください。

勉強に関しては、いくらでも手段があります。学校に行かなくても、家で動画の授業を見たり、予備校や個別指導に通ったり、自分に合ったものが選べるので焦《あせ》らなくていいと思います。心も体もしんどいと、「一度休む」ことが必要な場合もあります。休むことを恐れなくても、立ち止まることで次に行けるというか。だから、本人が「自分から学校に行きたい」と思えるまで、親御さんには待っていてほしいですね。必ず自分で立ち上がるときは来ます。

いま、悩んでいる親子へ何か伝えるとしたら？

・勉強の遅れは自分に合う方法でとり戻せる
・しんどいときは、立ち止まって休んでいい
・自分で決められるまで待ってほしい

2021年度（令和3）の研修旅行。新型コロナウイルスの感染拡大をうけ、何度も検討を重ねた結果、沖縄から鹿児島に変更された。

不登校の“つづき”を生きる②

紗季《さき》さん（仮名・2014年度〈平成26〉卒業）

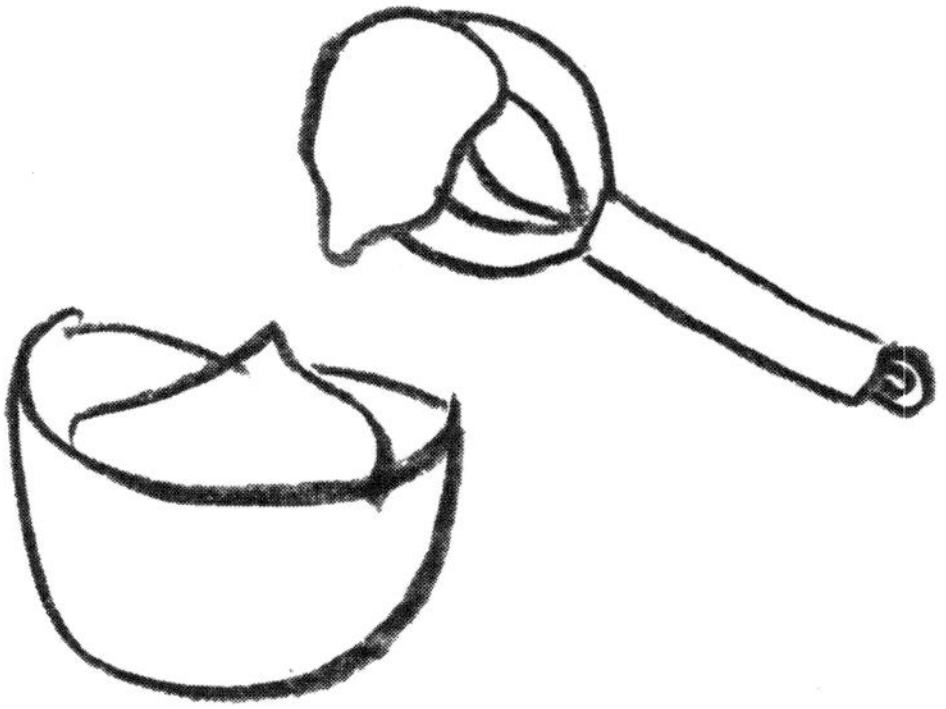

「まわり道したことは、誇りですらあります」

人の心は深くて、謎だらけ。
心理学を学ぶようになったからこそ、
過去の自分や家族の気持ちを解きほぐして
言葉にできるようになったこともある。
でも、私はまだ、
不登校のつづきを生きています。
自分の道を探りながら。

「お姉ちゃんキャラ」はやりやすかった

——お母さまから、幼少時代に通っていた場所について聞きました。

幼稚園や保育園ではなくて、週1回だけ集団保育の場に通っていたんです。「さきちゃん」じゃなくて、名字で先生やお友だちから呼ばれていましたね。自分の生活習慣をきちんとできているか、みんなの前で発表する時間があったんですが、生活をきちんと保つことも発表することも苦手だったので、「う〜っ、できない」ってなりがちでした。でも、小学校に入ると、「ちゃんとできる優等生」と言われるようになって、「あれ？ 私は変わってないのに前とは逆のことを言われるなあ」と感じました。最近よく、この頃の記憶を思い出します。幼少期に人とはちがう独特な経験をしていたんだなあと。

——子どもの頃、どんなことが好きでしたか？

当時は「ピアノ」とか、通っていた教会で演奏していた「チャイム（ハンドベル）」とか答えていましたね。そこまで好きだったわけではないけど、言いやすかったので。将来の夢を書く作文でも、正直よくわからなかったので、逃げるように「人の役に立つことがしたい」って書いたら、卒業式の「呼びかけ」に採用されちゃって。心のなかでは「本当にこういうことでいいの？」と戸惑っていました。弟のお世話をするとか、お姉ちゃん役をするのは苦ではなかったですよ、むしろやりやすかった。

——中学時代に入ったテニス部はきつい環境でした？

顧問の先生がハードな練習をさせる人でした。サボって鬼ごっこしたのがバレて怒られたけど、みんなで反発しましたね。かといって、部員の仲がいいわけでもなく、誰かを順番にのけものにしていく嫌な雰囲気があって、私はリーダー格の子にも、のけものにされる子にもなびかないタイプでした。今から思うと、この頃にちょっとエネルギー切れを起こしかけていたかもしれません。

――高校は特進コースに行こうと、自分で決めたんですか。

公立を目指したんですけど難しくて。私立の候補が三つあるなかで、成績によっては学費が減免される特進コースがある高校を先生から紹介されました。私立は学費が高いし、弟がいることも考えると学費は安い方がいいかなあと考えて決めました。

過呼吸が連鎖する教室で

――その高校はどんな雰囲気でしたか?

特進コース、普通コース、部活メインという三つの層に生徒がパッキリわかれていました。特進コースの人たちはとにかく勉強。部活なんてできる状況じゃなかった。しかも、本来30人定員のクラスに40人くらい詰め込まれたので、クラス自体がぎゅうぎゅうでした。

――朝から夕方までかなり勉強漬けだったと聞きましたが。

朝5時半に起きて6時台に家を出て、自転車を必死でこいで汗だくで教室に入る毎日です。朝7時から夕方まで、通常授業と課外授業がびっしり。休み時間の記憶があまりありません。先生たちが公立トップの進学校をライバル視していました。「同じ教科書で彼らはもっと勉強してるぞ」と煽《あお》るんですね。やっと受験が終わったのにまた戦わなきゃいけないの? 忘れたいのに、と思いました。

――それはきつい……友だちと「しんどいよね」みたいな話は?

「あの先生嫌い」みたいな話はするけど、みんな勉強についていくのに必死でした。私は授業で1回も笑わない英語の先生が苦手で。授業中にあてられたら正しく答えられるまでずっと立たされる、陰気な授業が苦痛でした。

――クラス全体が切羽詰《せっぱ》まった雰囲気だったんですね。

ある日、特進コースの2クラスで生徒が次々と過呼吸のような症状を起こしたんです。集団ヒステリーだったんじゃないかな。特進コースの生徒たちだけ集められて、「隣の芝生は青いものなんだから、他の学校のことは気にしない！」って先生に説教されました。

――ええ！ 極限状態の生徒を追い込むなんて。他校を気にしているのは大人のほうなのに。

そんな先生たちをおかしいって言うことも、どう立ち止まっていいのかも、みんなわからなかったのかな。止まったら、勉強についていけなくなるっていう恐怖心でいっぱいでした。「うざい」とかは言うけど必死で耐えるばかりで、なんでみんな行こうとするんだろう、ストライキすればいいのにと思うこともありました。最近は特進コースのクラスも、緩やかな雰囲気になっているそうですけどね。

――紗季さんが学校を休みがちになったのはいつごろ？

教室で軽い貧血を起こしたこともあったけど、朝起きられなくなったのは夏課外授業の前半でした。起きたくない、体を起こせない、学校に行きたくない。母が車で近くのコンビニまで送ってくれたけど、降りた記憶がないです。他の子は行けているのに起きたくないなんて、「私、甘えとるわー」と思いました。

――自分の甘えのせいだと思っていた？

そう思ってしまいました。「あなたは学校に行かなくなる人じゃないでしょ」って自分を客観的にも見ていたし、親も行ってほしいと思っているのはわかっていました。休みが長引いたら勉強についていけなくなるから早く戻らなきゃと焦《あせ》りましたけど、あの場所には戻りたくなかった。同じ時期に弟も中学校に行かなくなって、「うちはふつうの家じゃなくなったな」と。

お母さんはいろんな人と話して「ずるい」

――学校に行かないときはどう過ごしていましたか。

趣味がなかったので、同じく家にいた弟とスマホのオンラインゲームをしていました。学校に行ってないことはゲーム仲間には隠していましたね。それから、夜中にガトーショコラとかシュークリームとか、お菓子を作っていました。私が幼い頃に母が集めたお菓子づくりの本を見て、マシンは使わずに手で泡立てて。朝が来たら寝るのを楽しみにしながら作っていましたね、それで15時ごろに起きて食べる。このまま生きていけるわけじゃない、でもどうしたらいいか思いつかない、ゲームしよ！ってループする毎日でした。

――ご両親は「学校に行きなさい」と言いました?

母は最初のうちは言いましたけど、「早くあきらめんかなあ」と思っていました。「今日も行かないね？オッケー！」くらいのやりとりならいいけど、しつこく何度も聞かれたり、問答が長引くのはきつかったですね。実は、2年生の1学期から普通コースに変更して学校に一旦戻れたんです。勉強も普通コースならついていけたし、友だちもできました。家にいると「学校に行かなきゃ」って気持ちになるんですけど、学校に行くと家にいる生活に戻りたくなる。その間を行ったり来たりしていました。

――2年生の夏休み後にカンボジアを旅したそうですね。

ボランティア活動に行って、農村の子どもたちの前でダンスや折り紙を見せるのは楽しかったです。英語は苦手だったけど、文法が正確じゃなくても気持ちが伝わることに「おーっ」って感激しました、なんとかなるんだって。農村には学校に行く人も行かない人もいたけど、みんな一所懸命に勉強したり農作業したり、私が通う学校とは全くちがう世界でした。帰国して学校に戻った時、「なんでここにいなきゃいけないんだろう、アホらしいなあ」と思って、また行きたくなくなったんです。

――先生やスクールカウンセラーから働きかけは？

担任や不登校担当の先生、スクールカウンセラーも含めて学校関係者はシャットアウトしていましたね。三者面談をした気もするけど、この頃の記憶が曖昧《あいまい》ではっきりしません。母が不登校支援の集まりに参加するようになって、不登校の子どもを持つ親たちが自分の体験を話したり情報交換をしたり、母はいろんな人に話を聞いてもらって、少しスッキリしたようでした。でも、私は自分の気持ちを言葉にできないし、誰にも話したくないってひねくれていたから、「お母さんだけずるい」と思っていました。

――学校以外に居場所と思えるところはありました？

1年生から2年生の間、教会の集まりにせっせと通っていたんです。いくつかの教会に通う子たちが、聖書や平和について語り合う交流会を企画していました。学校にはいない変わったタイプの人たちが多くて、お互いを否定したり批判したりしない、優しい人が多くて。不登校であることを話す必要も特になかったし、黙っていてもみんなが発言してくれるから居心地がいいんですよ。楽しいと思える場所があってよかったです。

卒業してどうするんやろ

――2年生の冬に、つくば開成福岡高校（以下〈つくば〉）**に転入したんですよね。**

母の知人に紹介されて見学に行ったら、勉強や出席に関するハードな縛りがなくて、ここなら行けそうと思いました。多分甘えたかったんじゃないかな。行動し始めたら気持ちもポジティブになってきました。生徒は何らかの事情があって通信制を選んだ人ばかりなので、お互いに配慮があるというか話しやすかった。高校生っぽさを演じて無理にはしゃがなくていいし、落ち着いて過ごせましたね。同じタイミングで入学した4人のうちの1

人とは、学校の行き帰りに自分の話をしました。「親に心配かけてる引け目みたいなの、あるよね」とお互いに悩みを打ち明けたり、学校とは関係ない楽しい話をして笑ったり。話したい時に、話せることを聞いてもらえる相手でした。そう！ 2人で学校近くの公園でお弁当を食べて、休日にはスペースワールドではしゃいだなあ。彼女とは今も仲が良くて、〈つくば〉に通っていた頃の話をします。

——それでも、順調に通学できたわけじゃなかった？

先生方は適度な距離感で見守りつつ、時には楽しく場を盛り上げてくれて、一人ひとりを気遣ってくださいましたね。ここなら週5日登校で通学できそうと思ったけど、またほとんど学校に行けなくなりました。どうしていいのかわからないから、家にいるしかなかった。担任の中尾先生が何度か家まできてくださって、「手紙置いていくね」ってドアの下から差し込んでくれました。最初はずっしりした封筒にドキッとしたけど、「学校に来た方がいい」とか登校を促す内容じゃなくて、「元気ですか？」って語りかけるような優しいお手紙でした。中尾先生の安心感のある笑顔は今もよく思い出します。

——だんだん卒業が迫ってきますよね。

当時は、「学校に行く意味もわからないし、卒業してどうするんやろ」と思っていました。でも、両親や中尾先生から「高校は卒業したほうがいいんじゃない？」と勧められて。どうしてもクリアしなきゃいけないテストだけ受けて、卒業できることになりました。でも、みんなと卒業式に出る気持ちにはなれないと伝えたら、先生方が個別に卒業証書を渡す場を設けてくださったんです。

——お母さまは「卒業するなら何でも買ってあげる！」作戦に出たと。

ああ、言われましたね。なぜか、ブーツが欲しかったんですよね。オシャレしたいっていう気持ちはあって、青いデニムのハイカットブーツを買ってもらって、それを履いてテストを受けに行きました。

――卒業後は「何もしない」宣言をしたそうですね。

バイトでもしようかなって思ったんですけど、自分が世間知らずなことはわかっていたので、「働くってなに？」っていう不安がすごくありました。パスタ屋さんのバイト募集を見て面接に行ったら、「ホールスタッフが合ってる」と言われて。面接でニコニコしてたからかなあ。

――バイトしながらも、「これからどうしよう」と不安でした？

不登校だった私に英会話を教えてくれていた母の知り合いが、「何にもしないなら、ワーホリ（ワーキングホリデー）に行ったら？　カナダいいよ」って勧めてくれて。先が見えない怖さもあったので、まずはワーホリで1年間カナダへ行ってみようかなと思ったんです。いざ決めたら、国際免許証を取ったり、学資保険を使わせてもらえるように親に頼んだり、段取りを進めることができました。

もっと適当に生きていいんだ！　ワーホリで人間観察

――不登校からいきなり海外暮らし、ドキドキしませんでしたか。

それが、意外とできちゃったというか。半年はホームステイ先から語学学校に通って、「これを伝えたい！」って気持ちを強く出せば相手に伝わることがわかったんです。カンボジア旅行でも感じたことですけど。働くことも、バイト経験のおかげでそんなに不安はなかったですね。困ったことはインターネットで調べれば大体解決できました。滞在中に一人でナイアガラの滝も見に行きましたけど、「あ、一人旅もできるやん」って。

――たくましい！　知ってる人が誰もいない環境なのに。

すごく解放感がありました。誰も頼れないけど、誰も私のことを知らないんだと、自由な気分になりましたね。語学学校には日本人や韓国人、メキシコ人、働いたレストランではベトナム系カナダ人が多かったんですが、本当にいろんな人がいました。彼らを見ているうちに、私は今まで「こうしなきゃ」ってすごく真面目に生きてきたけど、「もっと適当に生きていいんだ」って思えるようになったんです。自分をギュッと縛っていたものがパッと外れた感じ。

――人間観察が面白くなってきた？

そうですね。ワーホリは年齢制限が30歳までですけど、大学を卒業して就職していない人や、何かに挫折して会社を辞めた人とか、人生を変えたいと決断して来た人たちにたくさん出会いました。イキイキと楽しんでいる人も、「やっぱりダメだ」と自分にがっかりして帰国する人もいて。ワーホリのコミュニティでうまく自分を開けない不器用な人は、日本でも生きづらいだろうなと。言葉の問題じゃないなと感じて、だんだん心の問題に興味を持つようになったんです。

――帰国後にやりたいことも見えてきましたか。

大学に行って心理学を学びたいと思い始めました。

――〈つくば〉の先生方にはワーホリに行ったことは話しました？

実は、ワーホリに行っている間もカナダでの暮らしをレポートにまとめて中尾先生にメールで報告していました。帰国したことを伝えると、「高校2年生の進路説明会で、あなたの経験を生徒たちに話してほしい」と熱心に頼まれて。ワーホリでの1年間、〈つくば〉での高校生活、これから大学受験にチャレンジしようとしていることを伝えました。パソコンで発表用のスライドを作って話したんですけど、自分の経験が誰かの役に立つことが肌で感じられてうれしかったですね。臨床心理士を目指すには大学院まで行かなくちゃいけないので、親に相談したら「学費が！」ってパニックになっていましたけど、最後は「挑戦してみたら」って。ワーホリから帰って1年弱、高校の勉強をやり直して私立大学の心理学部に合格しました。

宮古島・沖縄への研修旅行は2018年度（平成30）に始まった。沖縄では「おじい」「おばあ」の家での民泊も体験。

今や、振り返るのが楽しくなってる

――新しいことを始めるのはエネルギーがいりますよね。

最初の高校でエネルギーがブツッと切れて、私はそこから回復するのに3年かかった気がします。そこから前に進むためのエネルギーを蓄えるには、また別の時間が必要です。「回復期」と「充電期」、両方いるんですよね。不登校だった頃やワーホリ時代も、戻るべきメインルートはあっち（大学進学）だと感じてはいました。世間一般の感覚では、そのルートがわかりやすいんだろうなって。

――大学や大学院ではどんなことを学んできましたか。

学部では教育学のゼミで哲学に近い研究をしていましたが、今は大学院の修士課程で臨床心理学を専攻しています。精神疾患のある人が病院に入院するのではなく、地域で生きていくために必要とされる支援や地域コミュニティのあり方について研究しています。まず公認心理師、次に臨床心理士の資格取得にチャレンジします。自分が不登校だったことも含めて人間の心の謎を解き明かしたいという思いと、精神疾患や心の悩みを抱える人の役に立ちたいという思いと両方あります。不思議ですけど、小学校で言った「人の役に立ちたい」という方向に近づいていますね。

――不登校だった頃の自分と向き合うしんどさはないですか。

もはや、自分の過去を振り返ることが楽しくなってるんですよ！　大学院で一緒に学ぶ人たちの影響もあるかな。鬱々《うつうつ》とした暗い時期を反芻《はんすう》しながら、心理学的に分析するのが大好きっていう友だちの考え方が面白くて。私も、〈つくば〉を卒業するときになんでブーツが欲しくなったのか……分析してみますね。私の進学は、高校の同級生と比べたら3年遅れですが、迷い悩んできたことが心理職に就きたいっていう動機の強さや質につながってる。まわり道したことが、今は誇りですらあります。

――そういえば、大学では社交ダンスサークルに入ったとか。

なんだか、パーッとしたことをしてみたかったんです。人とはちがうこと、明るいこと、新しいことをしたいなって。そういう気持ちになれたのは、自分の中にエネルギーが充分蓄えられたってことなんでしょうね。大学院に進んでからダンスはしてないけど、またやりたいな。衣装にラインストーンを無心で縫い付ける手作業は落ち着くから好きです、夜中にお菓子を作っていたときの感覚に近くて。

まだ不登校のつづきを生きている

――こうして言葉にできる日が来るなんて……。

振り返ると、私はいろんな場面でちゃんと選んできたんだと気づきました。学校に行くか行かないか、学校をやめるか、ワーホリや大学進学のことも。私は不登校にならざるを得なかったんじゃなくて、不登校を選んだんです。今は、世の中でメインルートとされる道に「戻った」ように見えるかもしれないけど、私はまだ不登校のつづきを生きていると感じます。たとえば、高校の文化祭や体育祭の話を聞いて、それは私の知らない世界だな

情報処理の授業。〈つくば〉ではさまざまな検定への受検を推奨している。

あと思うときとか。今歩いている道はあくまで途上で、「これで決まり」でも「ゴール」でもありません。将来、スクールカウンセラーとか地域に根差した支援者になれたらいいなと今は思うけど、10年後の私はまたちがうことを考えているかも。こうして大学や大学院で心理学を学ぶようになってようやく、「〈つくば〉を卒業してよかった」と思うようになりました。ここに辿《たど》り着いていなかったら、「卒業してどうなるんだろう」っていう悶々《もんもん》としたものを抱えたままだったかも。

――不登校だった頃、ご両親にこうしてほしかったと思うことは？

私は両親に厳しく育てられたわけではなく、自分で自分に厳しくしてしまったんですよね。当時はとにかく放っておいてほしかったし、嫌なことは何も言われたくなかった。親や先生が私の不登校の原因を一方的に探って、学校に戻る方へ誘導する感じにも反発を感じましたね。心配をかけていることに罪悪感はあったけど、子どものことに全力で向き合ってる！っていう親の張り詰めた感じもしんどかったです。母の部屋から泣き声が聞こえてくると、申し訳ないなあと思う一方で「なんでお母さんが泣くん？」っていう怒りも湧いてきて、相反する感情がせめぎ合っていました。父は口数が多くない人で、黙って見守ってくれたんだろうと思います。親には親の楽しいことを見つけてほしいし、子どもが自分でエネルギーをとり戻すのを気長に待ってほしいですね。

――今、不登校に悩む中高生たちにメッセージをください。

「まあなんとかなるし、私は今こんなふうに生きてるよ」と伝わればいいなあ。転学とか海外に行くとか、インパクトの大きな行動は自分も周りも変わるきっかけになります。ただし、自分のエネルギーと相談して、空っぽのときは休んだ方がいいです。それは他人にはわからないから。しっかり力を蓄えられているなら、人生を一発逆転する決断に賭けてもいいと思う。こけたっていいんだけど、こけるにもエネルギーがいるんですよ。

いま、悩んでいる親子へ何か伝えるとしたら？

・エネルギーをとり戻せるまで、気長に待つ
・親の不安や思いを100％向けられるとつらい
・しつこく何度も、長々と聞かないで

有志生徒で天神地区の落書き消しのボランティア活動に参加。描くのは一瞬、でも消すのはとても時間がかかる。

不登校の“つづき”を生きる③

拓海《たくみ》さん（仮名・2020年度〈令和2〉卒業）

「僕が教員になることが、メッセージになる」

はっきりした理由はなくても、
気がつけば5年間、
学校には行っていませんでした。
でも、1冊の本と音楽に出合って、
一人の時間を楽しめた。
自分で考え、学ぶ面白さを知った。
母と父はどっしりと見守ってくれた。
普通の道を歩んでこなかった僕が、
来年の春、先生になります。

母校での教育実習を終えて

――ちょうど、つくば開成福岡高校〈以下〈つくば〉〉で3週間の教育実習を終えたばかりだそうですね。

4年ぶりに母校に戻って、1年生の週5日と週3日登校のクラスで社会科を教えました。僕が通っていた頃とは違って「チーム担任制」が導入され、複数の先生でクラスを受け持ったのですが、職員室に自分が先生として入るなんて不思議な感じがしました。実習はあっという間でしたね。

――拓海《たくみ》さんが通われた頃と、生徒たちの印象は違いますか。

現在は、1年目から週5日登校のクラスに通う生徒が多いですね。当時は、週5日通う1年生は5~6人しかいませんでしたが、今は3倍くらいいて、みんな元気があって明るい。一人ひとりと話してみると、中学校にはほとんど行ってないとか、僕と変わらないんですけど、よく話してくれるんですよね。

――入学して間《ま》もないので、お互いに緊張しているのかと思いました。

まあ、僕も生徒も最初は緊張気味でしたが、だんだんと慣れましたね。お互いに前情報は何も把握していない、「はじめまして」のスタートでした。まずは、出会ってから考えようと。彼らの置かれている状況や心情は、なんとなくわかるだろうと想像していました。むしろ、全日制の高校で実習することになっていたら、通《かよ》った経験がないのでカチコチだったでしょうね。

――生徒たちとはどんな話をしましたか。

パソコン室でソフトの使い方を教えているときなんかに、「えー、先生も〈つくば〉に通ってたんですね」とか、「先生も不登校だったのに、なんで先生になろうと思ったんですか」とか。結構気さくに話しかけてきてくれたの

毎年5月に実施される「ふれあい合宿」。休み時間にサッカーに興じる生徒たち。

で、僕も一人ひとりになるべく正直に答えました。

なぜ小学校に行かなくなったのかよくわからない

――不登校になったのはいつ頃でしたか。

小学校4年生の3学期からですが、なぜ行かなくなったのか記憶も理由も今一つはっきりしないんです。1学期にマイコプラズマ肺炎にかかって、1ヵ月くらい学校を休みました。その後行きづらくなりましたが、この時は再び通えるようになったんです。4年生はいろいろと環境が変わった年で、ずっと通っていたサッカーのクラブチームを移籍したタイミングでもありました。

――なぜチームを変わったのでしょう？

自宅から遠いクラブから近いクラブに移って、母の送迎の負担を減らそうと。前のチームは弱いけど指導者もチームメイトもみんな優しくて、新しいクラブは強いけど指導者がガツガツした感じで。僕は、スポーツ少年タイプじゃないので、馴染《なじ》むのに無理をしたんだと思います。結局このクラブは辞めて、幼稚園時代から通っていたアビスパ福岡の子ども向けのスクールだけ続けました。

――サッカーが好きだった？

うーん、実はそうでもなくて。サッカーはわりと得意だったんですが、目立つのが苦手だったんですね。上手《うま》くなりたいとか試合に出たいとかいう感じではなく、楽しくやれたらいいかなと。幼馴染《おさななじみ》や学校とは違う友だちがいたので、居場所としてよかったんだろうと思います。

――不登校の原因は別にあったのでしょうか。

これも決定打かわからないんですが、3学期にクラスで二つのグループが対立したんです。僕は友だちが多い方で、当時どちらのグループとも仲良くしていたところ、それぞれのグループのリーダ格の女子2人から取り合われる形になってしまって。僕としては男女問わずクラスのみんなと楽しくやりたかったし、できているつもりだったんですけどね。両方のグループの人たちの顔色をみながら、間で気を遣っていたんだと思います。その積み重ねでじわじわと疲れていったというか。

――巻き込まれてしまったんですね。

3学期の2ヵ月間は保健室登校でしたが、5年生になってから全く行かなくなりました。夕方からアビスパ福岡のサッカースクールだけは行っていましたが、ここに学校の友だちはいなかったので気が楽でした。別にお腹や頭が痛いということもなく、ただ淡々と行かなかった。家ではリビングでゲームをして、少し夜型の生活になりました。

――6年生に進級してからはどうでした？

ステップルームに母と一緒に登校しました。運動会で使う和太鼓とか備品が置いてある用具室で、カウンセリングルームも兼ねる小さな部屋でした。プリント学習が中心で、たまに担任が覗《のぞ》きに来るぐらい。そっとしておいてほしかったので、ちょうどよかった。卒業式は、校長と担任、仲のいい友だちが1人同席してくれて、とてもいい式だったのが心に残っています。

適応指導教室で仲間と過ごせるように

――中学校進学を機に、何か変化はありましたか。

地元の中学校には入学式にも出席せず、小学校のスクールカウンセラーの勧めで、出席扱いになる市の適応指導教室に通うことにしました。家の近くにも同様の教室はあったんですが、別の区の教室は雰囲気がよかったので、遠方でしたけどバスで通いました。1年生は母と週1回行って、カウンセラーと話しました。この時、母と僕それぞれにカウンセラーがついてくださって、2対2で面談したんですよね。

――2対2のカウンセリング！　手厚いですね。

主に母が話を聞いてもらっていました。僕はこの時間に4人でカードゲームやボードゲームをすることが多かったです。1年くらい続いて、2年生に進級してからは週2回通いました。ゲームやカウンセリングが1日、教室の先生と1対1で勉強する個別指導が1日。

――4人でゲームをして過ごすというのは面白いですね。

そうですね、小学校のステップルームとは考え方が違いました。新しい場に通うことに段階的に慣れて、やがて母の付き添いも必要なくなりました。3年生からほぼ毎日、他の生徒と一緒に教室に入って、久しぶりに集団生活をしたんですね。朝1時間それぞれ好きな科目の自習をしてから、みんなでレクリエーションをすることが多かったです。体育館で運動したり、工作をしたり。好きだったのは、昼休みのドッチビー（ソフトディスクを使ったドッチボール形式のスポーツ）かな。

――楽しそう。いろいろな学年の生徒がいたんですか？

そうですね、中学生が中心でしたけど、小学生もいました。ここで仲のいい友だちもできて、週末はよく一緒にボウリングに行きました。そのうち、高校や将来のことを考えるようになったんですが、好きなことも特にないし……とモヤモヤしていたんです。

――適応指導教室の先生はアドバイスをくれました？

個別指導してくださる先生が、一度は就職してお金を貯めてから、小学校教員の採用試験にチャレンジした方だったんですね。「まっすぐなルートじゃなくても、なんとかなるよ」と言ってくださったことが印象的で、先生ってそんな感じでもなれるんだなと。通信制高校の合同説明会に参加して、大学には行ってみたいなと思うようになりました。

――いい出会いがあったんですね。

僕にとってはとてもいい場所で、最後に「卒級式」もしてもらいました。校区の中学校の卒業式にも参加しましたが、そっちはめちゃくちゃ居心地が悪くて。不登校だった3人の生徒が狭い部屋に立たされて、9クラスの担任と校長にズラリと囲まれたんです。体がぶつかるほど密な環境で、全く知らない校歌を「歌いなさい」と言われました。先生たちの声の威圧感が凄まじくて、まるで「圧迫卒業式」。校長先生は「みんなと同じように」と考えてくださったんでしょうけど、僕と母にとってはトラウマになるほどの体験でした。

「何が正しいのか」1冊の本で哲学に出合った

――〈つくば〉のことはどうやって知ったのでしょう。

適応指導教室の先生が通信制高校を勧めてくださって、何校か見学に行きました。家から近くても「ここじゃないな」と思う学校は候補から外し、先生や生徒たちが明るくて、進学に力を入れているところがいいなと思って、〈つくば〉を選びました。

——勉強についていけるか、不安はありました？

中学校の3年間はほとんど勉強していなかったので、心配はありましたね。ただ、3年生の秋に「つくばの杜《もり》」という体験授業に参加して、国・数・英のレポート作成に手応えがあったので、いけるかなあと思いました。いざ入学すると、生徒が学習についていけないという挫折感を持たないように、中学校の学習のおさらいから始めてくださいました。僕は英語や数学をちゃんと勉強してこなかったので苦手でしたが、好きな社会や国語は勉強する楽しさを改めて感じるようになりました。

——昔から社会や国語が得意だったんでしょうか。

政治に興味を持つきっかけがあったんです。中学1年生のときに毎日テレビを見ていたら、日米安保についての報道がヒートアップしていて。一体何が起きているんだろうと、インターネットで自分なりに調べ始めたんです。ところが情報が氾濫していて、「何が正しいのか」を判断するには、自分なりの考えを持たないといけないという危機感を持ちました。はっきりとした根拠もないまま、「哲学を学ばなきゃ」と思ったんですね。

——それは、すごい発見ですね！

哲学について調べるうちに、「実存主義」と「構造主義」という二つの代表的な考え方があるらしいことに気づいて。古本屋の100円コーナーに行って哲学の本を探しました。お小遣いで買うので、高い本は買えなかったんですよね。そこで、『はじめての構造主義』（橋爪大三郎・講談社現代新書）という本を買いました。

——読んでみて、どうでした？

難しくてわからないんですけど、わからないなりに手探りで読んで、ぼんやりと面白いと感じました。そこから、

水泳の国際大会のため来日したスウェーデン選手団を空港で出迎える生徒たち。選手の名前に漢字をあてたネームプレートをプレゼント。

哲学や政治経済の本や国際政治のニュースを通して、外の社会に関心を持つようになりました。今、地理や歴史、公民の教員を目指しているのも、原点はここですね。

「ソロ活《かつ》」を満喫、バイト代は本やライブに

――高校生活はどんな感じで始まりましたか。

慎重な性格なので、まずは週3日登校から始めました。適応指導教室には中学3年からバスで週5日通っていたし、友だちもいたので、登校や新しい人間関係には不安はありませんでした。5月にふれあい合宿があって、アビスパ福岡のTシャツを着ていたら、サッカー好きの子が声をかけてくれましたね。ほどなくして、週5日登校に変わりました。

――〈つくば〉はアルバイトOKですが、やりました？

1年生から始めました。週3日登校のとき、学校がない日や土日はアルバイトをしようと思って。ファーストフード店だったんですが、すぐに店が潰れて。次はクラスメイトを誘ってカラオケ屋で働きました。これが、体力的にきつくて。重いドリンクを両手に持って階段をダッシュする

ので、なんだか部活みたいでした。アルバイト仲間には学校に行っていない同い年のフリーターもいて。社会にはいろいろな人がいて、場があるなと知りました。

――アルバイト代は、どんなことに使ったんでしょう。

本やCDを買ったり、好きなアーティストのライブに行ったり。母の影響から音楽が好きで、一人でライブハウスに行くのも最初はドキドキしたけど、ハマりましたね。友だちと遊ぶこともありましたけど、わりと一人で行動するのが好きで。高校時代は「ソロ活《かつ》」を満喫しました。

――進路を意識し始めたのはいつごろですか？

2年生の終わりに全国模試を受けた頃でしょうか。大学に行くなら、勉強したことを将来の仕事に活かしたいなと、教員免許を取りたいと思いました。政治だけでなく、社会学や宗教学など「外の世界」を広く学んでみたかったので、人文系の学部を目指しました。

――受験勉強はどんな対策を？

受験に特化した勉強はあまりしていません。政治経済や国語の偏差値は高いけれど、英語と数学が苦手という傾向は相変わらずで。〈つくば〉の先生方が、苦手な単元をフォローする個別課題を出してくださったので、底上げできたんです。そして、自分の得意科目を最大限に活用できる受験方式や志望校を選べるようにアドバイスをいただきました。第一志望の私立大学を推薦で受けましたが届かず、家から少し遠い大学の国際政治学科に決めました。大学を訪れたときの、「なんか違う」「ここがいい」という直感を大事にして選びました。

教職なら、不登校の経験や社会への違和感をいかせる

――「教職を目指そう」と思う決め手はありましたか。

僕は、小中時代に学校が合わなかったぶん、「学校がもっとこういう場になればいいのに」と感じてきたことがたくさんあります。そういう視点を、教えることや教室づくり、教育現場をよりいい方向に変えていくことに役立てられるんじゃないかと思うようになりました。

——今の学校のどんなところを変えたいですか。

僕の校区の中学校では、ステップルームの運営ですら「クラスに上がるつもりがなければ受け入れない」というスパルタ式の考え方でした。クラスが息苦しいから行けないのに、「矯正《きょうせい》」前提のように言われたら、居場所でもなんでもないでしょう。学校に行けない生徒の受け皿がもっと安心できる場になればいいなと。体育の見学中に腕立て伏せとか、行事で校歌を大きな声でとか強要するのも、おかしいと感じていました。そして、教師から登校を促す電話が毎日かかってきたら、親も子も追い込まれますよね。

——学校だけでなく、社会に対する違和感もあった？

学校の問題って、自ずと教育や社会の問題にもつながりますよね。僕は本を通じて「構造主義」という考え方に出合えたおかげで、何事にも「構造」があると考えるようになりました。僕が学校に行けなかったのも、「僕がダメだから」と自己否定ばかりするのではなく、「社会や教育に通底する構造の問題もある」と捉《とら》えることで、僕自身が楽になった面もあります。こういう自分自身の体験や発見は、いろいろな悩みを抱える生徒たちと接するときに役に立つかもしれません。

——学科と教職の単位を両方取るのはハードですね。

4年生になっても毎日大学に行って勉強するとは思いませんでした。アルバイトやライブに行く時間もなくて、今思えば、高校時代に興味が赴くままに学んだり、趣味を思いっきり楽しんだりできた時間は貴重でした。本は好きで、大学図書館をよく利用します。図書館の公募企画なんですが、テーマに合わせて学生が選書して紹介文を書くフェアに何度も参加しています。最近は、「卒論に役立つ本」として教育史の本を選びました。大学で本の話ができる友だちにまだ出会えていないのは、寂しいかも。

僕が教員になることが後輩へのメッセージになる

――こんな先生になりたいというイメージはありますか。

僕が〈つくば〉に通っていたとき、城《じょう》先生（2021年〈令和3〉に退職）に世界史を教えていただいたんですが、歴史上の人物について楽しく語ってくださって、「面白いな」と思った記憶が残っています。暗記が中心の勉強はきついんですけど、城先生のように生徒に楽しいと感じさせるきっかけをつくりたいですね。成績を伸ばすための前段階として必要と考えるのではなく、まずは「勉強って面白い」という感覚に目覚めてくれたらなと。

――確かに、興味関心を持つことは学びのきっかけですね。

勉強って、自分なりの「タイミング」が来たときでないと、なかなか進まないんですよね。どんなにいい本でも、今読みたい、自分に必要と思う時期と一致していなければ、響きにくいのと同じで。やる気がまだ芽生えていない生徒に、そのスイッチを入れたいですね。受験を勉強のゴールと考えずに、長いスパンで興味を持てる対象を見つけること、社会のいろいろな事象を自分に引き寄せて捉えられること。この二つの力を養う指導をしたいですね。社会に出てから、「高校の時に先生が話してたのは、こういうことだったんだ」って結びつけてもらえたらうれしいです。

――通信制高校は、大人になって学び直せる場でもありますね。

僕が在学中はあまり見かけなかったんですけど、〈つくば〉も以前は幅広い年齢の人たちが働きながら通っていたそうです。教員になって、いつか自分より年上の生徒を教えるチャンスがあれば、興味深いですね。勉強の楽しさがわかってからもう一度学べる場が、社会にもっと広がればいいなと思います。

――「きつい仕事」と言われる教職に就くことに、怖さはないですか。

僕は「普通」から外れたルートで生きてきましたが、その道から外れたって何かが終わるわけじゃない。こうして大学に行って、教員を目指しています。僕が教員になる姿を見せることは、今もがいている人たちへのメッセージになると思っています。これから先、教員としてつまずくことがあっても、教育に関わる仕事は教員だけではないし、「ダメならダメでどうにかなる」くらいの気持ちでいます。

――他に、拓海さんならではの伝えたいことがあれば。

僕は、たまたま「過渡期」をたくさん経験したんですね。英検や共通テストの方式が変わる時期に受験したことはその一つで、受験前も試験当日もシステム上の混乱がありました。コロナ禍に大学生活がスタートしたことだって、イレギュラーな体験です。不安定な状況でも余裕を持つ心構えや、情報に惑わされない冷静な判断力を保つコツも、語ることができるかもしれません。この数年、不登校や通信制高校に対する世間の目線が変化してきましたよね。僕は自分の経歴を卑下《ひげ》しないし、人に自分の考えを押し付けもしません。「こういう学校で学んだ」と、フラットに人に伝えています。

どっしりと見守ってくれた母と父

――一人っ子とのことですが、ご両親との関係はどうでしたか。

幸い、母も父も程よい距離感を持って見守ってくれていたのは、ありがたいなと思います。「学校に行きなさい」とは言わなかったし、ベタベタ干渉したり、ギュウギュウ締め付けたりしませんでした。父は家で一緒にゲームをしてくれましたね。母は自分自身が高校を中退して専門学校に行き、スタイリスト見習いを経て独立して

初めての体育祭。赤・黄・青の3ブロックに分かれてさまざまな競技を行なった。

働きながら、「普通じゃない、波乱の人生を送ってきた」と聞いています。「勉強のことで人にとやかく言えない」って。僕の長い不登校状態にも慌てず騒がず、どんと構えてくれる安心感がありましたね。大学に入学した時は「まさか本当に大学行くとは思わなかった」って2人ともすごく喜んでくれました。それまで、心配や言いたいことはあったでしょうけど、僕には見せませんでした。

——どちらかと言えば、珍しいケースかもしれませんね。

そうかもしれません。親子で一緒に沈んでしまうとしんどいですよね。逆のパターンで、子どもに無関心な親に苦しむ人もいます。〈つくば〉に通っていた頃、いわゆる「毒親」と呼ばれるタイプの親御さんの放置状態に悩む友だちがいて。彼自身ではどうにもできない家族の問題なので、僕は聞き役になるばかりで歯痒《はがゆ》さを感じました。こういうことも社会の問題に通じることとして考え続けたいですね。

——家族共通の話題や趣味はありますか。

スタジアムまで毎試合見にいくくらい、3人とも熱狂的なアビスパ福岡ファンです。いろいろ大変なこともあるけど、「家族共通の話題があってよかったね」って母はよく言います。家族でわーっと夢中になれることがあって、僕たちは救われました。実は、母には心身の問題に悩んだ時期があり、父は仕事のストレスから鬱《うつ》状態が続いています。母は、自分や家族にハードな出来事が起きても、日常が蝕《むしば》まれるほどに悲観しすぎないよう心を保ってきたんじゃないかな。家族それぞれに抱える事情があるし、悩みがないわけじゃない。でも、不安を過剰に感じないで、日々のささやかな楽しいことにちゃんと目を向けることも大事じゃないでしょうか。今日、僕は明るく話せるところまでこられたなって。だから、親も子も「なんとかなる」と思っています。

いま、悩んでいる親子へ何か伝えるとしたら?

・あらゆる楽しみを忘れてまで、しんどさに沈まなくてもいい
・どんなことが起きても「なんとかなる」
・家族共通の話題や趣味を持つ

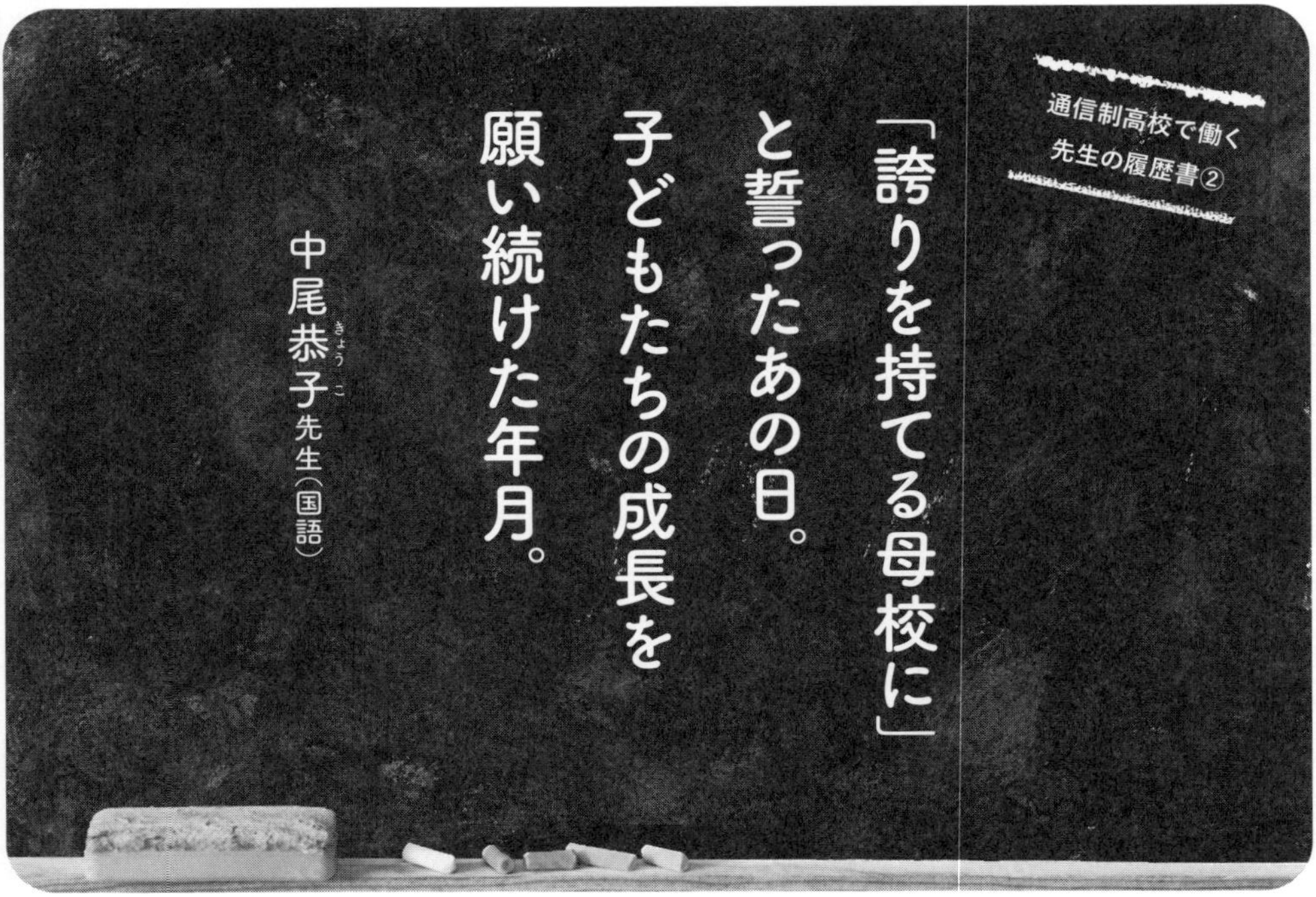

通信制高校で働く
先生の履歴書②
「誇りを持てる母校に」
と誓ったあの日。
子どもたちの成長を
願い続けた年月。
中尾恭子《きょうこ》先生（国語）

10年前につくったマニフェスト

「今日お話をするにあたって、あらためて創立以来の年《とし》月《つき》をふり返ってみたんです。10年前につくった冊子があるんですが、見ていただけますか？」

中尾恭子《きょうこ》先生は、そう言ってＡ４サイズの冊子を広げてみせた。「ＴＫＦ25未来プロジェクト」という文字が大書され、その下に「皆さんは自分の可能性にストップをかけていませんか？」、「あなたの種を育てて」といった言葉が続く。中尾先生の文字だろう、鉛筆書きで「ずーっと選択していく。（一生かけて）」、「自分の気持ちに気付くこと。」といった書き込みがある。

『ＴＫＦ』はつくば開成福岡高校のイニシャル。『25』というのは、生徒たちが中学校を卒業してから10年後の年齢を意味しています。これは２０１５年度（平成27）の当校創立時に、職員で話し合いを重ねてつくった、マニフェストのようなものなんです。

生徒たちが25歳くらいになったとき、それぞれがやりたかった分野で活躍してくれてたらいいな、と。目標が変わってもいいんですよ。自分で決めて自分で行動でき

近隣の花壇の手入れや清掃活動はコロナ禍の間も続けられた。

る人になってほしいんです。高校を出たあとも人生は続いていくから……あ、ごめんなさい！　一方的に喋《しゃべ》ってしまって」

中尾先生は、つくば開成福岡高校（以下〈つくば〉）の前身である「つくば開成高校福岡校」以来の古参職員の一人。担当教科は国語なのだが、私たちは当初、心理職の先生だと勘違いしていた。校舎のなかではいつも生徒たちに温かな笑顔で話しかける。校外のボランティア活動などでも、中尾先生の姿はつねに生徒のかたわらにあった。生徒の腕にそっと触れるようにして立つ。全身のセンサーをフルに働かせて、「この子の今日の調子はどうだろうか」と感知しようとしているように見えた。

「うちの生徒は他人から『ありがとう』と言われた経験が少ないのか、それだけですごくうれしそうな顔をするんですよ。ボランティア活動に取り組んでいるのは、生徒たちがそんな言葉をかけてもらえる機会をつくりたいという理由もあります。今年からは体育祭と文化祭がスタートするんですが、そもそも中学時代に不登校だった子はその間に経験できていないことが多い。その分、高校にいる間に壁にぶつかったり失敗したりして経験や感情を育ててくれると、社会に出たときの糧《かて》になるかなって思うんです」

「ここが母校」と言えなかった子たち

生徒に対する中尾先生の献身ぶりには取材当初から注目していた。私たち取材者に対してもその温かさは変わらず、知らぬ間に心の垣根を取り払われてしまうのだ。

「私が勤め出した頃は、バリアというか、『（本当は話したいんだけど）こっちに入ってこないで！』というタイプの子がたくさんいました。後にある生徒から、『バリアを張る前に入ってきた』と言われちゃったんですが（笑）。

昔は、ここが自分の母校だと胸を張って言えない生徒が多かったんです。在学中、うちに転校したことを周りに言えないとか。そこに引っかかりがあるために前に進めなくなっている子もいました。そのとき、生徒たちが

ガラス張りの職員室。生徒たちがよく覗いている。前列左から原田先生、寺師先生、中尾先生、森田先生、松永祥治教頭。後列左から松永智揮先生、村田先生、村中先生、伊藤先生、斎木先生、今村先生。

胸を張って言える学校にしなくてはと心に誓ったんです」

中尾先生は大学卒業後、母校の私立高校で3年、別の私立高校でも1年の教員経験をもつ。母校の恩師が退職後〈つくば〉に勤めており、その恩師に誘われてこちらに勤め始めたのだという。

「通信制高校で働くことになるとは思っていませんでした。担当は国語ですが、全日制のように一つの作品を何時間もかけて読むことはできません。数枚のレポートで凝縮して学んでいくわけですね。そのためには、どこかのポイントに絞って興味を持ってもらうことが大切。時間が経ってからでもいいから、自分で読んでみたい、学びたいと思えるようなきっかけづくりができたらいいなと。

こちらに来て間《ま》もない頃は葛藤ばかりでした。ポイントを絞って魅力を伝える面白さに気づいてきたのは2、3年経った頃でしょうか。葛藤は今もあります」

現在、〈つくば〉は通信制高校のなかでも大学への進学率が高いことで知られている。時間の少ないなかで受験対策までするのは大変だろう。

「週5日登校ぐらいになると、入試ではこういうこと聞かれるよとか、内容についてどう思う？というやりとりができます。昔は、不意をつくような質問をする生徒が多かったんですよ。難関校の入試問題を持ってきて、唐突に『解き方を教えて』と尋ねてきたり。一緒に考えながら解きましたが、試されているような気がして緊張していました（笑）」

今ではそんな通信制高校の授業スタイルにも慣れたという中尾先生だが、全日制高校にいた頃はどんな先生だったのだろう？

「母校に勤めていたとき、印象的な出来事があったんです。部活を頑張っている生徒だったので授業に出られないことも多かったんですが、『国語なんて嫌い』と言われちゃったんですね。その子があるとき、宿題のプリントを白紙で出してきたんです。でも私は、『国語なんて嫌いって言ってたけど、本当にそうなのかな？』って考えてみたんです。そこで、彼女が解きやすいように、プリントいっぱいにアドバイスを書き込んで渡したんですね。すると数日してその子が『ごめん』と謝ってくれたんです。部活で授業に出られないプレッシャーで先生に当たってしまったんだって。今でも思い出すと涙が出ちゃうんですが、そのときの経験は今の私にとっても役立って

中尾先生の授業風景。限られた時間のなかで、要点を絞って国語の面白さを伝える工夫が欠かせない。

います。先日、久しぶりにその子に電話したら、結婚してママになっていました。幸せそうで、私もうれしかったんですが、その出来事以来、『何が（子どもたちの成長を）邪魔してるのかな』ということを考えるようになりました」

「答えはその子のなかにある」

ある卒業生の保護者は、不安なとき中尾先生から「大丈夫ですよ」と言われて救われたと話していた。ちょうどいいタイミングで子どもの背中を押してくれた、というお母さんもいた。

「私はもともとプラス思考の人間ではないし、今も決して楽観的ではないんです。生徒に言いながら自分にも言い聞かせてたのかなって。やっぱり自分が前を向いていないと生徒に向き合えませんから。

私の声かけがジャストタイミングだったのか、自信はないんです。私の役割は、たとえば生徒から直接お母さんに聞きづらいことをお母さんに伝えたり、私が生徒に声かけした内容を丁寧にフィードバックしたり……。

もちろん生徒の変化については気にかけています。たとえば『僕がプリント配っときます』というふうに自分から動いてくれたり、自分の話題で笑顔になったりしたときは少し背中を押してもいいのかな、という風に。ちょっと先の目標とつなげて『今すぐじゃなくていいけど、これやってみたらここにつながるよ？』と提案してみることもあります。やる気のある子が出てくると、周りが感化されることがあるんですよね。自主性を育てるのは難しいことなんですが、一度スイッチが入った生徒たちの成長を見るのはワクワクします。

逆に、声のトーンが低くなったなと感じたときは気をつけるようにしています。以前、登校初日に誰とも話さず帰ったという生徒がいまして、今では、1日1回は必ず生徒に声をかけるようにしているんです。

〈つくば〉に来て、教師向けのコーチングを受けさせてもらったことも勉強になりました。以前、県立高校から

初の試みとして参加したテレビ局主催のイベント。卒業生の協力も仰いで自作した“つくね”の串、その名も「つくばー」の屋台を出店。生徒たちを見守る中尾先生。

転入してきた優秀な生徒がいたんですが、彼女がなかなか心を開いてくれず、何に悩んで立ち止まっているのかわからなかったんですね。でも、コーチングを通じて『答えはその子自身がすでに持っている』ということを学んでいたので、待つことができる心境になっていました。焦《あせ》らなくても、タイミングとシチュエーションときっかけさえ作ってあげればいいんじゃないかって思うんです」

働きかけを続ければいつか変化が起きる

だが、たとえば卒業生の紗季《さき》さん（216ページ）のように〈つくば〉に転入してから再び調子を崩し、長らく登校できない日々が続いた生徒もいる。当時の中尾先生は紗季さんの家を訪ね、ドアの隙間からそっと手紙を渡したりして紗季さんの回復を待ち続けたと聞いた。

「手紙はできるだけ重たくならないように、サラッと。気をつけていたのは丁寧に書くこと、心をこめて書くこと、使う便箋に気をつけること。ファンシーすぎても良くないかな、とか（笑）。

実は紗季さんについては、『うちを卒業したら変わるかもしれない』と感じていました。卒業したらやっと重荷が下ろせるのかなって。彼女には、また頑張って登校すればギリギリ卒業できるというタイミングで気持ちを聞いてみたんです。すると、卒業したいとは言わなかったんですが、卒業したくないとも言わなかった。私はその部分に注目したんです。

待っている間は、私にも不安がないわけじゃありません。でも、働きかけを続けていればいつか変化が起きるということを生徒たちに学ばせてもらったんです」

中尾先生に限らず、〈つくば〉の先生たちは生徒とのコミュニケーションにいつも心を配っている。

「ある年、3年のクラスを新しく受け持つことになりまして。前年から持ち上がりのクラスだと生徒との距離も縮まっているんですが、当時『進路指導部長』という肩書だったこともあって、子どもたちが構えてしまったんです。私はこのままではいけないと思って、昼休みの終わりの時間を使って1人ずつ、面談の時間を持つことにしました。面談といっても2階のフロアにあるソファに腰掛けておしゃべりする感じなんですが。

今は『ホットタイム』という時間があって、週3日登校の生徒は毎日7時限目に、週5日の生徒は月曜日と金曜日に話をする時間が確保されています」

面談の相手は生徒に限らない。〈つくば〉は2学期制を取っているが、各学期1回ずつ三者面談を設け、事情によっては別途の相談にも応じている。中尾先生は、「親御さんとお子さんの間に立って大変だったこともありました」と言って、こんなエピソードを聞かせてくれた。

「その生徒は医学部に行きたいと言って、四国の大学を受験する予定でした。私も初めての経験で不安だったので、四国までオープンキャンパスに行ったんです。ところが、保護者を交えた三者面談の直前に、他の学部を受験したいと言い始めたんですね。当時は私もまだ20代でしたからさすがに慌てたんですが、最終的には親御さんも本人の意志を尊重してくれました。

また、別の生徒の話ですが、関東のある大学に見学に行ったとき、志望していた生徒がたまたま同じ日に見学に来ていたという出来事もありました。私は気づかなかったのですが、『先生がおる！』と驚いたそうです（笑）。生徒のおかげでいろんな大学のことを学べましたし、そのことが、後の生徒の受験指導にも活かされていると思

「ピンチはチャンス、チャンスはチャレンジ、チャレンジはサクセス」。卒業アルバムにも寄せているお気に入りのフレーズだが、ど忘れして思わず照れ笑い。

います」

「いろんな卒業生が来てくれるんです」

この取材は5月の連休明けに行われたが、子どもたちがスタートダッシュで息切れしやすいシーズン。今年の生徒の様子はどうだろうか。

「中学で不登校になってうちに入ってくる生徒たちも、場所やステージが変わっただけですぐに切り替えられるわけじゃないんです。親御さんの期待が大きすぎるところもあって。中学校の頃は別室登校で、しかも午後からしか通えていなかった子が週5日来ているだけでもすごいこと。でも、人の多い環境に来るとやっぱり疲れるんですよ。そんな時期に親御さんから『あなたが選んだ学校でしょう？』みたいなプレッシャーがかかると余計にきついですよね。

一方、転入の生徒たちの場合は前の学校に未練が残っていることが多い。ここに移ってもまだ葛藤が残っているんですね。自分との折り合いをつけるには時間がかかるんです」

かつて不登校だった子たちが、エネルギーを蓄える前に親の期待に押し潰されたり、「こんなはずじゃなかった」という思いを抱いたまま、その後の日々を過ごすのはつらいことだ。

「そんな葛藤が卒業するまで続いた子もいます。彼女は勉強もしっかりできないまま、ある意味妥協してそのときの力で入れる大学に進んだんです。ところが、今度こそ頑張ろうと思っているのに大学の同級生たちとは温度差がある。簡単に『ノート見せて』と言われたり、遊びも上手で元気で、先生のウケも良いという、いわば要領の良い子たちを前に、羨《うらや》ましい気持ちもありながら結局折り合いがつかなかったそうなんです。

卒業生を招いての進路説明会。自身の実体験をまじえて、母校の後輩にアドバイスしてくれる。

結果的に彼女は頑張って、国立大の大学院に進んだのですが、今度は逆に自分が追い上げないといけない立場になってしまった。両方の大変さを経験したわけですが、今は東京で社会人として立派に働いています。

いろんな卒業生が報告に来てくれるんですよ。現役の子たちの進路説明会の場にも来てくれて、直接自分の体験を話してくれる卒業生もいます」

そう言えば、前回の取材日にも卒業生が来ていた。

「ここでは卒業生が本当に気軽に校長室を訪ねてきます。校長室って、よほどのことがない限りドアが開《あ》いているんです。

昨日も、卒業後の進学先がすぐに決まらずアルバイトを続けていた子が、語学留学することになったと報告に来ました。彼女はただのホームステイじゃなく、アパート探しからやったんです。しかも自分で貯めたお金で。アルバイト時代の経験が自信になったようで、『目標だった仕事に就いていなくても自分が役に立てることはあるんだ』と気づいたそうですよ。そういう良い報告もうれしいし、答えが出せなくて悩んでいるという報告でもうれしいですね。話すことで自分の中にある答えが見つかるかもしれませんし」

とは言え、中尾先生の献身ぶりには正直、心配になる部分もある。

「以前、体調を崩して入院したことがあるんですが、そのとき看護師さんの働き方を目の当《ま》たりにして、オンとオフの切り替えの大切さを学びました。やはり、元気じゃないと生徒たちとも向き合えませんし。

先日は近くの農園にイチゴ狩りに行ったんです。そこは素敵な試みをされていて、シーズンの終わりに地域の人を招待し、イチゴ狩りを体験したあと、無料で1パックくださるんです。ちょうど授業でやっているフードロスの実例にもなるなと思って」

先生、休暇のはずが授業につながっていますよ（笑）。やっぱり生徒のことが頭から離れないんですね。

わからないを聞いてみた②

通信制高校の学校選びで迷っている親御さんに、アドバイスはありますか？

伊藤金光《かねみつ》さん
福岡県通信制高等学校連絡協議会会長
元・福岡県教育庁理事

さまよう保護者のためにつくった「協議会」

つくば開成福岡高校の前身にあたる学習センター（つくば開成高校福岡校）が誕生した２００６年（平成18）当時、福岡県下の通信制高校はまだ20校程度だったが、現在では分校やサテライト施設を含めると１４０箇所以上にのぼる。

増え続ける志願者に対しそれぞれの学校が特色を打ち出しているものの、制度や名称のわかりにくさもあって保護者がさまよっている現実もある。

そんな課題を克服するため、２０１２年（平成24）４月、福岡県下の通信制高校有志が「福岡県通信制高等学校連絡協議会」を結成した。当初の目的は、まだ社会的認知が低かった通信制高校ならびに生徒の地位向上、そして進路選択で十分な情報が得られず悩んでいる生徒や保護者に向けた合同説明会を自主開催することにあった。

「県下の通信制高校のうち十数校でつくる、『福岡県通信制高等学校連絡協議会』の会長を務めています。この協議会に参加する通信制高校で年に2回（6月／9月）、自主的な合同説明会を開催しています。

この協議会をつくろうと思ったのは、当時、どこの学校（通信制）に行けばいいだろうかと迷っている親御さんに向けて、理念の部分からしっかりと説明できる場所がなかったからです。最初に通った高校を辞めるにしても、昔はそこの教師に『自分に合《かよ》った学校はないか』と相談したところで、学校側の知識が充分でなかった。私たちの協議会は、単に学校の宣伝として生徒を集めるための組織ではなく、学校や子どもたちに情報を提供する場なのです。

協議会に参加する学校には、偽りのない学校施設であるかどうか、教師の数や生徒の数も明らかにするといったルールを設けています。最終的にはその学校に合うか、合わないかということが大事。預かった子に対してちゃんとした教育ができるのか。受け入れっぱなしの学校があるのも事実です。最初は良くても、長い目で見てどうかという視点が大切だと思うのです」

伊藤金光さん　１９４３年（昭和18）生まれ。北九州市にある県立高校の教員や教頭職を経て、筑豊にある県立特別支援学校の校長、福岡県教育庁の理事長、福岡県立社会教育総合センター所長を歴任。２００６年（平成18）からつくば開成福岡高校の相談役に。その後、九州国際大学の理事長補佐を経て２０１２年（平成24）から福岡県通信制高等学校連絡協議会会長を務める。

協議会の設立を呼びかけたのはつくば開成福岡高校（以下〈つくば〉）の松永健一校長だった。松永校長は当時のことをこうふり返る。

「伊藤さんは、長らく北九州の公立高校や特別支援学校に勤めてこられた方。福岡県の教育委員会でも要職を務められ、わが校の前身である『福岡校』の開設当時からアドバイスをいただいてきたんです」

荒れ狂う高校での体験が転機に

今年81歳になる伊藤さんの教師人生。その出発は、１９７０年（昭和45）に遡《さかのぼ》る。

「当時の日本は安定成長期に入り、それに伴う政治・経済・社会の混乱期にありました。最初に勤めたのは北九州にある県立高校。その後、普通科から実業科まで、いろいろと特色のある県内の高校に勤務しました。

当時、荒れに荒れていた北九州の高校で教頭をしたこ

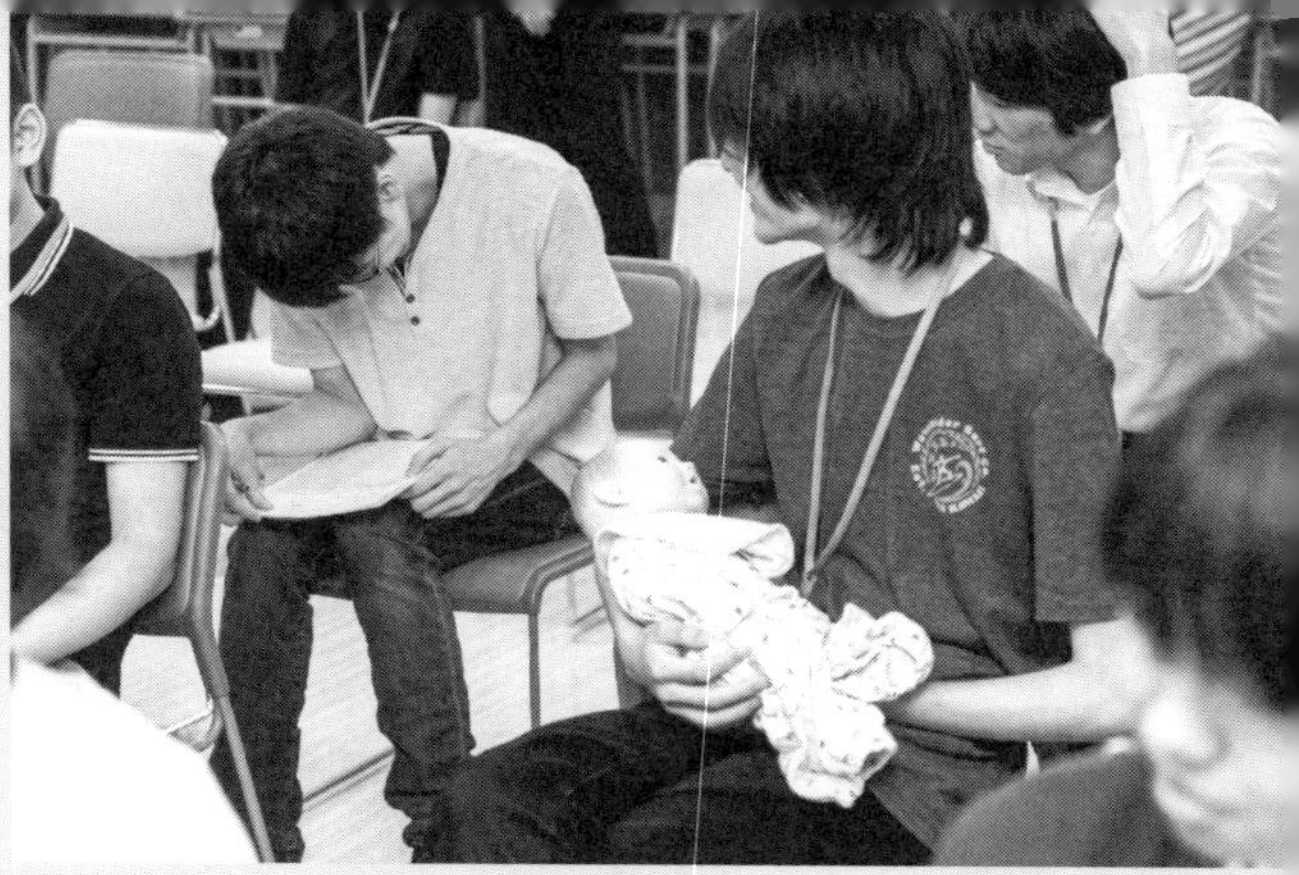

性教育の授業のひとコマ。赤ちゃんの人形を抱いて照れ笑い。

とが転機になりました。学校には何も持ってこず、手ぶらで登校してくる生徒もいました。自宅で謹慎させると喜んで休むので学校で謹慎。学年が進むに従って生徒が退学し、どんどん生徒が減っていくわけです。

　1997年（平成9）からは特別支援学校で校長を務めました。生徒は年少から小学校まで20～30人。先生の方が多かったほど。全く経験のない世界でした。それまで勤めていた高校というのは義務教育ではないし、進学や就職を重視し、学校に馴染《なじ》まない生徒に対しての配慮が不足していました。

　ところが特別支援学校では、まず正直な先生であるか否かが問われました。子どもたちはすぐに見抜くのです。保護者の方々も、その子が将来どうやって人生を送っていくかが大切。真剣度合いが全然違うわけです。保護者が、信頼できない教師と判断すれば、『担任を代えてほしい』と言われることもありました。ここでの体験は、その後の私の教育人生に大きな影響を与えました」

「あの子たちはどこへ行ったんだろう？」

その後、伊藤さんは県の教育庁で教育長を補佐する理事を務めた。退任後は教員の研修をする教育センター（福岡県立社会教育総合センター）の所長として小中高の教員向けの研修業務にあたることになった。

「実は、北九州の高校で教頭を務めていた頃から疑問を感じていたのです。確かにタバコを吸うのは悪いことだけど、他の子が吸ってポイ捨てしたタバコを消そうとしていただけだったという例もあったし、意地悪な先生に対してつい生徒がカッとなって手を出してしまうこともあったんです。すると、どうしても生徒が一方的に処罰される。当時は教頭という管理職だったので直接生徒と向き合う場面も少なかったから、ある意味で純粋な子としか思わなかった。生徒側も気のいいオジちゃんという

2023年度（令和5）は地元テレビ局主催の秋まつりに屋台を初出店。今日は有志メンバーで事前の練習。

感じで接してくれるようになりました。そんなこともあって、『退学したあの子はその後どうなったんだろう？』ということが気になっていました」

そんな気持ちを引きずっていた伊藤さんが、「最後の教育人生でお手伝いをするならここ」だと感じ、〈つくば〉に関わるようになった経緯を話してくれた。

「2002年（平成14）に教育センターを定年退職した後、いくつかの通信制高校をお手伝いしました。しかしそこで、子どもたち一人ひとりの実態に合った教育が行われていないとの思いを抱きました。その後はあるホテルの顧問を務める傍ら、教育関係者との交流を深めていました。その頃、〈つくば〉の松永健一校長と意見交換をする機会があり、私の通信制高校に対する疑問を払拭《ふっしょく》する松永校長の理念に心を動かされました。私のなかには、もっと地元の子どもたちのことを考えなければならないという思いがあったんです。そんなご縁で、〈つくば〉のお手伝いをすることになったわけです」

「生きていく力」をどう伸ばすか

「確かに通信制高校には偏差値だけではない要素やニーズがあって、極端なことを言えば『生きるため』だけに通う必要がある子もいるでしょうし、高校卒業資格を得るためだけに通う生徒もいます。通信制や定時制に通いながら、さらに塾に通って進学を目指すようなお子さんもおられますね。ところが、それでは心の問題や人間性に関わる教育が欠けてきます。〈つくば〉は、『成長するために』ということを方針にしていますよね。

本当はこういう学校が一番いいなと思うんです。たと

卒業式後の記念撮影。以前は「立志式」が全体で催されていた。やり遂げた喜びに満ちた表情は晴れやか。

えば、いろんな理由で高校を移った生徒たちが、その後どうしているのか。高校は義務教育ではありませんから、もし生徒が不登校になってもきちんと対応しない。その子たちが生きていく力をどうやって伸ばしていくのかということがおざなりになっているように思います」

伊藤さんは〈つくば〉で、ある感動的な光景を目《ま》の当たりにしたという。

「こちらでは主に生徒募集など広報面のアドバイスをしました。生徒の姿も見せてもらって、たくさん吸収させてもらいましたが、なかでも一番印象的だったのは卒業式。それまでの学校は型にはまった式次第でした。〈つくば〉の卒業式を見た私は、『あなたたちのような姿を見せてくれて、ありがとう』という言葉しか出てきませんでした。

当時は、生徒が1人ずつ、卒業に際しての思い出や志を発表する『立志式』という行事が全体で行われていたのですが、とにかく『お母さんありがとう』という言葉が多かったのに感動してしまって。昔は30歳を超えた看護師さんとか、事情があって高校に行けなかった生徒なども結構いたんですよ。私は、こちらに勤めることで元気をもらったという思いがあります。卒業式で一人ひとりの言葉を聞くのが楽しみで出席していました。全くの別世界でした」

「通《かよ》ってみたら違った」ではいけない

そんな伊藤さんに、学校選びに迷う親御さんに向けてのポイントを尋ねてみた。

「まずは学校を見に行ってほしいですね。校舎を見たり、校長先生の話を聞いたりして、その子の特性に合う、合わないを判断してほしい。学費の問題も大きいのでしっかり確認してほしいですね。通信制では1単位いくら、という風に学費が決まっていきますが、いろんな講座ごと

卒業後の進路や志望動機をまとめる日。自信をとり戻した生徒たちは、目標に向けてひたむきに進んでいく。

に追加でお金がかかってくるケースも多い。広域通信制の場合ですと、当初聞いていた話と違うので保護者が問い合わせても、すべて本部が対応しているのでわからないんだ、と回答されることがあるんです。下手をすると、私立大学よりお金がかかってしまいますよね。

中学校の先生からも正確な情報を提供してほしい。何より、先生たちももっと勉強してほしいですね。高校の先生が大学の情報を集めて勉強するように。

昨今では、不登校だったからという事情だけで通信制高校に通うのでなく、芸術やスポーツなど、いろんな興味関心で通信制高校を選ぶ生徒が増えているそうです。最新のデータでは、通信制高校の生徒数は26万4974人（2023年〈令和5〉12月時点、「学校基本調査」による）。全高校生のうち1割弱が通信制に通っていることになります。これからもっと増えてくると思いますよ。学び方そのものが変わってきているんです。

でも、『通信制高校がいいと思って入学したけど、実態が違った』というようなことは避けたい。それによって傷つく子どもたちのことを考えると、やはり忍びないですよね。

世の中には不易《ふえき》と流行というものがありますが、変わらないものは何かということを考えていくと、やはり子どもたちに対しては常に正直でないといけませんよね。

世の中では今いろんな通信制高校ができてニーズも高まっている。そんな時代だからこそ通信制高校全体のレベルを上げる必要があるし、少なくとも、通信制高校というだけで子どもたちが根拠のない不当な差別を受けるようなことがあってはなりません。協議会の取り組みを通じて、さらなる地位向上をせねばと思っているんです」

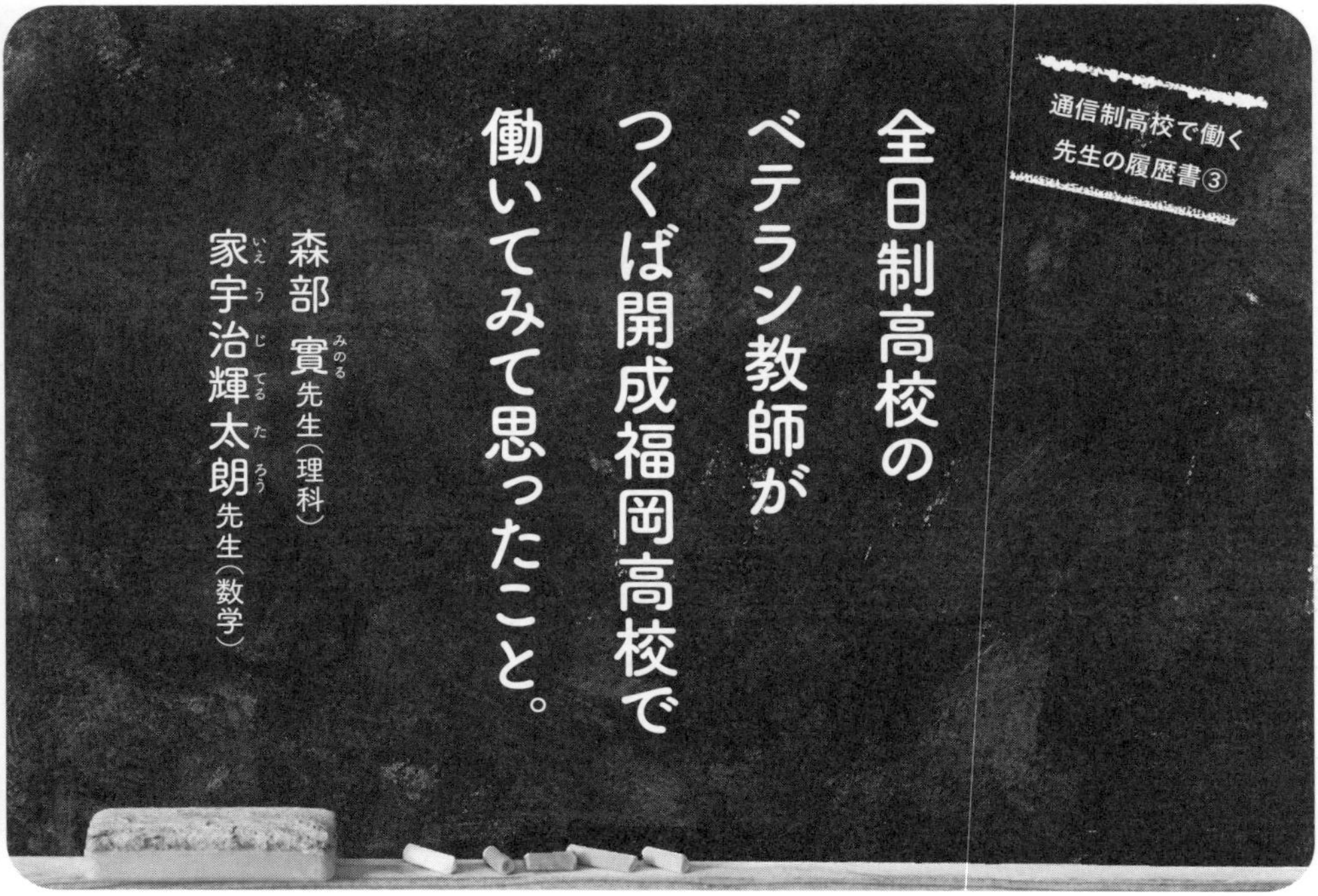

通信制高校で働く
先生の履歴書③

全日制高校のベテラン教師がつくば開成福岡高校で働いてみて思ったこと。

森部 實《みのる》先生（理科）
家《いえ》宇《う》治《じ》輝《てる》太《た》朗《ろう》先生（数学）

「タイプの違う学校でやってみたかった」

つくば開成福岡高校（以下〈つくば〉）には、かつて全日制高校で教鞭《きょうべん》をとっていた先生が多い。定年まで全日制高校に勤めた後、残りの教師人生を〈つくば〉に捧げているという2人の先生に話を聞くことができた。

1人目は森部實《みのる》先生。〈つくば〉では理科を担当してきた。80ページでお話を聞いた、「アリの研究」が印象的だった晴哉《せいや》さんを導いた先生だ。

「以前は飯塚市内の女子高校で教えていました。その後、福岡市内の男子校で定年まで勤めました。女子校、男子校、通信制と3種類の高校に勤めてきたわけです。そういう意味ではいい経験をしました。〈つくば〉に来て15年。今年で81歳です。

本来は生物の教師なのですが、元は物理や化学が好きだったんですよ。もちろん山歩きなどは好きですが、世の中には僕以上に植物や昆虫が好きで好きで、ひたすら眺めたり集めたり、分類したりするのが楽しくてしかたがないというタイプの人がいるんですよね。朝の連続ドラマで有名になった牧野富太郎博士や晴哉《せいや》くんのように。

授業の一環で行われた室見川（福岡市早良区）での自然観察会。左端が森部先生。

これは10年ほど前の女子生徒の話ですが、彼女はタンポポに興味を持っていました。それもカンサイタンポポという、関西地方に見られる日本古来の種。その研究をしたいからということで僕も一緒に大濠公園などによく観察に行ったのですが、研究の成果を読売科学賞に応募することになったんです。今でも覚えていますが、レポートが完成したとき彼女が発した『できたー！』という歓声が校舎中《じゅう》に響き渡りました。結局見事に受賞して、神戸の女子大に進みました。彼女が何であんなに感激していたのかというと、今までの人生でそれほど誇れることや自信を持てることがなかったんじゃないかと思ったわけです。とにかくあの大声には本当にビックリしました」

昔の生徒の思い出を慈《いつく》しむような表情で語る森部先生。

「森部先生は昔から生徒に寄り添う方でした」

そう語ってくれたのは家宇治《いえうじ》輝太朗《てるたろう》先生。森部先生と同じ男子校に長く勤務し、9年間校長を務めた後、〈つくば〉で数学を教えている。2人は男子校時代からの同僚でもあり、教師生活は半世紀以上に及ぶ。

「全くタイプの違う学校に勤めることになったわけですが、何らかのきっかけでつまずいたお子さんたちの役に立てるならと思ったんです。自分としても違う環境でやってみたかったですし、そもそも教育というのはただがむしゃらに進学を目指せばいいというものではありませんからね。

前職の男子校は出席一つをとっても非常に厳しかった。その背景には、親御さんからの期待があったわけです。親御さんから『厳しくお願いします』と言われていたほどでした」

家宇治先生は、そうした教育のやり方が「いじめ問題」をきっかけに変化し始めたという。

「経済成長が進んで高校への進学率も上がったわけですが、それとともに問題が大きくなっていきました」

すると森部先生が、家宇治先生の言葉を継いで言った。

「先生も忙しくなって、子どもたちと向き合う時間が少なくなってしまったんですね」

休み時間を削っても生徒の話を聞いている

そんなお二人に、〈つくば〉に勤め始めたときの第一印象を聞いてみた。まずは家宇治先生から。

「ここの生徒は皆ピュアな心を持っていて、世間ずれしていないというのが最初の印象でした。一方では、人と話すのが苦手なのかもしれない、とも思いました。でも本当は学校には行きたい、勉強もしたい、進学もしたい。ですから、『話す力』をつけてほしいな、と。自分の経験や考えを順序立てて話す。それができればどんなところでも生きていける。その点でこちらの先生方は非常に献身的に向き合っています。

こちらの校舎には2階のフロアにベンチが置いてあって、生徒の隣に先生が座って話を聞いてあげているのをしょっちゅう見かけます。先生だって休み時間なんですよ。それを削っても親身に生徒の話を聞いている。子どもたちはどこかで壁にぶち当たっているわけです。それを誰かに聞いてほしいんだろうと思うんです」

一方の森部先生は、教師の立場からこんな良さがあったという。

「全日制高校ではクラスごとに成績を出して、先生たちも競わされているんです。でも、ここでは全日制高校のような定期試験があるわけじゃない。もちろんレポートをもとにした単位認定試験があるんですが、順番をつけるわけではありません。〈つくば〉なら、私も自由に授業ができるなぁと」

すると家宇治先生が、森部先生の発言を受けて言った。

「もちろん、全日制のプラス面もあるんですよ。先生たちだって、競うことによって教える技術が向上するわけですから。ただ、〈つくば〉の先生の素晴らしいところは、一人ひとりに寄り添う精神が徹底していること。全人格的に成長を手助けしています。

私は最初、通信制というからにはもっとテレビ電話のようなものを活用してやるのかと思っていたんです。ところがここは登校をベースにしている。週1日登校から週5日登校まで段階があって、少しずつステップアップしていく。将来は大学に毎日通うような生活をしたいと

「今日で引退」という森部先生（右）と家宇治先生。
2人は男子校時代からの長年の同僚。

願う子や、不登校になって親に対して申し訳ないという気持ちを持つ子もいるようです。こちらの生徒は考え方が決して横着《おうちゃく》じゃないんですよね。教えていても、本当に優秀だなぁと思う生徒がいます。聞いてみると、以前は進学校にいたと言う子も多いんです」

「自分で勉強し始めた子は強い」

すると森部先生が何枚かのメモを取り出した。今日のインタビューのために生徒からアンケートをとってくれたという。

「〈つくば〉の良かったところについて尋ねてみたんです。たとえばこの子は『自分のペースが尊重される。徐々に勉強するようになった』と書いていますね。『先生との距離が近くて相談しやすい』、『クラスメイトの支えや先生方の手厚いサポートのおかげで自然と頑張ろうと思える』と書いている生徒もいます。前向きになって、自発的に勉強し始めた子は強いですよ」

〈つくば〉では、不登校を決してネガティブに捉《とら》えていない。むしろ「不登校になることで立ち止まって考える時間ができた」ことを、ポジティブに捉えているのだ。長

数学の授業。〈つくば〉には医・歯・薬など理系学部への進学を希望する生徒も多く、家宇治先生の熟練の指導が力を発揮している。

い一生のうちで学ぶことの意味を知るのはもっと大事なことだし、受験のためだけに勉強するわけじゃない、と。

「なかには、基本的な教科すら取り組まなくても簡単に単位が取れる通信制高校もあるみたいですね。うまいキャッチフレーズで誘ってね。

こちらでは、生徒募集を担当している先生が誇りをもって学校の広報活動に取り組んでいますよ。セールスのためのおべんちゃらを言わなくても、ありのままを伝えればちゃんと生徒さんが来てくれるから。

生徒にしても、そんなに厳しく指導しているわけでもないのに礼儀が良い。昔はヤンチャな生徒もいたんですけどね」

森部先生が、まだ前身の「福岡校」時代の〈つくば〉に勤め始めた頃を振り返って言った。

「もともと、『自由教育』というものに携わってみたい気持ちがあったんです。だから、この学校に来られたのは良かった。男子校で教えていた時代は、進学もスポーツも実績はあったけど、それだけでいいのかという割り切れない思いがありました。特に、進級できなくて落ちこぼれて転校した子たちが、移った先の高校でちゃんとやれているのか、気になって仕方がなかったんです」

「行くのがつらい日でも生物の授業だけは行く」

そう言うと、森部先生は「55年つけ続けてきた」というノートを開いた。

「昨年卒業した生徒がくれた手紙が挟んであるんです。この子は本当に頑張ったんですよ。こんな風に成長して、変わっていくなんて。こちらに勤める前は想像すらしていなかったほどの出来事でした」

その手紙には、「生物の授業が楽しみで楽しみで、行くのがつらい日でも生物だけは行く」と書いてあった。

「全日制高校時代は受験のために授業をしていました。有名大学に進学させるというプレッシャーが私にもあっ

55年間つけ続けているというノートを見ながら生徒の思い出を語る森部先生。

たんだということを、〈つくば〉に来て気づきました。でも、それは本来の学問とは違うんです。

ここではとにかくわかりやすく、丁寧に。生物を教える場合でも、楽しい授業を心がけました。自分が疑問に思ったことや感動したことを交えながら」

実はお二人への取材は2023年度（令和5）の卒業式直後に行なったものだが、森部先生は今年度で〈つくば〉での非常勤を終え、引退されるという。退職後は身近な植物について地道に研究を続けたいと語る森部先生の目は輝いていた。

「今日が本当に最後の日なんですよ。だから僕にとっても卒業式（笑）。5、6年前までは卒業式の最後に『立志式』というのがあって、卒業生全員が一言《ひとこと》ずつ、みんなの前で発表していたんです。『自分は中学校時代までは不登校やいじめに悩んだけれど、〈つくば〉に来て友人や先生たちから声をかけられてうれしかったんだ』と。涙ぐみながら、『お母さん、ありがとう』と言ってね。

『前の学校ではお弁当の時間に無視されて学校に行けなくなったけど、ここではみんなが優しく声をかけてくれた』と感謝の思いを語った子もいました。親御さんは、わが子が前に立っただけで泣いておられた。僕も涙を止めることができませんでした。時間の都合もあって今はやっていませんが、良い意味で度肝《どぎも》を抜かれました。自分の苦しかった時代を含めて、こんなにもしっかりと語ることができるようになるんだと。

先生たちも立派です。生徒の話を、安易に受け流さず真剣に聞いて受け答えしていますから。僕はここで働いたことで救われたような思いがあるんです。教育としては、これが本来の姿じゃないかなぁ」

わからないを
聞いてみた③

「校内暴力」から「不登校」へ。教育現場はどんな風に変わってきましたか？

大西浩明さん
（公財）日本教育公務員弘済会福岡支部長
元・福岡市教育委員会理事

警官を辞め、28歳で新米教師に

不登校生の増加に伴い、通信制高校で学ぶ子どもたちの数は毎年のように過去最多を更新している。校内暴力の嵐が吹き荒れた時代から中学教師を務め、不登校の生徒たちと向き合った経験をもつ大西浩明さんに、この間の教育現場がどのように変わってきたのかを尋ねてみた。

「私が福岡市の公立中学校で働き始めたのは１９８１年（昭和56）。中学校が荒《すさ》みに荒んでいた時代です。当時28歳の新米教師でした。その前は京都府警に勤めていたんです」

京都府警？ 警察官だったのでしょうか!?

「教師が夢だったのですが、専攻がフランス語だったため英語の専門の単位が取れず、教員免許が取れなかったんです。結局京都府警に入り、２年半ほど勤めました。それでも教師の夢は絶ち難かった。当時、教員採用試験の受験資格は29歳までだったのですが（現在は制限なし）、免許を取ろうと思ったら大学に入り直す方が早かった。警察の仕事は３交替制で受験勉強もままなりませんから、思い切って27歳のとき警察を辞め、母校の聴講生になって必要な専門の英語の単位を取ることにしたんですよ。
最初は東区の中学校に非常勤講師として採用されたんですが、全校生徒が集まった場で校長から、『大西先生は京都府警の出身だ』と紹介されてしまったもんだから、格好の標的になってしまって（笑）。毎日のようにガラスが割られる、タバコは吸う、刃物まで持ってくるという時代です。地域の歴史が抱える問題もありました。警官時代と違って、こちらはチョーク1本の丸腰。子どもたちのエネルギーのほうが勝《まさ》っており、パワーに劣る教員集団ではまともな指導ができないわけです。その間、生徒に殴られたこともありましたし、逆に、生徒からあまりの仕打ちをされて手を出したこともあります」

優しかった「悪僧《わるそう》」たち

大西さんが教員になったのは、「金八《きんぱち》先生」をはじめとする学園ドラマが大流行した昭和50年代。福岡ではヤンチャな子たちを昔から「悪僧」と呼んだ。

「私はまず、生徒たちと話ができる人間関係を構築しなければと思っていました。非行の原因がどこにあるのかを知るためにも。放課後、悪僧たちをドライブに連れ出してよくラーメンを振る舞いました。ラーメン屋のご主人も、最初は怪訝《けげん》な顔をしていましたが、最後には私の様子を察して『ご苦労さま。お代はいらんよ』などと言ってくれたこともありました。

翌年の1982年（昭和57）から博多区の中学校に移りましたが、そこでも筆舌《ひつぜつ》に尽くせぬ苦労がありました。荒れざるを得ない境遇の子どもたちが多かったんです。表向きは悪僧でも、よく聞くと父親不在で寂しさを抱えていたり。根は優しい子が多かったのではないでしょうか。今でも酒を酌《く》み交わす間柄の教え子がいますよ。

今の先生たちは子どもたちよりパソコンに向き合っている時間が長いですね。時代的に仕方ない部分があるか

大西浩明さん　1953年（昭和28）生まれ。大学卒業後、京都府警に奉職するも教員の夢を諦めきれず退職し教員免許取得。1981年（昭和56）から2007年（平成19）まで福岡市内の公立中学校に勤め、教頭・校長も歴任。その後、福岡市教育委員会で指導課長、人権同和教育部長、指導部長を務めた後、理事に就任。退職後、弘済会に勤務し、2019年（令和元）から（公財）日本教育公務員弘済会福岡支部長を務め、現在に至る。

大濠公園でのウォーキング。郊外でのハイキングにやむなく参加できなかった生徒のために実施される。

とは思いますが、本来は子どもたちと向き合う時間をつくるためにパソコンという便利な道具を活用するようになったはずなのに、逆に時間を奪われてしまっている。私は放課後が勝負だと思っていました。そこから生徒の家に行って、夜通し親御さんと話し込んで、そのお宅から出勤することもありました（笑）」

不登校の子たちと山歩き

今は教師の世界でも「働き方改革」が叫ばれ、隔《かく》世《せい》の感がある。

「先生たちの病休・休職も増えています。保護者対応や、授業中に想定外の質問をされたりすると一挙に崩れてしまうことがあるようです。私は『どこからでもかかってこい』という気持ちでした。逆に、大人しい生徒の相手ができなかったので、もっと関わりたかったという悔いがあります」

「暴力」や「非行」は、子どもからのメッセージとも言えた。だが時代の推移とともに様相が変わってくる。

「私の経験ですが、荒れた学校が変わっていった契機は、力で押さえ込む方針から、生徒をルールづくりに参画させて学校運営にあたっていったのが大きかったと思います。自分たちがつくったルールだから、みんなで守ろうという意識に変わっていったのも一因だと思います。

その後、外に向かって暴力という形で発散する子たちが減っていく一方で、さまざまな思いを自分の内側に向けていく子たちが増えていきます。根っこは似ていると思うんですが、発散するタイプのメッセージはまだわかりやすい。内にこもっていく子たちへの対応はもっと難しいですね。一緒に同じ経験を共有しながら時間を重ねていく必要があるんです。

西区の中学校に勤めていた頃、不登校の男子生徒がいました。とても大人しい子でした。その子の家に行って何とか連れ出すんですが、2、3日は登校するものの、週が明けるとまた出てこなくなる。今振り返ると強引すぎるやり方でしたし、その子を高校に送り出すことができず、最後まで面倒を見られなかったことが今でも心残りで……。当時も定時制高校はありましたが、まだ勤労学生向けの学校という位置づけでした」

大西さんは「悪僧」の子も不登校の子も、一人ひとりの名前をしっかり記憶していた。全身で生徒と向き合おうとする昭和の熱き教師像。さらに時代は移ろい、大西さんは不登校の問題と本格的に向き合い始める。

「その後は早良区の中学校で校長になりました。当時、不登校の生徒の行き場は保健室。保健の先生とタッグを組んで、自信につながるような体験を積んでもらおうと考えて、『早良探検隊』なるものをつくり、脊振《せふり》の山々を歩いたり、ホタルを繁殖させるためのホタル狩りをしたり。スタッフは学校の職員や親御さん。中にはこの活動でリーダーシップを発揮し、高校に進んだあと生徒会長を務めた子もいるんです。もちろん子どもたちは自由参加。そこで悩みごとを聞き出すわけではなく、ただ一緒に体験を共有することを目的にしました。

校長時代は親御さんからの相談も多かった。でも、無理強いしても逆効果になりますので『力づくでも連れてきてください』などとは言いませんでした。勉強するチャンスというのは、人生のどこかのタイミングでいつか必ずやって来るから慌てる必要はない。『今はしっかり見守ることが大切です』と伝えていました」

社会との関係を途切れさせないように

大西さんは博多区の中学校でも校長を務めた。この間、福岡市教育委員会に異動があり市立の諸学校を監督する立場となった。2012年（平成24）からは市教委の理事も務めた。

「教育委員会に行ってからの日々というのは、不登校の問題が大きくなっていった時期とちょうど重なっています。市役所の11階に教育委員会のフロアがあるんですが、壁面の一番目につくところにその月の不登校の生徒数を貼り出していました。また、各界の識者も招いて『不登校・引きこもり対策支援会議』というのを立ち上げて施策につなげていったのもこの頃です。たとえ不登校になっても、フリースクールであれ何とか社会との関係性を途切れさせないで次につないでいくことが大切だと思います。今は各地に受け皿が立ち上がっています。つくば開成福岡高校（以下〈つくば〉）もそんな学び舎《や》の一つですね。
現在、公立の小中学校にはスクールカウンセラーやスクールソーシャルワーカーが配置されています。前者は心理面から、後者はいわば民生委員のように家庭や地域にも入っていきながら、貧困も含めた問題に取り組みます。私個人としては、スクールカウンセラーについては生徒や家庭の守秘義務というのがネックになって、学校との情報共有や連携が十分になされないもどかしさを感じたこともありました。学校に不信感をもつ親御さんからすると、カウンセラーなら話しやすいという利点もあるんでしょうが……」

日本の「集団教育」と不登校

不登校やいじめの増加はとどまるところを知らない。問題の根っこはどこにあるのだろう？

「不登校が問題とされる一方で、全日制の指導体制の問題もあります。全日制というのは、いわば学級を核とした『集団教育』の場。わかりやすく言うと、日本では子どもたちが固定された教室で待ち受けているところへ先生たちが入っていきますね。従って、その集団の秩序が乱れてしまうと教育が成り立たない。その前提があるからこそ、秩序維持のために生徒指導や校則の必要性が出てくるんですね。『集団』という前提がなければ不登校という現象も軽減されていくのではないでしょうか。

以前、アメリカのテキサス州に文科省から研修に派遣されたことがあります。アメリカでは最初から『集団教育』のためのルールがない。当然、日本のような生徒指導の必要もなくなるわけです。アメリカでは先生の部屋が固定されていて、授業は〈つくば〉のように生徒が教室を移動して受けに行きます。ルールといえば、遅刻をしない、欠席をしない、積極的に授業に臨むという程度。それが守れなければ除籍です。コーラを飲みながら先生の話に耳を傾けている生徒もいました。日本の学校とは全く違うものでした。

なかには学校に行かなくなる子もいますが、現地ではあくまで個人の問題。ものすごく大きなカルチャーショックを受けました。子どもたちが自らの意思で選択できる学校というのがあたりまえになると、不登校生だって減ってくるでしょう。

ただし、日本の『集団教育』にも良さはあります。全国津々浦々で貧富の差なく義務教育を受けられるというのも利点の一つ。そのメリットとデメリットを天秤《てんびん》にかけ、さまざまな角度から評価しなければなりません。

通信制や定時制は、単位の取り方を個々の意思で決めていく点などがアメリカの学校に似ていますね。向こうの生徒は疑問に思ったらどんどん手を挙げて質問します。逆に質問すらしない生徒は周りから軽く見られてしまいます。教師と生徒も日本のような上下関係ではなく、学びという点ではフラットな関係です」

だが、日本ではそこまで一気に大鉈《おおなた》を入れるのは難しい。今の段階で手がつけられるのはどんなことだろう？

「不登校の子どもたちをこれ以上増やさないために、小学校から中学校に上がるときの『段差』をできるだけつくらないことが専門家会議の中でも指摘されてきました。中学生になると教科担任制になるし、先生は急に厳しくなるし、細かな校則も増えているので、それが嫌で学校に行かなくなる生徒が増えてくるわけですね。そこで教育委員会としては、一つの方策として中学校と小学校の間で人事異動の校種間交流を始めたのです。それまでは、小学校と中学校では文化が違うので、話し合いをしても互いの非をあげつらったりして噛み合わなかった。でも今では校種間交流が一般的になって、校長や教頭の間でも実施されています。お互い、異動先では新鮮な驚きがあるようですよ。

市教委退職後は、小中高や国公立の幼稚園、特別支援学校を支援する教育公務員弘済《こうさい》会の仕事をしています。たくさんの事業を行なっていますが、その一つが『不登校ふれあい助成事業』。先程紹介したような体験活動に使ったり、ステップルームの環境整備に充てたりできる事業を立ち上げたんです。これまで中学校向けに特化して支援する事業がなかったものですから。これが好評で、今年度は県下で75校が採択されました。今後、小学校や特別支援学校にも助成対象を拡充していきます。

奨学事業も柱の一つです。『高校生給付奨学金』は福岡県下の高校に通う生活困窮世帯の生徒を対象にしています。〈つくば〉は一人ひとりの特性を伸ばしており、進学にも実績があります。私としてはこうした学校への支援をもっともっと充実させ、子どもたちの幸せにつながる事業を増やしていきたいと願っているんです」

epilogue
校長
ロングインタビュー

「子どもは変わる。どの子も伸びる。通信制ならそれを実証できると思ったんです」

「なぜ通信制高校をつくろうと思ったんですか？」

――最近、松永校長に面白い質問をした生徒がいたそうですね。

そうなんですよ。「ふれあい合宿」といって毎年5月に恒例の合宿行事があるんです。郊外の施設を借りて、簡単なレクリエーションや球技をして過ごすんですが、特に入学したばかりの1年生は緊張しています。その合宿では多くの生徒たちが誰かに話しかけられたり、話しかけたりして何らかの出会いや気づきを得て帰ってきます。

合宿の最後に私が1年生の前で話をしていると、ある女子生徒がパッと手を挙げて「校長先生はなぜ通信制高校をつくろうと思ったんですか？」と質問したんですよ。

――直球の質問ですね！まさに今日お聞きしたいのがその話なんです。どう答えられたんですか？

私には5人の孫がいるんですが、「自分の孫を通わせたいような学校がつくりたかったんだよ」と答えました。

――なるほど。校長がそれだけつくば開成福岡高校（以下〈つくば〉）に誇りと自信を持っておられることがわかります。とはいえ、現在に至るまでには相当な経緯があったのではないでしょうか？

遡《さかのぼ》って話しますと、私はもともと勉強が大嫌いな子どもだったんですよ。勉強ができなかったわけじゃないけど、勉強する意味がわからなかったのです。「なんで勉強せんといかんと？」って。他に面白いものがあったら、ついそっちに気が向いてしまう。小学校時代なんて魚釣りとソフトボールばかり。

高校は大した動機もなく私立の男子校に行きました。

ところが高3の夏休み前の面談で、親まで呼びつけられて、担任から「このままでは行くところがないぞ」と言われたんです。正直、頭に来たんですが、後から考えるとそれは先生の作戦で、「こいつは頭に来《こ》んと勉強せん奴だ」とわかっていたのです。それから1日も休まず、朝から夜遅くまで勉強。成績は上がりましたが、第一志望は不合格。何とか地元の私大の法学部に進むことができました。

「自分の価値ってなんだろう？」

大学に入ってからはアルバイトに明け暮れる日々。旅行会社の添乗員として北は北海道から南は沖縄まで、ツアー客の世話をするんです。出席をとる体育と英語以外ほとんど大学には行きませんでした。

ところが3年生の夏、アルバイト先の先輩が盲腸で倒れたんです。ツアー先でも我慢していたんでしょう、癒《ゆ》着《ちゃく》が激しくて腹膜炎を起こしていました。その先輩と私はツアー会社から「うちに入社しないか」と誘われていたんだけど、先輩のほうは体調管理を怠《おこた》ったという理由で雇《やと》い止めになってしまった。やむを得ない事情があったのかもしれませんが、そんな姿を見て、「自分の価値ってなんだろう？」ということを考えるようになりました。

――自分の価値を高めないと、未来がないのではと……。

ええ。夏休みが明けた10月から、私は突然大学に通い始めました。積《つ》ん読《どく》したままだった法学の本を全部読み、講義も全部出ました。そのおかげで、法律ってこういう風にできているんだと自分なりに理解できました。しかし、「ご飯もロクに食べられないような環境で、人は法律など守るだろうか？　むしろ経済に目を向けねば」と考えるようになり、商学部の講義を調べて、もぐりで受講しまくったんです。

ところがそれが教務課にバレてしまった。「無賃乗車と一緒やぞ！」とやかましく叱られ、平謝《ひらあやま》り。バレるきっかけになったのはその大学の名誉教授の講義だったのですが、たまたま教務課で叱られている私の姿をその名誉教授が目撃し、「お金を払っていても講義に出ない者はたくさんいる。受けたいというのなら受けさせてやればいいじゃないか」とかばってくれたんです。教務課はもちろん抵抗しました。すると教授は、「わかった。私のカバン持ちをしなさい。講義の間、君を教室で待機させておく。それで文句はないだろう」という話で決着しました。

――粋《いき》な先生ですね！

大学院の入試で0点。一念発起《ほっき》し猛勉強

4年生の前期が終わり、まだ勉強し足りないなぁと思っていた私は、大学院の試験を受けることにしました。ところが、何と英語の筆記試験で0点を取ってしまったんです。試験では会計学や経営学について、英語の原書から出題されるのですが、そんなことすら知らなかったわけですよ。その後の面接で「何の勉強をすればいいとですか？」と尋ねたら、また大目玉です（笑）。

すると面接終了後、まだ若い教授が、「お前は本当にバカやな！私は外書講読の講義をやっているからそれに出なさい。何回か通えば、だいたいどういう勉強をすればいいかわかるから」と救いの手を差し伸べてくれまして。そこから半年間、就職活動もせず自宅に籠《こ》もってひたすら独学。人生で、自分から勉強したいと思った初めての経験でした。4年生の秋のことです。

まず最初にやったのは部屋の大掃除。漫画本や遊び道具を全部処分しました。冬に向けて寝袋も用意して。

――なぜ寝袋を？

ストーブなんてつけたら眠くなるから。完全に勉強をするためだけの部屋にしたんです。ところが、そんな私の決意も知らず友だちが麻雀の誘いに来るわけですよ。私は「ごめん、今は誘わんでくれ」と。2週間くらいしたらその友だちが、「お前、本気なんやなぁ」と差し入れを持ってくるようになりました。「こいつはやると言い出したらやる奴だ」とわかってくれたのでしょう。結局、大学院には何とか合格しました。

私の母は「アンタが勉強する姿やら初めて見たよ！」と言ってましたが、どうせ止めても聞かんとわかっている。サバサバした性格で、学費もいずれ返すつもりだったのに「いらん」と言うんですよ。

そこからはとにかく勉強。大学院の仲間は税理士や企業の経理、研究職などを目指していました。そんななか、恩師の名誉教授から、「それだけでは潰しが効かないから高校の教員免許を取れ」と言われて、教職課程を取ることにしたんです。

「一緒に遊ぶ」からのスタート

5月の「ふれあい合宿」。野外炊さんのひとコマ。

——そんなきっかけで教員の道に進まれたとは……。

教育実習は市内の私立高校に行きました。ところが、しっかり準備をしてきたのに、生徒は「実習生が来たぞ」とバカにした表情で、聞いちゃおらんわけです。昔でいうツッパリ。こちらも頭に来て「俺は寝らんで準備してきたとぞ！」と真剣に訴えた。そしたら、「わかったよ。聞いてやるよ」と言ってくれて。本気で向き合えば、それなりにわかってくれるもんですよ。

2週間の実習が終わる頃、その生徒たちが「先生になりぃよ。先生みたいにハッキリ言う人がいいとよ。きっと似合っとるよ」と言ってくれました。生意気だけど、面白い子たちでした。私はそこで、「勉強なんて、したくなければしなくていいけど、本当にしたいと思ったらするんだな。であれば、教師というのは勉強がしたくなるように工夫しなければならんのだな」と気づきました。

結局その高校から誘われまして、そのまま勤めることになりました。担当教科は簿記。当時私は24歳です。思えばあれが運命の分かれ道でした。

——教育実習先にそのまま赴任なんて、よほど見込まれたんでしょうね。

赴任後のある日、学校から「休部中の簿記部の顧問をしろ」と言われました。私は生意気にも「わかりました。ただし口は出さんでくださいね」と条件を出しました。部員は3年生が7、8人。予算はたったの3万円でしたが、最初はすることもないので、藁半紙《わらばんし》を丸めてボールをつくって、教室で生徒たちと野球をして遊んでいました。「見回りが来た！　片づけろ！」と一緒になってね。何回も怒られました（笑）。

夏になる頃、さすがに何かしなければと思い始めました。そこで簿記の大会に出場してみたんですが、案の定、最下位。帰り道に、私が「俺たちバカやなぁ！　このままやと後輩までバカにされるなぁ」とつぶやいたら、生徒たちが「それはまずいな……」と言い出しました。そこから彼らは過去問を取り寄せ、自分たちで問題集をつくり始めたのです。それを後輩に託すという目標を立てて。「俺たちは恥かいたけど、お前たちは恥かくなよ」という後輩への思いが伝わったのでしょう、2年目の部員からはすごく勉強するようになって。大会では個人で優勝、団体でも入賞しました。

やってもいないのに自分の限界を決めている

——校長がいつもおっしゃっている、「伸ばす」教育がその頃から芽吹《めぶ》いていたんですね。

次の代は全国大会に挑戦しました。2年生中心のメンバーでしたが、「絶対優勝するぞ」と意気込みました。結果は県大会で優勝し、全国大会でも入賞しました。ところがそこでまた火がついてしまい、「全国でトップを取ると頑張ったのに、これじゃいかんばい！」と。翌年からは14年間連続して全国大会に出場。福岡県ではもちろんトップ、悪くても2位という成績でした。

——学園ドラマみたいですね。

ただ、簿記部はうまく行ったのですが私のクラスの生徒が他のクラスに遅れをとっていたんですね。当時その高校では簿記も珠算も3級を取らないと卒業できなかったのですが、私は「最初から3級を目標にするから負けるんだ」と気づいた。発想を変えたわけですね。そこでまず、ちょっと頑張ればできそうな生徒に2級を目指させました。彼らが2級に合格すると、今度は3級の生徒が2級の生徒に「教えてくれよ」と頼み始めたんです。私はやることが減って、今度はクラスを級ごとにグループ分けして、どんどん問題を解かせるようにしました。

私はいつも、腹が立つとスイッチが入るんです。2級に合格した生徒に「1級取りたくないと？」って言ったら、「無理！」と言うから、「じゃあ、無理じゃなくなったら？」と聞いてみたら、「えっ？」という顔をしていました。生徒たちは、「所詮《しょせん》自分は3級か、せいぜい2級どまり」と自分の限界を決めてしまっていたわけです。自分にだってできるかもしれないと気づけば必ずチャレンジするはずだと、そのとき思ったんですね。

教育のあり方に疑問。退職して学んだ心理学

——校長は生徒たちにとって「頼れる兄貴」みたいな存在だったでしょうね。

「通信制はもっと面白くなります」。教育の話になると松永校長の表情はきりっと引き締まる。

ヤンチャな生徒たちでしたが、面白かったですよ。私も昔は「悪僧《わるそう》」でしたから、ヤンチャな生徒の気持ちも少しは理解できます。ただ、ヤンチャでも何でもいいけど、「それで終わりじゃないやろう？」ということは伝えていた。「別に勉強ができなくたって、世に出て結果を出せばいい。だけど、結果を出すには何かをやらんといかんよね？　何もしてないのにツッパっとったって仕方ないやろ？」って。そしたら、「先生、俺は仕事頑張ろうと思いよっちゃん」って言うから、「いいじゃん！」って。その後、商売の道に進んだ生徒が多かったですね。

――「天職」に出会ったと思われたのでは？

「天職」というほど偉そうなもんじゃない。ただカッカ来てただけなんですよ（笑）。でも、その頃から教育とか学校のあり方についていろんな疑問が出てくるようになりました。一番難しいのは、そこにいる先生や生徒の意識を変えるということ。意識が変われば学校だって変わると思っていました。子どもたちだって、きっかけさえあったら変わるんだと。そのためには「提案」と「準備」が大切。私の場合は、一緒に遊んでいるうちにたまたまうまく行ったんです。

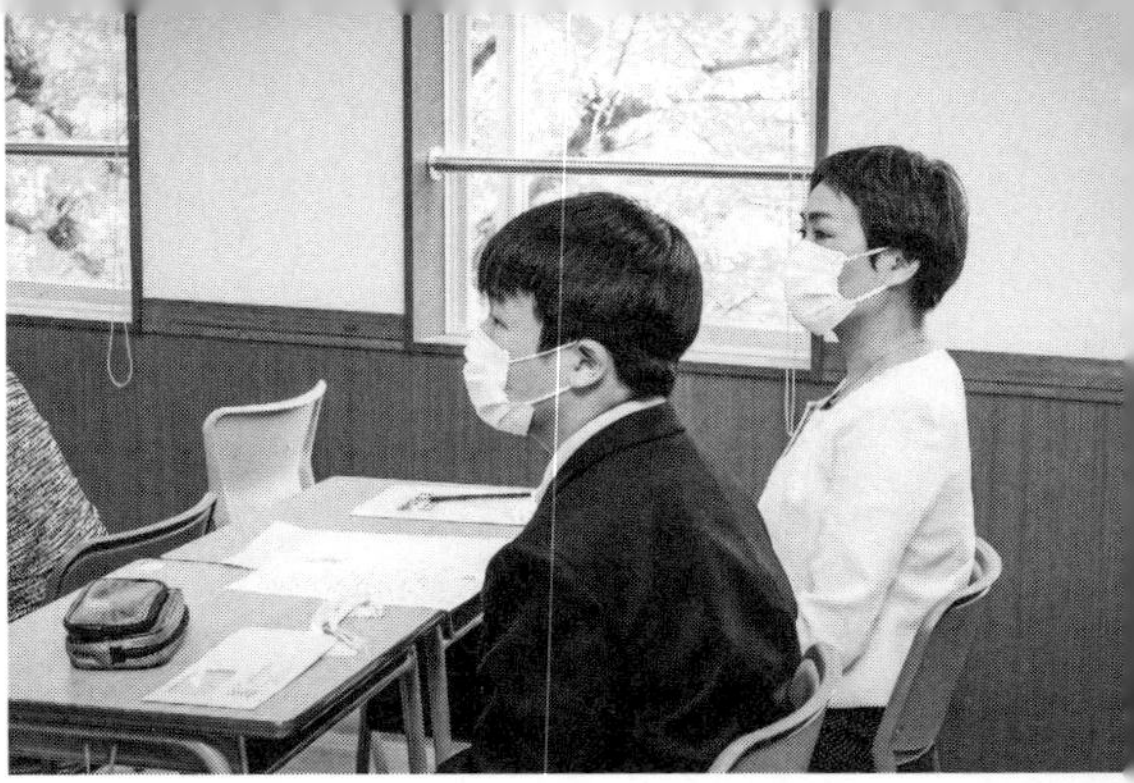
入学式後のガイダンス。親も子も、どこか緊張の面持ち。

――その高校にはいつまでおられたんですか？

40歳まで勤めたんですが、実はもう一度勉強したくなりまして。一番やりたかったのは心理学でした。「人って、何でこんなに悩むの？」とか「何ですぐ『できない』って言うの？」とか。それで行動心理学などを学び始めてみると、やってきたことがそれほど的《まと》外れではなかったと確認できたし、他にも気づくことがありました。

夜間の定時制高校で「得意芸」

ちょうどその頃、知り合いから「定時制高校でバイトせんか？」と誘われたんです。ヤンチャな生徒が多かったこともあって、教師のなり手も少なかったようです。

実際に行ってみますと、まぁ悪い悪い（笑）。でもそこからは得意芸で、授業後の夜の体育館で生徒たちとバドミントン。こっちはヘタだからあっちに打たれ、こっちに打たれしながら「先生ヘタやね！」「うるせぇ！」とやり合って。遊び終わったら、男子生徒と一緒に銭湯へ。下は15歳から上は社会人の生徒も多くて、中には50代後半のおじさんもいました。

――昔、定時制や通信制は社会人が主だったんですよね。

そうやって生徒たちと遊びながら、「きっかけがあったらグンと伸びそうだな」と思って目をつけたのが、周りから「姉御《あねご》」と呼ばれていた生徒でした。年齢は二十歳《はたち》すぎでしたが、「ちょっと勉強してみんか？ 資格取ったら良いかもしれんぞ？」と投げかけてみたんです。そしたら、「別にいいよ」と言うので、「じゃあ、簿記やってみようか」ということになった。彼女はもともと頭が悪いわけじゃなかったし、無事3級に通ったんですね。話を聞くと、女の子ばかりの4人姉妹。「親が離婚してさ……女手《おんなで》一つで食べていける仕事ないかな？」と尋ねるので、私は「看護師さんがいいぞ！」と勧めました。彼女は卒業と同時に病院に勤めながら准看護師の資格を取ったのですが、「次は正看護師たい」と励ましました。それも見事に突破し、総合病院で夜勤をしながら保健師などの資格にも挑戦しました。「地域医療がやりたい」ということで、今は奄美大島で働いています。彼女が頑張った影響で、他の子も続きました。

信じながら〝タイミング〟を待つ

――校長は「人をのせる技術」をお持ちですね。

あくまで私見ですが、子どもって、いっそ暇なら暇のままにさせておいたらいいんじゃないかって思います。あまりに暇だったら嫌になるはずなんです。今はゲームもスマホもあるからまだ時間をつぶせるけど、本当に何もなくて友だちもいなければ、やはり耐えられませんよ。そのとき、何かしようとする。最初は遊んだりもするけど、「延々と遊んでばかりでいいんだろうか？」と考え始めるはずです。もし良いタイミングで「こうしてみれば？」という声かけがあって、自分で動き始めたらもう元には戻らない。あの暇すぎる日々は嫌だから。

そうやって子どもが動き出すのを待つわけですが、これは「黙って待つ」ということとは違います。誤解のないように言うと、「待つ」というのは「この子はいつか動く」と信じ、願うこと。ところが親や教師というのは良かれと思って提案しているつもりが、願いが強すぎるあまり、「させる」ことになってしまいがちなんですね。声かけや提案というのは本人に合ったタイミングで、さりげなく。最後は本人が「やる」と決心しなければ。

――そのあたりは技術がいりますね。やはり普通の親では難しいと思うんですが……。

でも、親子だって一緒に遊んでいたらいろんな話をするはずです。たとえば子どもが学校を休んだとしても、「じゃあお父さんも仕事休むけん一緒にキャンプいかん？」などと言って誘ってみたらいい。魚釣りだって何だっていいわけです。そこで夜通し話して、「何だ、そんな嫌なことがあったのか。学校やら行かんでしばらくゆっくりしとけばいいよ。他にしたいことあると？」なんていう話をいっぱいすればいいんですよ。

不登校というのは、大半が頑張りすぎたり、我慢しすぎた末の不適応。それ以上頑張ってしまうと立ち直れなくなる。違和感を感じたゆえに足を止めたわけで、正常な反応なのです。

子どもというのは、自分のことを認めてくれたというだけで安心感を持つ。「お母さんとは最近どう？」、「うるさい」、「そっか、でも忍《にん》の一字ぞ！」なんて会話でもいいんです。人間、誰だってやりたくないときはあるから。

ところが、今は親御さんが衣食住に加えてゲームやスマホまで与えていますから、子どもは困ることが少ないわけですね。でも、そんな子どもたちにも困るときが来ます。本当に困ったら、子どもは必ずやるんですよ。

取材日は大型連休の中日。「毎年、校長室の片付けに出てくるんです」と苦笑い。

「柔軟度が高い」通信制に感じた可能性

――その定時制高校には何年お勤めだったのでしょうか。

2年勤めた後、今度はある新設の専門学校のお手伝いをしました。ここは通信制高校と連携した学校だったのですが、開校した後で不安になり、「本当にこれでやっていけるか見てくれないか？」と頼まれたんです。私は通信制に興味があったので自分でも勉強しながら1年様子を見た結果、「このままでは無理ですね。ただ、結果を出すには一つだけやり方があります。でもそれにはお金がかかります」と結論を出しました。結局1年で閉校手続きを進めることになりました。

――〈つくば〉のホームページには「通信制は全日制に比べ柔軟度が高い制度」と書いておられますね。

今の高校というのは「全日制」か「定時制」か「通信制」の3種類。もし全日制を辞めたら、定時制か通信制に行くことになります。全日制と定時制はすでに経験していましたから、制度や法令についてもある程度は理解していましたが、通信制というのがどうやって単位を認め、どうやって授業を進めていくのかという点について、知識としては知っていたけど体感していませんでした。そこでよく調べてみたら、やり方次第では面白くなると思ったんです。私はいつしか「自分で通信制高校をやってみたい」と思うようになり、全国の教育関係者と会って話を聞きました。その一つが茨城県にあるつくば開成高等学校（以下〈つくば本校〉）でした。

2006年に福岡校としてスタート、2015年に県が認可、「つくば開成福岡高校」創立

――ついに、〈つくば〉の歴史が胎動《たいどう》し始めたわけですね。

当時は〈つくば本校〉が出来て間《ま》もない頃でしたが、理事長がすぐに会いに来てくれたんです。私の考えを含めてさまざまな話をするなかで「福岡校をやらないか」という話になり、２００６年（平成18）、福岡市の北天神に誕生したのが〈つくば〉の前身です。福岡県の認可を得て単独の通信制高校になったのはそれから10年目の２０１５年（平成27）です。

最初は、週１日登校を原則にしました。実際、ほとんどの生徒が週１日からのスタートを選びました。一方で、進学したい生徒もいるだろうからということでいちおう週5日登校も設け、後に週3日登校もつくりました。

――初めの頃はヤンチャな生徒もいたと聞きました。

私が勝手に名付けていたんですが、当時の生徒には「静《せい》」「普《ふ》」「動《どう》」の3タイプがいました。「静」はおとなしい生徒、「動」は元気、「普」はその中間です。クラス分けもその3種類。同じタイプだから雰囲気が良いわけです。卒業式も、このタイプごとに分けてやっていました。

昔は卒業式の一環で「立志式」という行事もやっていました。卒業にあたって1人ずつ、3年間の思いや今後の抱負を語ってもらうんです。「静」タイプの生徒だと「お母さんありがとう」とか「ごめんなさい」とか。「動」タイプの生徒のなかには、「先生やら好かん！　でもここの先生には負けた」と言った生徒もいました。親御さんも笑ってましたよ。

――「静」と「動」だとどちらがやりやすいものですか？

「動」の生徒はある意味でわかりやすいですね。ヤンチャというのは、ある意味で活力なんだと思います。本来、子どもたちの持っている価値観というのは大部分が親から受け継がれていく。思春期というのはその否定から始まりますよね。ときに偉そうな口も利きますが、それが普通なんです。ところが今は「いい子ちゃん」でいるほうが楽だから、そういう時期がなくなってしまった。大人のほうもリスクを恐れるあまり、なあなあになっているのではないでしょうか。子どもたちは世の中を見て学習しているのです。でも、そうやって順応ばかりしていくと意欲も持てなくなるし、冷めていきますよね。

そうした意味でも反抗期というのは大事なんです。反抗期というのは「価値観の組み直し」。それで自分のアイデンティティを作っていくんだから。

「松永くん、ここの生徒は伸びるぞ」

――スタート時の話に戻りますと、当時の生徒数はどのくらいでしたか？

前身の「福岡校」の1年目が88名。2年目に208名。3年目が324名。校舎が天神にある珍しさもあったと思います。あとは口コミが大きかった。すぐに350名を超えるなぁと思ったので、いったん拡大路線を止めたんです。増やそうと思えば増やせるし、もっと大きな通信制高校は福岡にもありますが、それでは生徒たちのケアができなくなりますから。

教員の人材確保でも苦労がありましたが、優秀な人材が少しずつ積み上がって今に至ります。

初期の話ですが、私の高校時代の恩師が定年退職後にわが校で働いてくれたんです。実はその先生は、ある私立高校からも声がかかり、うちとかけ持ちをしていたんです。それで同じ試験問題をやらせてみたところ、うちの生徒のほうが良い成績を取ったものだから、「松永くん、ここの生徒は伸びるぞ」と言っておられました。先生はその後、「向こうは辞めることにした。ここが面白いから」と言って、うちだけで教えてくれるようになったんです。

――それは校長にとっても自信になりますね。最初はやはり「一緒に遊ぶ」から始められたのですか？

わが校の場合は不登校だった生徒が大半なので、「まずはゆっくりして」というのが前提ですが、とにかく話を聞くことです。うちの教員は様子を見ながら少しずつハッパをかけてみたり、逆に「まだ今はやめといたら？その気じゃないのにしたらダメよ」とブレーキを踏んでみたりと、いろいろ考えながらやっていますよ。

――先生方が絶妙のタイミングで子どもの背中を押してくれたというお母さんの話もありました。

みんな自信をつけたいはずなんです。自信っていったい何だろうかと考えると、それは自分のことを信じられるかどうか。でも、100％じゃなくてもここだけは自分を誇れる、信じられるという部分があるはずです。

生徒たちにも、「自信がないんだったら、自信つけよう

教室に掲げられた校訓は「自針」「熱中」「徳積」。

よ」と言います。生徒は最初、「?」という顔をしますし、「いくら頑張っても自信がつかない」という生徒もいますが、それは基準が高すぎるんですよ。得《え》してそういう生徒は、親や兄弟がみんな高学歴だったりしますね。

親だって自分のことをどこまで信じられているのかな、と思います。自分を信じられていないから不安になる。特にお母さんたちはこれまで苦労して子育てをしてこられた。きつくてもご飯つくってね。それだけでもすごいこと。でも、それを周りからきちんと評価されなければ自信は持てないでしょう。

お母さん方はみんな頑張っているんです。反省することもあるだろうけど、苦しまなくていいんですよ。とにかく、お母さんたちが一人で苦しまんようにしてあげたい。お母さんというのは強いけど、強いがゆえに頑張りすぎてポキンと心が折れないようにしないと。

子どもなんて、そんなに言うことばかり聞くわけない。親の不安が子どもに乗り移ってしまっていることが多いように思います。私だって、自分のことを100%信じられますかと聞かれたらそうでもない。「ほぼ100%かな」くらいで良いと思います。人間なんて、みんな「ほぼ」で良いんですよ。

生徒のペースに寄り添えるのが通信制

――〈つくば〉は、「全日制と通信制の中間」と言った生徒さんがいたと聞きました。

ホームページで「本校は登校型の単独通信制高校です」と謳《うた》っているとおり、わが校では選択すれば週5日まで登校できますので、生徒から見ると、「プチ全日」のような学校だと思います。

全日制の進学校から見ると、偏差値については通信制が劣っているかもしれません。福岡では有名公立高校を不合格になった生徒が通うのが私立高校なんていう序列までついてしまっている。確かに入学の時点ではそうかもしれないけれど、生徒たちがその後「伸びた」度合いを比べた話は聞かないでしょう？　思春期の子どもたちというのは、「自分ってなんだろう。どうすれば自分らしく生きていけるだろう」という悩みを抱えているのではないでしょうか。どの高校に入学したかではなく、これからの人生を生きていく土台となる、人とは比べることができない「自信」や「信念」を培える環境を選ぶことが大切だと思うんですよ。

——ホームページには、「生徒各々のペースを守るために通信制という形を選んだ」とも書いてますね。

私は全日制高校にいた頃から矛盾を感じていたんです。全日制は1日6～8時間もの授業があるでしょう？　進学も大事だけど、ついていけない生徒だっている。逆に言えば、「落ちこぼれをつくる」ことになっているわけです。学校に行くことでコンプレックスを募《つの》らせていくなんておかしいと思いませんか？

全日制という制度は、より精査されたカリキュラムで生徒を引っぱっていくことで成果を生むように組み立てられている。一方、自分のペースで自分を伸ばしていこうとしたときには通信制の真価が発揮されます。世の中に自分と同じ人間など一人もいませんし、同じ道を歩む人だっていない。学校選びでも、自分で熟慮して選んだものを正解にしていく努力をしてほしいと思います。

——校長の原動力はどこにあるんでしょう？

全日制高校の時代から生徒たちが変わっていく姿を見続けてきました。そういう姿を見ていると、もうやめられないんですよ。生徒たちはどんどん成長していきますから。通信制というと、最初は「えっ？」という顔をされますが、話をしているうちに、「いいね」と言ってくださいます。

ですので、「子どもたちが変わっていく」というわが校のあり方が必要とされている限り存在価値があるのであって、その理念を必要としてくれる人がいないのであれば、こんな学校はいらないんですよ。

もし、人生が変わったターニングポイントがわが校にあると思ってくれたら、こんなにうれしいことはない。学校は生徒のためにあるんです。

——先生方は「〈つくば〉を卒業したことに誇りを持ってほしい」とおっしゃってますね。

ええ。実際、「母校の発展は自慢だから応援するよ！」と言ってくれる卒業生が多いんです。自分のルーツであるわが校に誇りをもってくれているからだと思います。卒業生からはよく連絡がありますし、同窓会長を中心にして連絡を取り合っています。こちらからも学校の現状について報告をしています。

SNS講座から、検定、ボランティアまで

——スマホやSNSの使い方など、勉強以外の講座も設けておられますね。

スマホに限らず、文明の利器というのはうまく使えばいいけど弊害もある。そこに全部フタをして禁止にすると、子どもたちは否定されて終わり。生徒の中には「なんで？」と疑問を抱く子も多い。それに対して教師は「何かあったら困る」という程度の説明しかできない。うちでは「生徒にきちんと説明できないことを強制するな」というのが基本です。ただし、使い方だけは「特別講座」というのを設けて教えています。他にもお金の講座、性教育、悪徳商法対策などをやっていますし、検定にも力を入れています。

スマホやSNSの使い方など、さまざまな「特別講座」にも意識的に取り組んでいる。

——ある先生から聞いたのですが、校長は、「知識がないばかりに生徒たちが傷ついたり、だまされて失敗するのを防ぎたいんだ」とおっしゃっていたそうですね。

国・数・英・社・理などの基礎教科はもちろん、社会に出る前に知っておいたほうがいいことは教えてあげたほうがいいに決まっていますよね。

たとえばボランティアで花壇の手入れをしていると、近隣の方が「いつもありがとうね」と言ってくれます。喜んでくれる人はちゃんといるんだという事実に気づいてほしいし、検定だって、わが校の評価じゃなく、協会が客観的に評価してくれた結果。そこから、もっとやれることがあるんだと気づいてほしいんです。「気づく力」がつけば、いろんなことに興味・関心が出てきますね。すると知識が深まり、疑ってみることにもつながります。だまされて失敗することも減ると思うんです。

——服装や髪型など、〈つくば〉は校則が厳しいと思って

毎年、有志で参加している「24時間テレビ」の募金活動

いる方がいるようですね。

確かに大半の通信制高校では服装や髪型が自由。でも、実はわが校では一貫して校則は設けず、守るのは「日本の法律だけ」と言ってきたんです。ただし、自分が所属する学校という場所には自分以外の人もいるわけですね。伝えたいのは、それを踏まえて立ち居《い》振る舞いができるようになってほしいということ。

昔は、いわゆる〝ガングロ〟の生徒もいました。「ガングロはポリシー」って言うから「いつかそのポリシー教えてね」と話していたら、その生徒が卒業して訪ねてきたんです。ガングロをやめていたので理由を聞いたら、「二十歳《はたち》過ぎてガングロやったらバカと思われるやん！」と。私は、「そっかぁ。でもそれって、ガングロのことを多くの人が良くないと思ってるってことよね？ そしたら、ガングロの生徒がいたらガングロじゃない生徒はどう思われる？ その生徒も、きっとそんな風に見られるよ。もしかしたらその生徒までバカにされるんやないと？」と。その子は「あぁ……」としょげていました。「いいよな、お前は自己中《ちゅう》で！」と言って笑い合いました。

その後、登校する生徒が増え、「通学服」というのをつくることになりました。もちろん強制ではありませんが、登校時に何を着ていけば良いか悩むという要望があったんです。おとなしくて真面目《まじめ》な生徒が多くなり、服装や髪型について生徒自身で「良い」「悪い」の判断をするのが難しくなってきたわけです。なかには「校則がないのなら自由でしょ」とおっしゃる親御さんもいたりして。そこで、みなが安心して学校生活を送るためにルールを明確にしようということになり、本校の歴史も含んだ説明も加えた「身だしなみについての誓約書」というのをつくったわけです。

――〈つくば〉の特徴を一言《ひとこと》で表すと、どんな表現になるでしょうか？

一言で表すなら「どの子も伸ばす」。それは自信をつけるということ。テストの点数ではなく、「自分は何のた

【参考資料1】〈つくば〉で実施している特別授業や検定（同校のパンフレットから）

Pick up

本校で独自に実施している科目「生活と経済」や特別授業を一部ご紹介します。

Point

「生活と経済」では、生徒たちが社会に出た時に、遭遇するような様々な場面を想定した内容を学習していきます。また、日本のしきたりや文化についても学び、「思いやりの心」を育んでいきたいと考えています。
１年生～３年生までテーマを決めて実施しています。

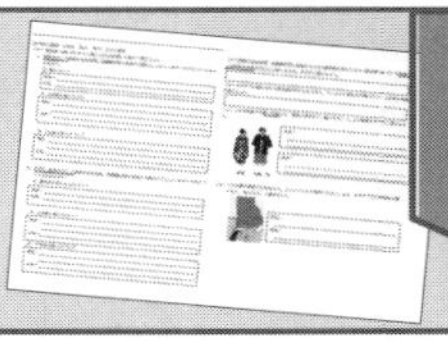

２年生「身だしなみの基本」について

Point

特別授業では生徒たちが卒業後に自立した生活を送る為、自分で正確な判断ができるよう講演会を実施しています。

Lecture
薬剤師の先生による「薬物に関する講演」

Lecture
新聞社の方による「新聞の読み方講演」

Point

「面談」の時間を生徒はどのように思っているのかその声を聴いてみました（＾＾）」

中学で「人間不信」になっていたので、最初は先生達の優しい声かけにも素直になれなかったが、面談を重ねていくうちに今の自分でもよいのだと自信が持てた。（Initials R・F）

なかなか自分から話すことは難しいから、自分の気持ちを言えなかったが、先生から話掛けられることでほっとした。（Initials T・N）

最初は何を話せばよいのかわからなくて緊張していた。でも勉強のことだけではなく、自分の好きな話でもいいのだと気付いて次は誰かと自分はいつか話してみようかなと思えるようになった。（Initials M・U）

このような自分でもいいのだなと思えるようになった。できないこともあってもできることから始めたらいいのだと思えた。（Initials R・U）

令和５年度　検定合格者　298名

《語学系等》

検定名	1級	準1級	2級	準2級	3級	3級未満
実用英語技能検定	1	1	13	14	19	15
日本漢字能力検定			3	2	11	1
日本語検定					3	3
計	1	1	16	16	33	19

《情報系》

検定名	1級	2級	3級
日本語ワープロ検定	5	2	2
情報処理技能検定　表計算	25	34	23
文書デザイン検定	26	26	34
プレゼンテーション作成検定	24	3	3
文書入力スピード認定試験　日本語	4		
文章入力スピード認定試験　英語	1		
計	85	65	62

令和３年度～５年度　受賞

- 化学グランプリ2021　銅賞
- 化学グランプリ2022　銀賞
- 言語学オリンピック　銅賞
- 数学オリンピック　地区優秀賞
- 第32回伊藤園お～いお茶新俳句大賞　佳作特別賞
- 第21回高校生フォーラム17歳からのメッセージ　銀賞
- 第23回高校生フォーラム17歳からのメッセージ　金賞
- パソコン甲子園2021　本選出場
- 第18回全国高校川柳コンクール入賞
- 第19回全国高校川柳コンクール入賞
- 日本情報処理検定　会長特別賞（８種目１級以上合格）
- 日本情報処理検定　会長賞（５種目１級以上合格）
- 日本情報処理検定　検定委員長賞（３種目１級以上合格）
- ITパスポート試験　合格
- 基本情報技術者試験　合格
- 応用情報技術者試験　合格

めに生まれてきたのか」、「自分にしかできないものは何か」、「自分の価値はここにあるんだ」ということに気づいて、それを磨くことで自分の価値をさらに高めていくことです。今は国家試験にもチャレンジしようという機運が高まっています。うちでは、限られた時間のなかですごくたくさんのことをやっていますよ。

最初から通信制を選ぶ中学生が増えている

――中学生が〈つくば〉に通いながら普段の授業を体験できる「つくばの杜《もり》」というコースがありますね？

７年前に始めたことなんですが、国語を中心に英語や数学、情報系や作文コンクールなど、来た子たちに応じていろんなことを体験してもらいます。あくまで希望する子だけですが、「文書デザイン検定」も受けられます。そうやってわが校に慣れていくなかで自信がついて、中学校に再び登校するようになったり、全日制高校へ進学した子もたくさんいます。わが校が合うということでそのままうちに入学した場合、ほとんどが週１日登校でなく週３日登校でスタートを切るんです。

中１の時点で相談に来られる親御さんも多いですよ。最近は同じ中学校から続いて入学してきますね。先生たちもわかってきて、「この子は勉強したそうやし、〈つくば〉がいいね」といって送り出してくれるようです。

これからは、自分がどんな高校で過ごしたら理想とする自分になれるか、そのために何を得ればいいかということを考える時代になってくると思います。もう、見ている子は見ていますよ。時流が変わってきたんです。

――中学校を出てすぐの「新入学」の生徒さんと、別の高校から「転入・編入」してくる生徒さんはどんな割合でしょうか。

現在はほぼ「新入学」の生徒です。１学年約80名ほど。そこから途中で転入・編入してくる生徒が加わり、卒業するときには１学年１２０名くらいに増えます。

転入・編入は随時受け付けていますが、基本的には前籍校からの書類と、作文、面接で行います。

面接ではもちろん本人の意志を確認しますが、親御さんが本気かどうかも大切。親だけの力ではどうにもならないとか、親御さんが責任を感じて落ち込みながらも「私が頑張らないと！」と思えているような場合はこちらも「一緒に頑張りましょう」と言えるんですが、「どうにもならんから後はお任せします」とおっしゃる場合があるわけです。大切なお子さんのはずなのに、他人のほうが大切に扱って、肉親が冷めててどうするの？って。真剣にならないといけないのは、不登校になった「今」なんです。それまでの親子関係も問われると思います。子どもは覚えてくれていますよ。お父さん、お母さんが親身になってくれたことを。

乗り越えるための「しなやかさ」を

――親子ともに疲れ果てて、行き倒れ寸前で通信制高校の門を叩くケースが多いようです。

学校選びに迷っておられる親御さんに持ってもらいたい視点は、わが子に高校の3年間でどんな体験させたいのかということ。そして、何のために高校に行くのかを明確にすることです。高校を卒業しても、次は大学や専門学校、就職など続きがあります。続きの人生を生きていくためには、その自信をつける必要がありますよね。子どもにあった環境、ペースで自信をつければ主体性が生まれる。すると今度は自分で未来を描き、それを実現するための努力ができるようになってくる。ダダをこねる子にゲームを買い与えるように安易に選ぶのではなく、まだその先があるということを忘れないでほしいんです。

学校選びについては確かに相性もありますが、「ここで学ばせたい」と思えること、こちらも「お預かりしたい」と思えること。その「握手」ができるかどうかが大切なんですよ。頑張って一歩を歩み出そうとしているお子さんを放り出すようにして送り出すのではなく、その「準備」をしておいてほしいのです。親御さんにできることは、進学先の情報を集めるだけではありません。その分析や整理はもちろん、お子さんの状況に応じて、あらかじめやっておいていただきたいことがあるんです。

――たとえばどんなことでしょう？

不登校だった期間に勉強だって遅れているでしょうし、お子さんにとっては耳慣れない通信制高校に進むことや、学校を変わることに対する気持ちの整理も必要なんです。親御さんがわが子と向き合いながら、段階を踏んで必要な準備をした上で入学してきた生徒は、順応も早いんですよ。

人が動き出したり、チャレンジしたいと思うタイミングは、その人によって違います。この本に登場してくださ

【参考資料2】〈つくば〉で実施した「学校生活アンケート」（同校のパンフレットから）

学校生活アンケートより

学校で実施した「学校生活アンケートR5年度実施分」より
生徒の気持ちを覗いてみよう

Q1. 自分自身の変化について

★あなたがつくば開成福岡高校に入学してから今に至るまで、自分自身にどのような変化がありましたか？

前向きになった ≪ “4” “3” “2” “1” あまり前向きではない

※数字は前向き度を表しています。

A1.

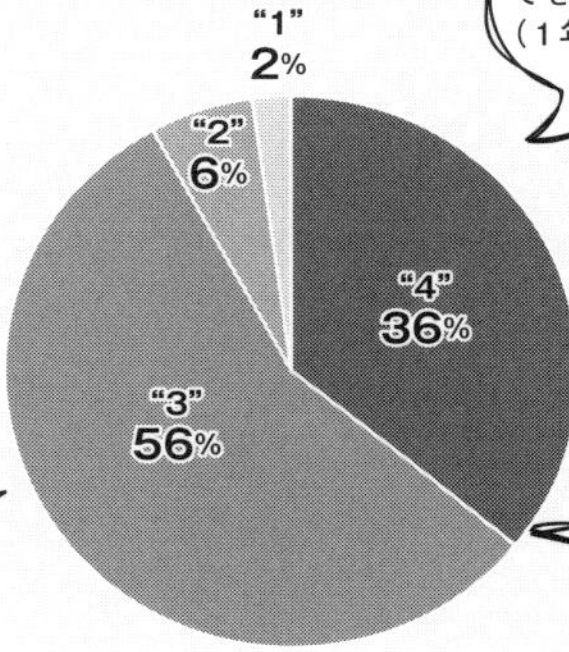

人と関わることができるようになった。（１年生）

自分から話かけられるようになった。（２年生）

学校に行く前に気持ちが前向きになった。（１年生）

外出する回数が増え、家族との会話は笑顔が増えたから。（３年生）

今まで不安や緊張感を感じていたものが、クラスのみんなと過ごしていく中でほぐれたと思うから。（２年生）

自分のことについて真剣に考えられるようになった。（２年生）

Q2. どんなふうに前向きになったのかな？

★そんな風に思えるようになった生徒はどのような行動ができるようになったのでしょうか。

A2.

いろんなことに挑戦しようと思えるようになった。

将来について考えるようになった。

勉強がわかるようになった。

最後まで努力できるようになった。

挑戦したいことに時間を使えるようになった。

Q3. 好きなところ・満足できるところ

★あなたが思うつくば開成福岡高校の一番好きなところ・満足できるところを教えてください。

A3.

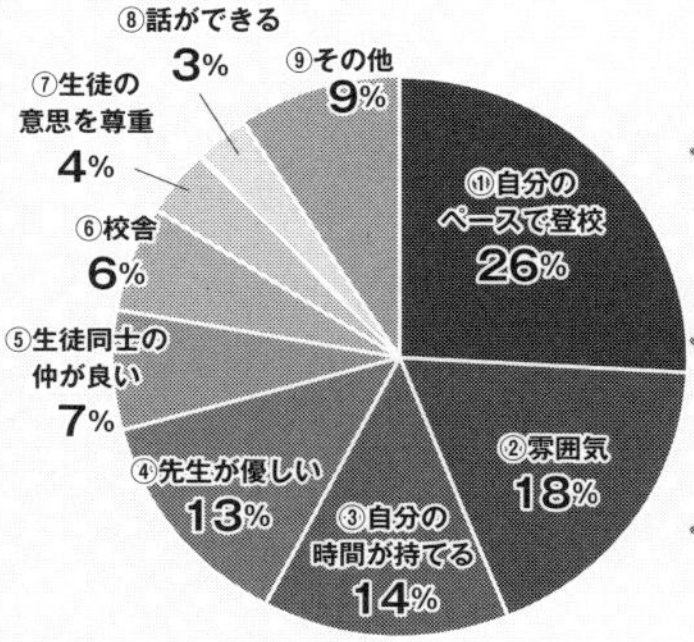

No.1 自分のペースで過ごせること
前は自分でもわかるくらい自分のペースが乱れていたけど、登校や勉強、自分の心に余裕を持てるようになったから。

No.2 雰囲気
クラスや性別が違っても仲良くできるところや、先生に相談しやすいところ。

No.3 自分の時間が持てる
やりたいことに熱中できるし、
自分のことをじっくり考える時間が持てるから。

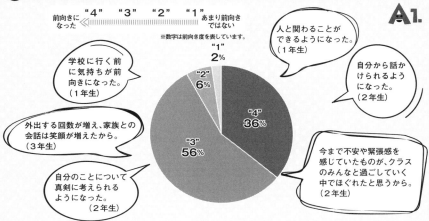

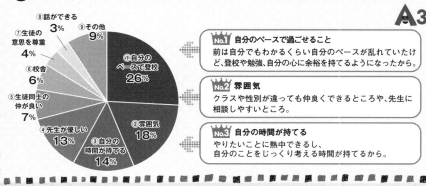

った方々は、そのタイミングが来たということだと思います。自分に合ったチャレンジをするなかで、さまざまなことを乗り越えた経験がまた新しい自分をつくり、さらに新しい可能性が生まれていくのだと思います。

準備したことが活かされる時は、必ずやって来ます。そして、そのチャレンジは必ずできるとお子さんに真剣に伝えてあげてほしいのです。

――〈つくば〉は今年創立10年を迎えますね。どんな展望をお持ちですか。

一言で言えば、「伸び率№１」の通信制高校を目指しているんです。確かに伸び率というのは数値化しにくい。ホームページでは「不登校改善率97・８％」と「卒業率99・１％」というのを謳っていますが、「前向き度」というのを可視化できないかと考えているところです。

また、福岡でも不登校が増加傾向にあるなか、文科省を含め行政や学校もいろんな取り組みをしています。そのなかで私たちにできることは何なのかを考えた結果、いろんな理由で天神の校舎まで来られない生徒がもっと通いやすい場所をつくろう、と。天神でじっと待っているだけではダメだと思ったわけです。「分教室」と名づけたのですが、ここは週１日登校を基本とし、来られるようになったら週２日に増やして、週３日来られるぐらい元気になったら天神まで来ようね、と。

――いわゆる「サテライト教室」とは違うのでしょうか？

「サテライト教室」というのは、全国展開している広域通信制高校が別の組織と提携してやっているケースが多く、どこが運営しているのかわかりにくいんですね。ですから、私たちの天神の教室の一部を分けて設置するという意味で、「分教室」と名づけたわけです。

――あくまで家からまず第一歩を踏み出しやすくするステップアップのための場所なんですね。他にも計画はありますか？

ええ。これまでの「個」を大切にする教育を踏まえた上で、「集団」としての学びを強化したいのです。「個」としてチャレンジして乗り越えていくことも大事だけど、世の中に出たときに、社会の課題を発見し、解決するときには「集団」としての力も必要になってきます。

これまでも、たとえば生徒会の子たちはいろんなことに率先してチャレンジしてきたけど、今年からは体育祭や文化祭も始めます。特に文化祭のほうは準備が要りま

初の試みとなった体育祭。高らかに選手宣誓。

すし、チームで動いていきますからね。生徒たちのなかには必ず熱量の差がある。それをどうやって埋めていくかという取り組みが、生徒たちの将来にとってものすごく大切になってくると思うんですよ。

ただ、通信制というのは不登校の生徒が中心で、最初は「個」でやっていかないと難しい場合が多い。うちはまずそこで自信をつけて、次は「人」と関わり、自分との違いを認識した上で、小さなことでいいから「集団」として協力しあって、乗り越える力を身につけてほしい。それは今、注目されている〝レジリエンス〟（しなやかさ・適応力・回復力）にもつながります。

わが子の可能性を信じぬいてほしい

――最後に、これから通信制高校を含めた学校選びをされる親御さんに向けてメッセージがあれば。

大前提としてわかってもらいたいのは、「わが子の人生はわが子のもの」だということ。子どもの人生を、親が代わりに生きることはできません。そんなことはわかりきったことかもしれませんが、親の愛情が強すぎるせいか、親が持っている価値観や経験、結論を子どもに押しつけているようなケースが多いんですね。たとえわが子であっても、親御さんは子どもという可能性を秘めた存在を社会から預かり、また社会へ送り出す使命を持っているという感覚を持ってほしいのです。

そして、もっとわが子の可能性を信じてあげてほしいということ。可能性というのはもちろん、未来の話です。しかし未来というのは現在の延長線上にあります。「今できそうなこと」だけではなく、それをちょっと越えるチャレンジができる環境を選んでほしいと思います。

お子さんの中には、親御さんのDNAが受け継がれています。親御さんが自分自身を信じることが、わが子を信じることにもつながります。不登校になっている「今」こそ、親御さんの踏ん張りどころです。親子で過去を笑い合える日は、必ずやって来ます。

◎つくば開成福岡高等学校の歩み

年度	出来事	
２００６（平18）	4月1日	**学校法人つくば開成学園　つくば開成高校福岡校開設**（広域制通信課程／所在地：福岡市中央区天神4丁目4番20号博多天神第2ビル3階）
２００７（平19）	10月	本館設置（所在地：福岡市中央区天神5丁目7番12号）
２０１４（平26）	7月31日	福岡県の私立高等学校単位制・通信課程（狭域制）設立の認可申請
	※生徒数	つくば開成高校福岡校時代の卒業生総数は７９７名
２０１５（平27）	4月1日	**学校法人つくば開成学園　つくば開成福岡高等学校として創立**（所在地：福岡市中央区天神5丁目3番1号／初代校長：松永健一氏就任）
	4月9日	第1回入学式（以降毎年福岡ガーデンパレスにて実施）
	5月	地下鉄マナーアップキャンペーン参加
	8月	第50回全国高等学校定時制通信制陸上競技大会・２年男子個人８００ｍで優勝
		「ホームカミングデー」（卒業生と在校生の交流会）実施。
		ＦＢＳ福岡放送「24時間テレビ」でのチャリティー活動実施（「段ボールで作る遊園地」製作。於・博多駅）
	10月	福岡市より「花と緑の公園美化活動賞」授賞
	1月	「全国高校生ＭＹ ＰＲＯＪＥＣＴ ＡＷＡＲＤ ２０１５」で最優秀賞。「Ｆｌｉｎｅ（グループ名）」の不登校生の実践報告。アメリカ合衆国にて招待スピーチ実施（2年女子・１名）
	2月	青少年啓蒙地域美化貢献「落書き消し活動」に対しライオンズクラブ国際協会より感謝状授与（「落書き消し活動」は以後、随時実施）
	3月	第1回卒業証書授与式（以降毎年福岡ガーデンパレスにて実施）
	※生徒数	新入生22名／卒業生57名／年度末在籍生徒数１４９名
２０１６（平28）	5月	ふれあい合宿初開催（以降、毎年「グローバルアリーナ」で実施）
	6月	ラブアースクリーンアップ参加
	8月	第51回全国高等学校定時制通信制陸上競技大会・３年男子個人８００ｍで優勝、3年女子個人８００ｍ／３０００ｍで入賞
		同窓会発足。第1回総会（以後毎年8月に開催）
	9月	個別型（現在のステップ型個別スタイル）、能古島ハイキング実施（以降毎年実施）
	11月	第14回全国ポストカードデザイン大賞で入選
		ＦＢＳ福岡放送「24時間テレビ」でのチャリティー活動に対し感謝状
	3月	表彰規定制定（同窓会より表彰状・記念品授与）
	※生徒数	新入生81名／卒業生57名／年度末在籍生徒数２１１名
２０１７（平29）	4月1日	つくば開成福岡高等学校生徒会発足
	4月	第1回学校評価委員会開催
		文部科学省「科学技術週間標語」優秀賞（3年女子）
	6月	中学3年生対象体験授業「つくばの杜」開設（以降毎年開設）
		生徒会の要望で自動販売機設置（2階多目的ホール）
	7月	後援会発足。第1回後援会総会（以降毎年開催）
	8月	第52回全国高等学校定時制通信制陸上競技大会・男子砲丸投で優勝

FBS福岡放送「24時間テレビ」チャリティー活動実施（「ダンボール水族館」製作。於・博多駅）

この年、医・歯・薬学部進学コース設定

※生徒数　新入生49名／卒業生53名／年度末在籍生徒数２３２名

２０１８（平30）

6月～9月　ＴＫＦ25 未来プロジェクト「チャレンジ25」、県内中学生対象作文コンクール開始（以降毎年実施）

11月　「17歳からのメッセージ」（大阪経済大学主催）第18回高校生フォーラムで銀賞（3年女子）

3月　「春秋ノートグランプリ２０１８」（西日本新聞社主催）で感想文部門優秀賞（3年女子）

日本英語検定協会奨励賞で学校賞（以降毎年受賞）

2年生（特進型／キャリアデザイン型）沖縄・宮古島研修旅行（参加：23名。2泊3日、初日は毎年民泊を体験）

※生徒数　新入生79名／卒業生１０７名／年度末在籍生徒数２９８名

２０１９（令元）

6月　生徒用パソコン購入（20台。同窓会・後援会寄贈）

8月　ＦＢＳ福岡放送「24時間テレビ」チャリティー活動実施（「未来列車」製作運営。於・博多駅）

10月　「第10回いっしょに読もう！　新聞コンクール」（日本新聞協会主催）で県奨励賞（3年女子）

11月　第61回全国書道展（大東文化大学主催）で金賞（3年女子）

12月　第15回全国高校川柳コンクール（福岡大学主催）で銀賞（3年男子）

職員用パソコン購入（27台）

3月2～19日　新型コロナウイルス感染拡大予防のため臨時休校（この年の卒業式も規模を縮小して実施）

3月　日本英語検定協会奨励賞（学校賞）

※生徒数　新入生67名／卒業生77名／年度末在籍生徒数２９２名

２０２０（令2）

4月6日～5月17日　新型コロナウイルス感染拡大防止のため臨時休校延期

4月　第6回入学式典中止。学内にてクラスごとに実施

5月　コロナ感染防止対策として各教室の教卓前に透明ビニールカーテン及び加湿器設置

6月1日　通常授業再開（夏季休業日期間短縮）

9月　ふれあい合宿延期実施（参加：１９４名。於・グローバルアリーナ）

第1回後援会主催「子育て学習会」開催

10月　明るい選挙啓発ポスターコンクール（福岡県選挙管理委員会主催）で委員長賞（3年女子）

11月　「第10回いっしょに読もう！　新聞コンクール」で県奨励賞（3年女子）

12月　「パソコン甲子園２０２０」でプログラミング部門本戦で全国31位（2年男子・2名）

3月　コロナウイルス感染拡大により研修旅行を沖縄県から鹿児島県に変更して実施（参加：58名。1泊2日）

2階ＯＡ室（教室10）・ＰＣ準備室増設、1階職員更衣室横第2事務室増設（ＩＴ推進室）。1階駐車場倉庫ＯＡフロアに改修工事

※生徒数　新入生70名／卒業生１１４名／年度末在籍生徒数２９６名。この年以降、本科個別型（現在のステップ型個別スタイル）の卒業式はつくば開成福岡高校にて別日に実施

２０２１（令3）

9月　能古島ハイキング（本科個別型＝現在のステップ型個別スタイル）、新型コロナウイルス感染拡大に伴う緊急事態宣言の為中止

「17歳からのメッセージ」（大阪経済大学主催）第21回高校生フォーラムで銀賞（3年男子）

	10月	ふれあい合宿延期実施（1、2年生の参加：121名。3年は受験準備のため未実施。於・グローバルアリーナ） 福岡教育事務所特別支援教育アドバイザー養成講座。「つくば開成福岡高校の取組」として本校で講義実施 「フラワースポットつくば開成」の取り組みに対し、福岡市より感謝状
	11月	「パソコン甲子園2021」プログラミング部門に3年男子2名参加（福岡県1位、全国21位／481校）
	12月18日	高校生プログラミングコンテスト（麻生情報ビジネス専門学校主催）で優勝（3年男子）
	1月	日本情報処理検定協会会長特別賞（8種目1級以上）
	3月	新型コロナウイルス感染拡大により研修旅行を沖縄県から鹿児島県に変更実施（参加：62名）
	※生徒数	新入生64名／卒業生105名／年度末在籍生徒数281名
2022（令4）	5月	ふれあい合宿実施（参加：172名）
	5〜6月	教育実習実施（本校卒業生：3名）
	8月	化学グランプリ2022で銀賞（3年男子）
	9月	応用情報技術者試験に合格（3年男子・1名）
	10月	「カラフルフェス」（RKB主催）に生徒会が参加
	2月	沖縄・宮古島研修旅行（参加：63名、3泊4日）
	※生徒数	新入生75名／卒業生97名／年度末在籍生徒数282名
2023（令5）	7月	FINA世界水泳選手権福岡大会にボランティア参加（第7期生徒会他16名） 「つくばセミナー2023」開催（「思春期青年期の不登校の理解〜心と体の関係」） 実用英語検定1級に合格（3年男子・1名）
	8月	第58回全国高等学校定時制通信制陸上競技大会・男子砲丸投で第3位（2年男子） 日本英語検定協会奨励賞（学校賞）
	9月	「17歳からのメッセージ」（大阪経済大学主催）第23回高校生フォーラムで金賞（3年女子）
	10月	RKBカラフルフェス参加（つくねバー販売、各種ボランティア）
	※生徒数	新入生74名／卒業生84名／年度末在籍生徒数287名
2024（令6）	6月	創立10周年記念・第1回体育祭開催（1・2・3年特進型・キャリアデザイン型、1年ステップ型集団スタイル、合計211名が参加）
	7〜8月	第58回全国高等学校定時制通信制大会に3名が出場。卓球で個人2回戦突破（3年女子）、バドミントンで個人2回戦突破／団体準優勝（3年女子）、陸上砲丸投で準優勝（3年男子）
	9月	「17歳からのメッセージ」（大阪経済大学主催）第24回高校生フォーラムで金賞（3年女子） 創立10周年記念・第1回文化祭開催（於・つくば開成福岡高校）
	10月	創立10周年記念式典実施
	※生徒数	新入生77名

〈取材・執筆〉
プロローグ／卒業生保護者・卒業生インタビュー
正井彩香（マサイ文作室）

教員・識者インタビュー
藤村興晴（忘羊社）

〈カバー・本文イラスト〉
林　舞（ぱんとたまねぎ）

〈協力〉
取材・写真提供　つくば開成福岡高等学校
コーディネート　林田秀樹（ピーアールフクオカ）
撮影　菅野　陽（ユアーズ）

ここは自信をとり戻す学校

福岡のある登校型通信制高校と不登校の生徒家族の10年

2024年11月15日　初版第1刷発行

編集・発行　忘《ぼう》羊《よう》社《しゃ》
〒810-0022 福岡市中央区薬院 4-8-28-205
tel 092-406-2036　fax 092-406-2093

印刷・製本　シナノパブリッシングプレス

ISBN978-4-907902-36-0 C0037